머리말

퀴즈를 풀면 미래가 풀린다!

현대는 **아침형 인간** 보다 머리가 좋은 사람, 특히 **창의력**과 **유머감각**을 갖춘 사람이 성공하는 시대다. 왜냐하면 불확실하고 변화무쌍한 미래는 **창의력**과 **유머감각**이 전략이고 힘이고 대안이기 때문이다.

퀴즈대백과는 남녀노소 할 것 없이 창의력과 유머감각을 간절히 염원하는 모든 사람의 소망을 만족시켜주고, 갈증을 해소시키는 동시에 우리 삶의 질을 높여줄 것이다.

퀴즈대백과에는 웃음과 재미 그리고 진실과 지혜가 담겨져있다.

퀴즈를 풀면 미래가 풀린다!

퀴즈대백과는...

다양한 어휘와 함께 생각의 폭을 넓혀주고, 창의적인 감각을 길러주어 모든 일에 자신감을 주고, 대화나 글 쓰기에 재치가 넘치도록 도와준다. 특히 어린이에게는 언어활동과 표현력에 도움을 주고, 청소년에게는 관찰력과 논리적인 사고뿐만 아니라 추리력과 연상력을 키워 성적을 올려준다. 아울러 복잡하고 힘든 현대를 살아가는 성인에게는 여유와 함께 재치 있는 사람으로 변화시켜 인간관계(人間關係)를 발전시켜준다.

현대를 살아가는 성인과 우리의 아이들은...

과중한 업무와 공부에 쫓겨 가족과 대화를 할 시간이 없어지면서 웃을 기회도 없어졌다. 퀴즈 놀이는 대화의 기회와 웃음꽃을 준다. 또 재치와 지혜는 물론 생활 주변에 있는 사물들을 자세히 관찰함으로써 밝고, 맑고 건강한 생활이 되게 한다. 퀴즈는 단순한 말장난이 아니라 세상을 살아가는 다양한 모습과 지혜, 그리고 재치(위트)를 담은 것이다.

이 책의 난센스 퀴즈는...

상식의 틀을 벗어나 고정관념을 깨면 유머가 된다! 는 것을 알 수 있도록 했고, 생활 속의 소재를 근거로 만들었기 때문에 현장 유머로 활용할 수 있고, 주변에 웃음꽃이 활짝 핀다.

이 책의 O X 퀴즈는...

알쏭달쏭? 알 듯 모를 듯?
간단한 질문 하나로 상상력의 세계와 '이것 아니면 저것!'인 50% 확률에 도전하는 게임
이다. 재미있으면서 틀려도 부담 없고, 상식과 교양을 넓힐 수 있고, 아울러 시선집중을
시킬 수 있다.

이 책의 남 · 북한 낱말 사전은...

남한과 북한 낱말의 공통점과 차이점을 쉽게 알 수 있도록 편집하여, 남 · 북한의 단어나
어휘연구 그리고 재미있는 자료수집에 도움을 준다.

이 책의 시리즈 퀴즈는...

여러 가지 퀴즈들 중 공통점과 차이점을 비교 분석하여 같은 유형별로 묶어놨기 때문에
활용가치가 높다.

이 책의 한자 퀴즈는...

한자와 친숙해 질 수 있도록 꾸몄다. 아울러 한자의 특성을 호기심과 함께 즐길 수 있도
록 꾸몄기 때문에 재미와 함께 학습에 도움을 준다

이 책의 수수께끼는...

남한의 수수께끼와 북한의 수수께끼를 망라(網羅)하여, 정제과정을 거친 후 국어사전 찾
기 식으로 꾸몄기 때문에 남한과 북한의 수수께끼를 섭렵(涉獵)할 수 있다. 그리고 수수
께끼는 조상들이 남겨준 슬기가 듬뿍 담겨져 있다.
퀴즈가 인생을 바꾼다!

2006년 11월 20일
전쟁에서 승리하여 훈장 받은 전　승　훈

CONTENTS

난 센 스
Quiz

대화에 있어서 난센스 퀴즈는 자동차의 윤활유 역할을 한다. 퀴즈의 내용은 자기 자신을 기준으로 삼지 말고 모임의 성격과 대상의 수준에 따라서 선택한다.

Questions	Answers
1 + 1 = ?	중노동(일 더하기 일)
1 - 10 - 1 = ?	H O T
1, 2, 3위 보다 4위를 더 좋아하는 사람은?	장모
10층짜리 건물의 엘리베이터가 떨어졌는데 아무도 다치지 않은 이유는?	승객이 없었다
18을 반으로 나누면 얼마일까?	10 이 두 개(가로로 나눔)
1천만 시민이 한 마디씩 하다면?	천만의 말씀
2 + 2 = ?	덧니(이 더하기 이)
2 - 2 = ?	틀니(이 빼기 이)
2 ÷ 2 = ?	부러진 이
30와트짜리 전구를 켜나 60와트짜리 전구를 켜나 밝기가 똑 같은 전구는?	끊어진 전구
3자 짜리 아내의 명칭?	와이프, 마누라, 안사람, 집사람, 여편네, 어부인, 안식구……
48인치 컬러 티브이는?	화투
63빌딩 옥상에서 아버지와 두 아들이 떨어졌는데 3명 모두 살았다. 죽지 않고 산 이유는?	아버지=제비족, 큰아들=비행 청소년, 작은아들=덜 떨어진 놈
63빌딩에서 뛰어 내려도 죽지 않는 방법은?	1층에서 뛰어 내린다
8을 반으로 나누면 얼마일까?	0 이 두 개(가로로 나눔)
8을 반으로 나누면 얼마일까?	3 이 두 개(세로로 나눔)
8을 반으로 나누면 얼마일까?	반 팔
KISS를 문법의 품사로 보면 어떤 품사?	접속사

Questions	Answers
가난할 때, 이 세상에서 가장 듣기 싫은 소리는?	쌀독 닥닥 긁는 소리
가방을 든 여자를 3자로 표현하면?	빽(Bag)든년
가수 **리아**의 성은 무엇일까?	롯데
가슴 아픈 일이란?	브래지어가 맞지 않을 때
가슴이 아주 큰 여자가 널뛰기를 하고 나면 어떻게 될까?	눈탱이가 밤탱이가 된다
가위바위( ), 가갸거겨( ), 123456789( ), 가나( ) 답은?	보고싶다
가을에 내리는 비는 가을비, 겨울에 내리는 비는 겨울 비, 봄에 오는 비는?	제비
가을이 오면 제비가 남쪽으로 날아가는 이유는?	걸어갈 수 없어서
가장 급하게 만들어 먹는 떡은?	헐레벌떡
가장 달콤한 술은?	입술
가장 더러운 강은?	요강
가장 무서운 절은?	세무사찰
가장 숨 막히는 싸움은?	멱살 잡힌 싸움
가장 지저분한 냄새가 나는 쇠붙이는?	구리
가장 차가운 바다는 **썰렁해**, 그렇다면 가장 뜨거운 바다는?	열바다(열받아)
가장 험악하고 무서운 놀이판은?	이판사판
가장 화끈한 일을 하는 사람은?	소방관
가정주부들이 가장 싫어하는 금은?	세금

Questions	Answers
가짜 꿀을 만들 때, 가장 많이 들어가는 재료는?	진짜 꿀
가짜 휘발유를 만들 때, 제일 많이 들어가는 재료는?	진짜 휘발유
간 큰 남자와 통 큰 여자가 만나 사고를 치면 어떤 사건일까?	간통사건
간장은 간장인데 사람이 먹을 수 없는 간장은?	애간장
갈빗집에서 뼈다귀에 붙은 살을 뜯으며 하는 말은?	살맛난다
감촉이 부드럽지 못한 거친 살은?	멱살
강아지랑 싸우던 젖소가 싸움에서 지자 한 말은?	내가 젖소
개 같은 성미를 3글자로 표현하면?	개성미
개가 달릴 때 혓바닥을 빼고 달리는데 그 이유는?	꼬리와 균형을 잡기 위해
개가 오줌을 눌 때 한쪽 다리를 드는 이유는?	두 다리를 다 들면 넘어지니까
개구리가 낙지를 먹어버리면 무엇이 될까?	개구락지
개구리는 왜 벌을 잡아먹을까?	톡 쏘는 맛에
개도 안 가져가는데, 사람이 좋아하는 것은?	돈
개들이 즐겨 먹는 과일은?	개살구
개미가 모이면 더러운 이유는?	개미 때이기 때문
개미의 목구멍보다 작은 것은?	개미 먹이
거지가 가장 좋아하는 욕은?	빌어먹을
거지가 싫어하는 색은?	인색

Questions	Answers
거지는 어떤 여자와 결혼하면 굶어 죽지 않을까?	밥통 같은 여자
걸핏하면 잊어버리는 건망증 심한 사람들이 잘 가는 산은?	아차산
검사, 경찰, 신문기자 세 사람이 점심식사를 같이 했다. 돈은 누가 낼까?	식당 주인
겁 없는 쥐가 한마디 하자 고양이가 도망갔다. 쥐가 한 말은?	나 쥐약 먹었다
겁쟁이들이 잘 가지고 다니는 돌 열 개는?	오돌오돌
겉옷을 벗기면 속옷이 나오고, 속옷을 벗겨 빨면 흐물흐물해지는 것은?	껌
결심을 단단히 하지 않으면 혼난다의 뜻을 가진 단어는?	결혼
결정적으로 혼나는 일의 뜻을 가진 단어는?	결혼
결혼하면 남자의 것을 여자가 빨아주는 것은?	빨랫감
경마장에 있는 말 중 가장 미움을 받는 말은?	거짓말
경상도 말로 이루어질 수 없는 사랑?	택도 없는 사랑
경제적으로 부담이 크고 양이 적은 식사의 뜻을 가진 단어는?	경양식
계가 잘 깨지지 않는 비법을 적어 놓은 책은?	계책
계하던 사람이 계가 깨지자마자 하는 계는?	핑계
고기 잡는 어부가 가장 싫어하는 가요는?	바다가 육지라면
고래 몇 마리가 모여야 가장 시끄러울까?	2마리(고래고래)
고물인 주제에 참견만 하는 사람을 2글자로 표현하면?	고참
고스톱 치다가 바가지 쓰고 우는 놈을 3글자로 표현하면?	고바우

Questions	Answers
고양이 가면을 쓰고 놀 때는 **야옹**!하고 소리를 내고, 강아지 가면을 쓰고 놀 때는 **멍멍**!하고 소리를 낸다. 그러면 오징어 가면을 쓰면 어떤 소리를 낼까?	함 사세요!
고양이가 다리를 건너다가 오른쪽을 보고, 또 다시 왼쪽을 본 이유는?	양쪽을 동시에 못 보니까
고추 값이 오르면 걱정되는 사람은?	노처녀
고추잠자리를 2글자로 표현하면?	팬티
고추장, 간장, 된장을 만들다 잘못하여 버렸다. 무슨 장일까?	젠장
곤충의 몸을 3등분하면?	죽는다
곰을 뒤집어 놓으면 **문**이 된다. **소**를 뒤집어 놓으면?	발버둥친다
곰이 목욕하는 곳은?	곰탕
공공요금 인상 때마다 따라다니는 피는?	불가피
공부와 화장실의 공통점 3가지는?	학문(항문)에 힘쓰고, 넓히고, 닦는다
공부해서 남 주는 사람은?	교사
공주는 공주인데, 사람대접 못 받는 공주는?	인어공주
공중에서 사람들이 가장 좋아하는 공은?	성공
공처가와 애처가의 공통점은?	남자
공해 속에 살면서도 서울의 찬가를 부르는 사람은?	도시형 인간
과거가 있기 때문에 성공한 사람은?	암행어사
과수원에서 과일을 따먹기가 좋은 때는?	주인 없을 때
과일을 자르는 칼은 **과도**이다. 그러면, **눈과 구름을 자르는 칼**은?	설운도

Questions	Answers
구두쇠가 가장 좋아하는 숫자는?	0 자(공짜)
구렁이의 형은 **십렁**이라고 한다. 그럼 구렁이의 동생은?	구렁일
구름 중에서 가장 보기 흉한 구름은?	뜬구름
군인의 반대말은?	민간인
군함과 바둑돌 중 어떤 것이 무거울까?	바둑돌(가라앉으니까)
궁색한 사람들이 많이 찾는 책은?	궁여지책
권투 선수가 세계 챔피언이 되겠다며 하는 다짐은?	주먹다짐
귓구멍이 꽉 막힌다면 어떻게 될까?	세상이 조용해진다
귓구멍이 두개인 이유는?	한 귀로 듣고 한 귀로 흘리라는 뜻
그 때 그 사람을 2글자로 표현하면?	아 걔!
그 맛마저 없다면 세상 살아갈 맛이 없다는 맛은?	제 잘난 맛
그 사람 성이 가씨입니까?를 부산(경상도) 사투리로 말하면?	가가 가가가
금은 금인데, 엄마가 가장 싫어하는 금은?	세금
기러기를 거꾸로 하면 **기러기**, 그럼 **쓰레기통**을 거꾸로 하면?	쏟아진다
기린의 목이 긴 이유는?	머리가 몸에서 멀리 떨어져 있기 때문
기우제(祈雨祭)를 지낼 때 사용되는 악기 이름은?	비올라
기적을 가장 많이 일으키는 사람은?	기관사
기절할 때 부는 바람은?	기절초풍

Questions	Answers
기회를 놓치고 후회하는 산은?	아차산
긴 막대기가 놓여있는데, 이것을 손대지 않고 짧게 만들려면?	더 긴 것을 옆에 놓는다
길가에서 죽은 사람을 무엇이라 하는가?	도사
길거리에서 시주를 받고 있는 스님들을 무엇이라 부를까?	영업중
길거리에서 큰소리로 번데기 사라고 외치는 여자는?	뻔뻔한 여자
길이가 2Km나 되는 발은?	오리발(십리=4Km)
깊은 산골에서 사는 아가씨가 펜팔을 하면 누가 가장 괴로울까?	집배원
깡다구부리다 패가망신한 사람은?	깡패
깨끗한 거리에서 빗자루를 들고 서 있는 여자를 6자로 표현하면?	쓸데없는 여자
꼽추는 어떻게 자나?	눈감고
꿩 먹고, 알도 먹는 사람은?	꿩 주인
나는 참새와 독수리가 공중에서 정면충돌을 했다면 무슨 현상일까?	보기 드문 현상
나뭇가지에 산비둘기 열 마리가 앉아 있는 것을 포수가 총을 쏘자 두 마리가 맞아 떨어졌다. 몇 마리가 남았을까?	없다(날아갔다)
나폴레옹은 알프스 산을 넘으면서 왜 붉은 허리띠를 했을까?	바지가 흘러내리니까
나폴레옹은 왜 알프스산맥을 넘었을까?	터널이 없으니까
나폴레옹이 가장 싫어하는 능(무덤)은?	불가능
나폴레옹이 부하들에게 **돌격!** 이라고 명령을 내렸는데도 부하들은 그 자리에서 그대로 서 있었다. 왜 그랬을까?	한국말을 몰랐다
날마다 가슴에 흑심을 품고 있는 것은?	연필

Questions	Answers
날마다 떼돈을 버는 사람은?	목욕탕 주인
남녀평등이란?	남자나 여자나 모두 등이 평평하다
남에게 빌려 입은 청바지의 뜻을 가진 영어 단어는?	빌리진
남이 울 때 웃는 사람은?	장의사
남자가 나이가 들면 지켜야할 도리는 장도리이고, 여자가 나이가 들면 지켜야 할 도리는?	아랫도리
남자가 뛸 때 가운데에 하나가 같이 흔들리는 것은?	넥타이
남자가 여자에게서 나는 소리 중, 가장 민감한 반응을 보이는 소리는 옷을 벗는 소리다. 그렇다면, 여자는 남자의 어떤 소리에 가장 민감할까?	돈 세는 소리
남자는 정중히 두 무릎을 꿇는데 여자는 엉덩이로 깔아뭉개는 것은?	요강
남자들의 신체 중, 꼭 필요치 않는 부분은 젖꼭지이다. 그럼에도 불구하고 몸에 붙어 있는 이유는?	앞뒤를 구별해야 하니까
남자에게는 있고 여자에게는 없는 것, 아줌마에겐 있고 아저씨에겐 없는 것, 총각에겐 있고 처녀에겐 없는 것은?	글자의 받침
남자의 신체 중 필요 없는 부위는?	젖꼭지
남존여비란?	남자가 존재하는 한 여자는 비참하다
남태평양 나라들의 여자들은 머리에 꽃을 잘 꽂는다. 처녀는 오른쪽, 유부녀는 왼쪽에 꽂는다. 가운데 꽂는 여자는?	맛이 간 여자
남편들이 싫어하는 바람은?	치맛바람
남편은 접골원을 하고, 아내는 치과를 하는 집은 어떤 집?	골치 아픈 집
낫 놓고 기역 자도 모르는 이유는?	낫이 부러졌기 때문에
낫 놓고 기역자도 모르는 사람은?	외국인
낭떠러지 나무에 매달려 있는데 그 밑에 네 가지 똥이 있다. 그 네 가지 똥은?	떨어질 똥, 말 똥, 죽을 똥, 살 똥

Questions	Answers
낭떠러지에서 떨어지다가 중간에 나뭇가지에 걸린 사람을 6자로 하면?	덜 떨어진 사람
낮 12시만 되면 두 팔을 벌려 만세 부르는 사람은?	미친 사람
낮에도 별이 빛나는 곳은?	교실(알밤)
내려갈 때는 거북이보다 더 느리게 내려가고 올라올 때는 로켓보다 더 빨리 올라가는 것은?	기름 값
너는 진짜 미남이다를 4자로 표현하면?	말도 안 돼
너를 안고 무조건 뛴다!를 4글자로 표현하면?	호박서리
넘어진 펭귄이 일어나서 걷다가 또 넘어졌다. 뭐라고 말했을까?	괜히 일어났네
노련하고 약삭빠른 남자를 3글자로 표현하면?	노약자
노처녀, 노총각의 결혼 조건은?	무조건
노처녀가 사랑보다 더 좋아하는 것은?	신랑
노처녀들이 제일 하고 싶어 하는 일은?	택일
노처녀와 결혼한 노총각의 취미는?	골동품 수집
노처녀와 노총각이 결혼 못하는 이유는?	동성동본
노처녀의 유일한 자랑거리는?	시집갈 뻔했다
노총각들이 가장 좋아하는 감은?	색시감
놀부가 제일 좋아하는 술은?	심술
놀부에게는 놀자, 놀숙, 놀순, 놀녀, 놀희라는 여동생이 있다. 그렇다면 놀부의 남동생 이름은?	흥부

Questions	Answers
누구도 노크할 필요가 없는 화장실은?	자물쇠 채워진 화장실
눈 깜빡할 새 보다 더 빠른 새는?	눈감은 새 (눈 깜박하는 새의 반이므로)
눈 오는 날만 일하는 사람은?	안과 의사
눈 오는 날을 2글자로 하면?	설(雪)날
눈 올 때 웃는 웃음은?	눈웃음
눈 위에 구두 발자국~ 바둑이와 같이 간 구두 발자국의 발자국 주인공은?	개도둑
눈, 귀는 둘인데, 입은 왜 하나뿐일까?	서로 더 먹으려고 싸울까 봐
눈감으면 코 베어 가는 사람은?	식인종
눈과 눈 사이에는 무엇이 있을까?	과
눈뜨라는 말의 세계 공통어는?	아멘
눈이 오면 강아지가 뛰어 다니는 이유는?	발 시려워서
눈사람의 반대말은?	일어선 사람
눌렀다 하면 사람이 뛰어나오는 신기한 물건은?	초인종
늙지 않고도 늙은이 노릇을 하는 것은?	이 빠진 아이
다른 사람이 미치지 않으면 자기가 미치는 사람은?	정신과 의사
다리 굵은 여자가 발을 물에 담그고 있다를 3글자로 표현하면?	동치미
다리 중 아무도 보지 못한 다리는?	헛다리
다스리는 나라도 없는 임금님은?	트럼프의 킹

Questions	Answers
다이빙 선수가 다이빙을 하려다 그만두고 말았다. 이유는?	풀장에 물이 없어서
달걀을 팔고 받은 돈을 무엇이라고 부를까?	에그머니(egg money)
달과 독도 중 어느 곳이 더 멀까?	독도(안보이니까)
달리던 차가 사고가 났다를 3자로 표현하면?	붕! 어! 빵!
닭이 길을 가다가 넘어지는 소리를 2자로 하면?	닭꽝
닭이 뛰어가다 벽에 부딪혔다를 2글자로 표현하면?	닭꽝
닭이 열 받으면 어떻게 되나?	후라이드 치킨
담배가 몸에 해롭다는 신문 기사가 자꾸 나오자, 골초가 끊은 것은?	신문
담배만 있고 불이 없는 사람은?	불필요한 사람
당신은 시골에 삽니다를 영어로 표현하면?	유인촌
당신은 지상 최고의 미남, 미녀이다!를 4글자로 말하면?	고걸 믿니
대령으로 제대한 사람을 무엇이라 하나?	별 볼일 없는 사람
대머리의 얼굴과 머리의 경계선은 어디일까?	세수할 때 비누칠하는 곳
대학 시험을 망친 사람이 떠오르기를 기다리는 달은?	정원미달
대학에 들어가려는 학생들이 지내는 고사는?	대입학력고사(수능)
대형 교통사고가 났는데 한 사람도 다친 사람이 없다. 어떻게 된 걸까?	모두 죽었다
더러워야 내는 세금은?	오물세
덩치가 어마어마한 **고질라**와 **용가리**가 LA에서 피를 튀기며 싸운다면 과연 누가 다치거나 죽을까?	LA 시민들

Questions	Answers
덩치도 크고 콩 중에서 제일 싸움을 잘하는 콩은?	킹콩
도둑이 담을 넘어가 그 집에 있는 술을 마시고 곯아 떨어져 잡혔다. 이때의 죄목은?	절도미수와 직무유기
도둑이 도둑질을 하다가 실수로 잠자는 사람의 목을 밟아 죽였다. 이 때의 죄목은?	업무상과실치사
도둑이 도둑질하러 가는 걸음걸이는 어떤 모양일까?	털레털레
도둑이 없는 도둑마을은 어딘가?	교도소
도둑이 제일 싫어하는 아이스크림은?	누가바
도둑이 제일 좋아하는 아이스크림은?	보석바
도둑이 훔친 돈의 이름은?	슬그머니
도리도리의 반대말은?	끄덕끄덕
도망가는 도둑은 왼쪽과 오른쪽 길 중 어디로 도망갈까?	왼쪽 길 (도둑은 바른 길로 못가니까)
독도는 우리 땅이라는 노래는 5절까지 있다. 더운 여름날 가수가 노래 한 절이 끝날 때마다 옷을 하나씩 벗었다. 5절까지 다 부른 후의 가수의 모습은?	퇴장하여 무대 뒤에 있다
독수리 5마리가 모이면 독수리 5형제이고, 쥐 4마리가 모이면?	쥐포
돈 많고 키 크고 호감 있고 테크닉이 좋은 사람은?	돈키호테
돈과 사람이 따로 있으면 안 되고, 꼭 붙어 있어야 되는 것은?	정신병원(돈사람)
돈을 받은 만큼 몸을 허락하는 것은?	공중전화
돈을 벌려면 자주 망쳐야 되는 사람은?	어부(그물)
돈의 새끼는?	이자
돌고래를 영어로 **돌핀**이라 한다. 그럼 고래를 영어로 하면?	핀

Questions	Answers
동그란 모양인데 만지면 물렁물렁하고 끝에 꼭지가 있는 것은?	풍선
동물원의 배고픈 사자가 철창 밖에 있는 사람들을 보고 한말은?	그림의 떡
동생과 싸울 때 동생이 내는 소리는?	아우성
돼지가 꼬리를 흔드는 이유는?	꼬리가 돼지를 못 흔드니까
돼지가 열 받으면 어떻게 될까?	바비큐
돼지가 잡채를 먹으면 어떻게 될까?	순대
돼지들이 뀌는 방귀는?	돈가스
두 글자로 된 **아내**의 다른 명칭은?	부인, 아내, 이이, 자기, 내자, 중전, 임자
두더지, 자동차, 냉장고의 공통점은?	날지 못한다
뒤로 갈수록 위치가 높아지는 것은?	극장좌석
뒤에서 부르면 돌아보는 이유는?	뒤통수에는 눈이 없으니까
드라큘라(흡혈귀)가 가장 싫어하는 사람은?	바늘로 찔러도 피 한 방울 안 나는 사람
드라큘라(흡혈귀)가 싫어하는 사람은?	목에 때 낀 사람
드라큘라(흡혈귀)가 싫어하는 사람은?	피도 눈물도 없는 사람
들어갈 때는 빳빳하고, 나올 때는 물렁물렁해지는 것은?	껌
등이 높은 물고기는?	고등어
딩동댕의 반대는?	땡!
땅강아지는 강아지의 일종이다?	곤충

Questions	Answers
땅땅거리며 사는 사람은?	토지매매 업자
땅바닥을 쿵 구르고, 손바닥을 후~ 부는 것은?	쿵후
떠나간 님을 2자로 표현하면?	쌍놈
떼돈을 벌려면 어떻게 해야 하나?	목욕탕을 개업한다
똥은 똥인데 엉뚱한 곳으로 튀는 똥은?	불똥
똥의 성은?	응가
똥차에 파란 색을 칠한 이유는?	신선해 보이려고
라면은 라면인데, 가장 맛있는 라면은?	당신의 뜻이라면
라면은 라면인데, 가장 큰 라면은?	바다가 육지라면
러시아를 좋아하는 사람은 어떤 사람일까?	호로자식
로또복권 당첨확률을 2배 올리는 방법은?	두 장 산다
로보캅을 우리나라 말로 하면?	철면피
로봇 형사 **가제트**의 성은?	마징
루돌프의 코는 왜 반짝이나?	닳아서
립스틱을 가장 많이 먹는 사람은?	진한 화장을 하는 여자의 애인
마를수록 무거워지는 것은?	늙은이 다리(말라서 가벼우나, 힘이 없어지기 때문)
마요네즈와 참기름을 섞으면 어떻게 되나?	엄마한테 혼난다
마음씨 좋은 사장이 먹는 떡은?	끄떡끄떡

Questions	Answers
만 원짜리와 천 원짜리가 길에 떨어져 있으면, 어느 것을 주어야 할까?	둘 다
만두 장수가 가장 듣기 싫어하는 말은?	속 터져
만약 프랑스의 영웅 나폴레옹이 아직까지도 살아 있다면 세계는 어떻게 달라졌을지 두 가지만 말하면?	나이가 제일 많다, 인구 한 사람 더 는다
만원 버스가 급정거하여, 못생긴 여학생이 남학생 앞에 넘어졌다. 남학생이 뭐하고 했을까?	호박이 넝쿨째 굴러왔네
만일 귀에 귓구멍이 없다면, 세상이 어떻게 될까?	조용해진다
많을수록 좋은 발은?	돈 다발
많이 가질수록 괴로운 것은?	돈
많이 맞을수록 좋은 것은?	시험문제
말과 행동이 일치하는 사람은?	기수
말과 행동이 전혀 일치하지 않는 사람들이 즐겨 먹는 밥은?	따로국밥
매월 말일만 되면 찢어지는 아픔에 시달리는 여자는?	캘린더 걸
맹구가 닭에게 뜨거운 물을 먹인 까닭은?	삶은 계란을 낳으라고
머리 가운데만 머리카락이 빠진 사람은?	소갈머리 없는 사람
머리 둘레에 머리가 없는 사람은?	주변머리 없는 사람
머리는 백두산, 꼬리는 한라산, 앞발은 설악산, 뒷발은 지리산에 닿는 말은?	거짓말
머리를 감을 때 가장 먼저 감는 것은?	눈
먹고살기 위해 한 가지씩 배워 두면 좋은 술은?	기술
먹을수록 덜덜 떨리는 음식은?	추어탕

Questions	Answers
먹지 않아도 배부르게 해주는 보따리는?	돈 보따리
멀쩡한 사람이랑 장님이랑 싸우면 누가 이길까?	장님(눈에 뵈는 게 없으니까)
멍청한 바보가 오줌을 싼다를 3글자로 표현하면?	쪼다쉬
모기가 좋아하는 은행은?	혈액은행
모든 것이 평범한 학생의 뜻을 가진 단어는?	모범생
목에 깁스를 한 사람은 어떻게 잠을 잘까?	눈을 감고 잔다
목욕탕에 가면 두고 나오는 것은?	때
몸속에 있는 폭발물은?	울화통
몸에서 돌보다 단단한 것은?	머리카락(돌을 뚫고 나오니까)
몸을 내버리고 결국 짓밟히는 것은?	담배꽁초
못다 핀 꽃 한 송이를 3글자로 표현하면?	봉오리
못생긴 여인의 계란 마사지 장면은?	호박전
못생긴 여자가 목에 스카프를 하고 있다 를 3글자로 하면?	호박잎
무궁화 꽃이 피었습니다! 놀이할 때 전라도 아이에겐 못 당한다. 왜 그럴까?	무궁화 꽃이 펴부러! (8자밖에 안된다)
무섭고 더럽고 가엾은 것은?	호랑이가 똥 싸고 죽은 것
문어의 손과 발을 구별하려면?	몽둥이로 머리를 때려서 올라오는 것이 손
물가 상승과 관계없이 깎아 주는 곳은?	이발소
물고기 중에서 학벌이 가장 높은 물고기는?	고등어

Questions	Answers
물고기의 반대말은?	불고기
물을 끈으로 묶을 수 있는 방법은?	얼려서 묶는다
조물주가 인간을 진흙으로 빚었다는 증거는?	열 받으면 굳어진다
미국 역대 대통령 중에 늘 바지가 흘러내리던 대통령은?	루주벨트
미국과 친하게 지내려고 애를 쓰는 사람은?	미친 자식
미국의 자유의 여신상은 왜 서 있을까?	의자가 없으니까
미국인 과학자가 우리나라의 고춧가루의 성분을 조사했더니 이미 밝혀진 성분 외에 두 가지가 더 나왔다고 한다. 이것은?	눈물, 콧물
미닫이문을 소리나는 대로 적으면?	드르륵
미소의 반대말은?	당기소
미역장수가 가장 좋아하는 산은?	해산
미친놈이 따로 없다를 1글자로 표현하면?	너
미팅하는 사람들이 좋아하는 술은?	사교술
바가지는 바가지인데 쓰지 못하는 바가지는?	해골 바가지
바가지는 바가지인데, 깨지지 않는 바가지는?	아내의 바가지
바느질을 하기 위해 실을 찾는 남자를 5글자로 표현하면?	실없는 남자
바늘만 가지고 다니는 사람을 5글자로 표현하면?	실없는 사람
바다가 푸른 이유는?	파도에 부딪혀 멍들었음
바다에서 다이빙을 했는데도 머리카락이 젓지 않은 이유는?	대머리니까

Questions	Answers
바다와 육지 사이에 있는 것은?	와
바닷물이 짠 이유는?	물고기가 땀을 내면서 뛰어 놀아서
바라볼수록 보고 싶은 사람을 2글자로 표현하면?	바보
바른쪽(오른쪽) 볼기짝과 같은 것은?	왼쪽 볼기짝
바보는 구두를 어떻게 닦을까?	솔에다 구두를 문지른다
바지 끝이 짧은 사람은 어떻게 해야 하나?	끝내 준다(바지끝)
발 중에서 가장 못생긴 발은?	묵사발
발과 팔에 있는 물고기는?	발꿈치, 팔꿈치
발등이 앞으로 향하는 이유는?	줄 서 있을 때 뒷사람에게 밟히지 않으려고
발바닥 한 가운데가 움푹 패인 이유는?	지구가 둥그니까
밥을 하는 도중 가스가 떨어졌는데 밥은 아주 맛있게 잘 되었다. 이유는?	전기밥솥에 했다
배가 나온 걸인을 다른 말로 하면?	풍요 속의 빈곤
배부르고 등 따뜻한 사람은 어떤 사람인가?	임신한 여자가 아이를 업고 있는 것
백 곱하기 백 곱하기 백 곱하기를 계속하면?	배꼽에서 피난다 (배꼽파기……)
백방으로 설치고 돌아다니는 공포의 주둥아리를 4자로 표현하면?	백설공주
백설공주는 무얼 먹고 죽었나?	나이
백악관은 **화이트 하우스**, 청와대는 **블루 하우스**, 투명한 집은?	비닐하우스
버스 운전기사가 버스에 올라가서 제일 먼저 잡는 것은 무엇?	자리

Questions	Answers
버스나 지하철의 노약자석이란?	노련하고 약삭빠른 사람이 앉는 곳
벌건 대낮에도 훌랑 벗고 손님을 기다리는 것은?	통닭
벌레 중 가장 빠른 벌레는?	바퀴벌레(바퀴가 있으니까)
법이 없이도 살 수 있는 사람은 착한 사람이다. 그러면 법이 없어야 사는 사람은?	사형수
법적으로 바가지요금을 받아도 되는 사람은?	바가지 장사
벼락부자가 되려면 무슨 장사를 해야 하나?	피뢰침 장사
변비로 심하게 고통을 받는 여자는?	변심한 여자
변비약의 광고 문안의 최고 명작은?	싸게 드립니다!
변학도가 성춘향을 옥에 가둔 죄명은?	혼인신고 미필죄
변호사, 검사, 판사 중 누가 제일 큰 모자를 쓸까?	머리 큰 사람
병균들 중에서 제일 계급이 높은 병균은?	대장균
병든 자여! 다 나에게 오라!라고 말한 사람은?	엿장수
보기만 해서는 통 알 수 없는 사람을 4자로 표현하면?	보통사람
보내기 싫을 때 내는 것은?	가위나 바위
보통의 반대말은?	곱빼기
복어 알을 먹고도 거뜬히 살아나는 여자는?	복부인
봄의 향기를 맡으면서 만든 부침개는?	춘향전
봉사활동을 오래하다가 드디어 빛을 본 사람?	심봉사

Questions	Answers
부자나 가난한 자나 같이 내는 세금의 종류는?	부가가치세
북한에서 김정일은 미친놈!이라고 말하면 무슨 죄에 해당될까?	1급 비밀 누설죄
북한은 지상의 낙원이다를 3글자로 표현하면?	거짓말
분(화장품)을 떨어뜨려 분갑 속의 분이 모두 쏟아져버리면 어떻게 되나?	분통 터진 일
불경기(不景氣)에 오히려 잘 팔리는 약은?	파리약
불만 있는 사람이란?	담배는 없고 성냥만 있는 사람
불필요한 사람이란?	담배는 있고 성냥이 없는 사람
비가 올 때 하는 욕은?	B Y C
비는 비인데, 꼭 피해가야 하는 비는?	과소비
비둘기의 나이는 몇 살일까?	81살(구구:9x9=81)
비로 인정을 받은 사람은 누구일까?	환경 미화원
비탈길에서 통조림 박스가 땅에 떨어져 모두 똑바로 굴러가는데 한 개만 옆으로 굴러갔다. 무슨 통조림일까?	게 통조림
비행기 안에 있는 화장실을 5글자로 표현하면?	공중화장실
비행기와 자전거 중 어느 것이 더 가벼울까?	비행기(하늘에 떠 있으니까)
빌린 후 갚지 않아도 되는 것은?	담뱃불
빨간 길 위에 떨어진 동전을 4글자로 표현하면?	홍길동전
사공이 아주 많으면 배가 어떻게 되나?	가라앉는다
사과 5개 중 3개를 먹으면 몇 개가 남나?	3개(먹는 게 남는 거니까)

Questions	Answers
사과나무에 열린 배의 개수는?	0 개
사과를 깎을 때, 과도로 사과를 한 대 톡! 때린 다음 깎는 이유는?	기절시키려고
사과를 먹고 있었습니다. 벌레가 몇 마리가 나올 때 가장 놀랄까?	반 마리
사기꾼이 잘 팔아먹는 땅은?	얼렁뚱땅
사냥꾼에게 생포된 곰이 하는 말은?	나 쓸개 빠진 곰이에요
사대부 집안이란 어떤 집안인가?	은행에서 네 번이나 대부를 받아 빚 투성이인 집안
사람 몸에 늘 가지고 다니는 흉기는?	머리칼
사람들은 왜 잠을 자는 걸까?	졸리니까
사람들을 웃기기도 하고, 울리기도 하는 종이는?	돈
사람들이 좋아하는 춤은?	안성맞춤
사람들이 커피를 탈 때, 원을 그리며 티스푼으로 젓는 이유는?	설탕 녹이려고
사람은 밥값을 해야 한다고 하는데, 소는 무슨 값을 해야 하나?	꼴값
사람은 빵만으로 살 수 없다는 사실을 입증해 주는 사람은?	밥을 먹고 있는 빵집 아저씨
사람의 다리는 왜 두 개일까?	하나면 넘어지기 쉬우니까
사람의 몸무게가 가장 많이 나갈 때는?	철들 때
사람의 몸에 붙어 있는 꼬리는?	눈꼬리
사람의 몸에서도 만들어질 수 있는 기름은?	개기름
사람의 몸엔 꼬리가 몇 개 있을까?	2개(눈꼬리, 입꼬리)

Questions	Answers
사람의 몸엔 목이 몇 개 있을까?	5개(목, 손목 2개, 발목 2개)
사람의 신체 일부를 볶아먹고 사는 사람은?	미용사
사람의 욕심을 1글자로 표현하면?	더
사람의 이 중에서 가장 마지막에 나는 이는?	틀니
사람이 달에 착륙해서 아무리 찾아도 찾지 못한 것은?	토끼
사람이 물에 빠졌을 때 구명보트로 몇 명까지 구할 수 있나?	구명
사람이 올라가 밟아도 절대로 깨지지 않는 알은?	디디알(DDR)
사랑을 느껴야 할 수 있으며 두 사람이 하고, 피를 봐야 하는 것은?	헌혈
사랑하는 사람들이 좋아하는 술은?	입술
사방이 꽉 막힌 여자는 어떤 여자?	엘리베이터 걸
사업 중에 가장 알찬 사업은?	계란 장수
사업상 목욕을 할 수 없는 사람은?	거지
사자가 원숭이를 쫓다가, 원숭이가 나무 위에 오르자 갑자기 멈춰 섰다. 이유는?	엉덩이가 빨개서(빨강 신호등)
사장과 말단직원의 공통점은?	진급이 안 된다
사진, 포크, 도끼, 우표소인, 인쇄소, 투표, 도장의 공통점은?	찍는다
사진을 찍을 때 왜 한 쪽 눈을 감을까?	두 눈 다 감으면 안 보이니까
산모들이 가장 무서워하는 산은?	유산
산에서 야~ 하고 소리 지른 여자를 4글자로 표현하면?	야한 여자

Questions	Answers
산은 산인데, 미역 장수가 제일 좋아하는 산은?	출산(해산)
산중에서 제일 맛있는 산은?	맛동산
산타할아버지가 싫어하는 면은?	울면
살아있는 사람이 돈까지 내며 들어가는 관은?	여관
상사 앞에서 계속 뀌는 방귀는?	알랑방귀
상습적으로 음주운전을 하는 사람이 다니는 길은?	마음대로
상업적으로 번 돈을 이득이라고 한다. 투우 경기에서 번 돈은?	소득
새 발의 피 때문에 운명이 바뀐 두 사람은?	흥부와 놀부
새우와 고래가 싸우면 누가 이길까?	새우(새우는 깡이고, 고래는 밥이니까)
샐러리맨이 가장 좋아하는 일은?	휴일
생쥐가 사자의 콧등을 발로 뻥 찼더니 그만 사자가 죽어 버렸다. 왜 죽었을까?	기가 막혀서
생활의 지혜가 담긴 속담 중 최고의 거짓말을 하는 속담은?	뒤로 넘어져도 코가 깨진다
서로 자기가 최고라고 싸우고 있는 귀신은?	옥신각신
서로 진짜라고 우기는 신은?	옥신각신
서울에서 부산을 향해 시속 200㎞로 달리는 차가 1시간 후에 간 곳은?	경찰서(속도위반)
서울에서 집이 제일 싼 동네는?	삼전동, 일원동
서울역은 어느 구로 들어갈까?	개찰구
서울출발 모스크바행 비행기가 그만 중국과 러시아 국경에서 추락해 산산조각 나고 말았다. 국제법상 생존자들은 어디에 묻어야 하나?	생존자를 묻으면 큰일 난다

Questions	Answers
석탄으로 석유를 만드는 방법은?	석탄 팔아 석유 산다
선거철에 가장 흔한 색은?	생색
선거철에 입후보자가 일구는 밭은?	표밭
선풍기를 틀어 놓고 자다가 죽은 사람을 9자로 줄이면?	바람과 함께 사라지다
설사를 5글자로 하면?	갈아 만든 똥
성격차이로 매일 다투던 부부가 마지막으로 본 의견일치는?	합의이혼
성경에 나오는 하루 두 알 먹는 약은?	구약과 신약
성냥만 있고 담배는 없는 사람은?	불만 있는 사람
성숙한 여인들이 한 달에 한번씩 치르는 행사는?	반상회
세 명이 다이빙을 했는데, 그 중 한 명은 머리카락이 하나도 젖지 않았다. 왜 그럴까?	스님(대머리)
세 사람만 탈 수 있는 차는?	인삼차
세계에서 가스가 제일 많이 나오는 나라는?	부탄
세계에서 가장 게으른 게으름뱅이가 어느 날 죽었다. 이유는?	숨쉬기 귀찮아서
세계에서 경찰서가 가장 많이 불타는 나라는?	불란서
세계에서 제일 큰 다이아몬드가 있는 곳은?	야구장
세상에서 가장 값싼 눈물은?	하품할 때 흘리는 눈물
세상에서 가장 긴 영어 단어는?	smiles(s사이에 mile이나 떨어졌기 때문)
세상에서 가장 긴 다리는?	롱다리

Questions	Answers
세상에서 가장 더러운 비는?	변비
세상에서 가장 더러운 집은?	똥~집
세상에서 가장 더럽고 추잡하기 짝이 없는 개는?	꼴불견
세상에서 가장 못생긴 여자를 1글자로 표현하면?	욱!
세상에서 가장 불필요한 사람은?	담배를 입에 문사람
세상에서 가장 빨리 달리는 자동차는?	뺑소니차
세상에서 가장 쉬운 것과 어려운 것은?	내가 아는 것과 내가 모르는 것
세상에서 가장 시원하고 화끈한 얘기는?	얼음 공장에 불 난 이야기
세상에서 가장 아름다운 여자를 1글자로 표현하면?	아!
세상에서 가장 어려운 두 마디 말은?	예와 아니오
세상에서 가장 유명한 무스 상표는?	노스트라다무스
세상에서 가장 작은 방은?	가방
세상에서 가장 작은 시장은?	벼룩시장
세상에서 가장 잘 깨지는 유리창은?	와장창
세상에서 가장 잘 생긴 사람을 1글자로 표현하면?	나
세상에서 가장 추운 바다는 어디일까요?	썰렁해
세상에서 가장 큰 소녀는 누구일까?	태평양
세상에서 가장 현숙하고 아름다운 여인을 1글자로 표현하면?	앤(애인)

Questions	Answers
세종대왕의 새 직업은?	조폐공사 전속모델
세탁소 주인이 제일 좋아하는 차는?	구기자 차
소 한 마리가 한 시간에 10평방미터의 풀을 뜯어먹었다. 호랑이 한 마리는 한 시간에 몇 평방미터의 풀을 뜯어먹을까?	안 뜯어먹는다
소가 가장 무서워하는 말은?	소피(소변)보러 간다
소가 동쪽으로 머리를 돌리고 있으면 꼬리는 어느 쪽일까?	아래쪽
소가 외양간에서 기관총을 마구 쏘아댄다를 4글자로 만들면?	우당탕탕!
소가 웃는 소리를 3글자로 표현하면?	우하하!
소금 장수가 제일 좋아하는 사람은?	싱거운 사람
소금을 가장 비싸게 파는 방법은?	소와 금을 분리해서 판다
소는 소인데 도저히 무슨 소인지 알 수 없는 소를 4자로 줄이면?	모르겠소!
소를 송아지로 만드는 방법은?	소를 팔아 송아지를 산다
소방관들이 모든 국민들에게 자나 깨나 하고 다니는 말은?	화내지 마
소변금지 구역에서 대변을 보면?	무죄
소설가 춘원 이광수는 무엇을 썼을까?	안경
소양강 처녀가 애만 태우는 이유는?	그리워서 (아아~그리워서 애만 태우는)
소주는 25도, 맥주는 4도, 양주는 알코올 도수가 45도이다. 이걸 모두 마시면 몇 도일까?	졸도
소주와 새우깡을 함께 먹으면?	깡소주
속상한 사람이 많을수록 돈을 버는 사람은?	내과의사

Questions	Answers
속상할 때마다 만나는 두 사람은?	환자와 의사
손과 발에 있는 음악은?	손가락, 발가락
송장도 골 때리는 메주를 3글자로 표현하면?	송골매
수박 서리하는데 가장 적당한 시기는?	주인 없을 때
수술 할 때 의사와 간호원들이 마스크를 하는 이유?	수술이 실패하더라도 누군지 얼굴을 모르게 하려고
수십 년 동안 다방에서 일한 여자를 부르는 말은?	다방면에 뛰어난 여자
수염보다 더 강한 것은?	여자의 얼굴(철면피를 뚫는 수염이 뚫지 못하니까)
수영장에서 물에 빠지면 만나는 무서운 적은?	허우적
수컷 제비가 암컷 제비를 부를 때 하는 말은?	지지배
수학을 1글자로 줄이면?	쏙
순전히 깡으로 한몫 보고 있는 회사는?	농심
순전히 재수로 한몫 보는 곳은?	재수생 학원
술과 커피는 안 팝니다를 4글자로 표현하면?	주차금지
술독에 빠졌다가 간신히 헤엄쳐 나온 쥐가 하는 첫마디는?	고양이 나와!
술에 취한 남편이 현관에서 마누라를 부르는 이유는?	안방을 찾아가려고
술을 못 마시면 병신, 잘 마시면 주신, 많이 마시면?	망신
숨넘어가는 닭은?	꼴~까~닭
숫처녀와 노(NO)처녀와의 차이는?	단 한 번의 차이

Questions	Answers
슈퍼마켓에서 물건을 배달하는 사람을 3글자로 표현하면?	슈퍼맨
슈퍼맨 가슴에 새겨진 S 자는 무엇의 약자일까?	스판(spandex)
슈퍼맨이 하늘을 날다 옆을 보니 날아다니는 말이 있었습니다. 그 말의 이름은?	슈퍼마리오(슈퍼 말이오)
스님들이 전혀 걱정할 필요가 없는 병은?	탈모증
스키는 스키인데, 사람들을 비틀거리게 하는 스키는?	위스키
스키는 스키인데, 사람들을 취하게 하는 스키는?	위스키
스탈린이 지금까지 살아 있다면 어떻게 될까?	그의 무덤이 없다
스튜어디스를 한국어로 표현하면?	비행소녀
슬픈 영화나 음악을 좋아하는 사람들이 잘 먹는 음식은?	울면
슬픈 음악을 좋아하는 사람이 가장 즐거울 때는?	슬픈 음악을 들을 때
승용차와 8톤 화물트럭이 정면충돌 후, 8톤 트럭이 뒤집혔다. 이런 것을 뭐라고 하나?	교통사고
시각장애인과 권투선수가 싸우면 누가 이길까?	시각장애인 (눈에 뵈는 게 없으니까)
시냇가에서 발을 씻고 있는 여자를 3글자로 하면?	시발년
시는 시인데 무서운 시는?	으시시
시어머니 생일날 손님 접대는 않고 낮잠만 자는 여인은?	잠년
시장바구니를 들고 키비레로 들어가는 여자를 여섯 자로 표현하면?	볼 장 다 본 여자
신선한 김치는 풋김치, 신선한 사랑은 풋사랑, 그렇다면 신선한 음악가는?	풋치니(푸치니)
신혼 첫날 신랑이 신부를 안아 영화처럼 침대 위에 던졌는데, 신부가 기절한 이유는?	돌 침대였다

Questions	Answers
신혼부부들이 좋아하는 곤충은?	잠자리
실업자와 실업가의 차이는?	실업자는 낮에도 자고, 실업가는 밤에도 일한다
실을 파는 가게에 **온갖 실들이 다 모여 있다**를 4자로 표현하면?	득실득실
실패하면 살고 성공하면 죽는 것은?	자살
심장의 무게는 얼마일까?	4근(두근두근하니까)
쌀로 메주를 쑤려면 어떻게 해야 할까?	쌀을 팔아 콩을 사서 쑨다
쌀의 길이는?	백미터(백미)
쓰레기통에 뚜껑이 달린 이유는?	먼지 들어가지 말라고
쓰레기통에서 잡은 쥐를 먹으려고 하는데 주인집 아주머니가 연탄재를 뿌렸다. 이때 고양이가 한 말은?	다된 밥에 재 뿌리네
씨름 선수들이 죽 늘어서 있다를 세자로 줄이면?	장사진
씨암탉의 천적은?	사위
아기가 태어나서 우는 이유는?	밥줄이 끊어져서
아낙네의 미래형은?	노인네
아리랑과 쓰리랑의 엄마는?	아라리(아리 아리랑 쓰리 쓰리랑 아라리가 낳네~)
아몬드가 죽으면 무엇이 될까?	다이아몬드
아무도 믿을 수 없다는 사람이 가장 믿는 신은?	자기 자신
아무리 추운 겨울이라도 등 따뜻하고 배부른 사람은?	아기업은 임산부
아빠가 일어나면, 엄마는 책보는 곳은 어디일까?	노래방

Questions	Answers
아이 추워!의 반대말은?	어른 더워
아이를 낳게 해 달라고 백일기도를 드리는 여자는?	애원한 여자
아이스크림이 죽으면 무엇이 될까?	다이하드
아주 색다른 여자와 결혼 한 남자는?	국제 결혼한 남자
아주 오래 전에 건설된 다리를 무엇이라 부르나?	구닥다리
아침 해와 저녁 해는 어느 쪽이 더 무거울까?	저녁 해(아침 해는 떠오르지만, 저녁 해는 가라앉으니까)
아편전쟁이란?	아내와 남편의 부부싸움
아프리카 밀림에서 한 달이나 사냥을 하고 돌아온 사람이 캥거루는 한 마리도 못 잡았다고 하는데, 왜 그랬을까?	아프리카에는 캥거루 없다
아홉 명의 자식을 3자로 표현하면?	아이구
안경이 들어가 있으면 안경집, 모래가 들어가 있으면?	닭똥집
앉아 있기가 아주 불편한 방석은?	바늘방석
알 가운데 제일 큰 알은?	눈알(온 세상을 다 보니까)
알몸으로 성공한 여성은?	누드모델
알파벳은 모두 몇 자인가?	3 자
암중에서 제일 계급이 높은 암은?	대장암
암캐와 수캐가 같이 놀다가 암캐는 미용실로 가고 수캐는 이발소로 들어갔다. 왜 그랬을까?	암캐=미용실개, 수캐=이발소개
암탉은 어느 집에서 시집왔을까?	꼬꼬택
앙코르의 순 우리나라말은?	뻔뻔한 부탁

| 난센스 Quiz | 남한 OX Quiz | 북한 OX Quiz | 남·북한 낱말 Quiz |

Questions	Answers
앞도 못보고, 뒤도 못 보는 사람은?	눈먼 변비환자
애국가에 나오는 산은 모두 몇 개?	3 개(남산 화려강산 백두산)
애꾸눈의 자랑은?	남들이 총을 쏘려고 할 때, 애꾸눈은 이미 총을 쏘고 난 뒤다
애초부터 부자되기 틀린 집은 어떤 집일까?	딸만 있는 집
애태우면 애태울수록 돈을 버는 사람은?	거리에서 목마 태워주는 사람
약속을 어기면 혼난다의 뜻을 가진 단어는?	약혼
약은 약인데 아껴 먹어야 하는 약은?	절약
약은 약인데, 교회에 다니는 사람이 즐겨 먹는 약 두 알은?	구약과 신약
양식을 먹으면서 함께 부르는 노래는?	포크송
양초 갑에 양초가 꽉 차있다를 3글자로 표현하면?	초만원
양파 껍질을 계속 벗기면 무엇이 나올까?	눈물
어느 날 노란새, 빨간새, 파란새가 만났는데 이상하게도 모두 새까맣게 되었다. 이유는?	밤에 만났다
어떤 포수가 참새 백 마리를 보고 총을 한발 쏘았는데 백 마리가 죽었다. 그 이유는?	이름이 백 마리
어려서 거짓말을 많이 하면 커서 어떤 사람이 될까?	국회의원
어른은 먹기 싫어하고, 아이는 먹고 싶어 하는 것은?	나이
어부들이 가장 싫어하는 남자 가수는?	배철수
억세게 재수 없으면서 그런 대로 운이 좋은 사람은?	앰뷸런스에 치인 사람
억수같은 폭우가 쏟아지는 곳은?	비무장 지대

Questions	Answers
얼굴은 예쁜데 속이 텅 빈 여자는?	마네킹
얼음이 죽으면 어떻게 되나?	다이빙(die 氷)
엄마 토마토가 아기 토마토에게 **커서 뭐가 될래?** 하고 물었다. 아기토마토의 대답은?	케첩!
엉덩이가 남들보다 배는 더 큼직한 여자를 뭐라고 부를까?	엉큼한 여자
엉덩이가 뚱뚱한 사람을 뭐라고 부를까?	엉뚱한 사람
엉덩이에서 흐르는 냇물은?	구린내
에이~ 다음에 하는 소리는?	비
엘리베이터는 무슨 힘으로 움직일까?	스위치
여러 가지 마크 중에서 제일 큰 마크는?	덴마크
여름을 가장 시원하게 보내는 사람은?	바람난 사람
여자 목욕탕에서 공포의 대상은?	체중계
여자 신체 중에 **지** 자로 끝나는 것으로 첫날밤에 쓰이는 것은?	연지, 곤지
여자가 나이가 들면 지켜야 할 도리는 아랫도리이고, 남자가 나이가 들면 지켜야 할 도리는?	장도리
여자가 뛸 때 같이 흔들리는 두개는?	귀걸이
여자가 실수를 하여 남탕에 들어갔을 때의 죄목은?	방화죄 (남자의 가슴에 불을 댕겼다)
여자가 주로 바르고, 남자가 즐겨 먹는 것은?	립스틱
여자가 타락하는 지름길은?	허락
여자에게는 없지만, 남자는 아래쪽에 하나 있는 것은?	받침

Questions	Answers
여자도 서서 소변을 볼 수 있는 곳은?	수영장
여자들이 갔고 다니는 돈은?	어머니(money)
여자들이 수다를 가장 적게 떠는 달은?	2월 달(28일 까지 있다)
여자와 강도의 공통점은?	만나면 돈 나간다
여자의 몸무게가 남자보다 적게 나가는 이유는?	입이 가벼워
여자의 엉덩이가 큰 이유는?	요강에 빠지지 말라고
여행을 하다 돈이 떨어졌다. 어떻게 해야 할까?	주우면 된다 (돈이 땅에 떨어졌으니까)
역사의 인물 중 수학을 제일 잘 했던 인물은?	연산군
연인끼리 보트를 타다가 물에 빠졌다. 남자는 가라앉아 죽었고 여자는 위로 떠올라서 살았다. 이유는?	남=돌대가리, 여=골빈 여자
연탄가스 중독을 예방하는 가장 확실한 방법은?	자지 않는다
열 번 찍어서 안 넘어가는 나무를 쓰러뜨리는 방법은?	전기톱으로 자른다
엿장수는 하루에 몇 번이나 가위질을 할까?	엿장수 맘대로
영웅호걸이 여자를 좋아하는 이유는?	호(好)걸(Girl)이기 때문
영하의 날씨에서도 얼지 않는 물은?	끓는 물
영희네 가족은 엄마 아빠와 8자매이다. 자매의 이름은 빨숙이, 주숙이, 노숙이, 초숙이, 파숙이, 남숙이, 보숙이가 있습니다. 그렇다면 막내의 이름은?	영희
예로부터 여성 상위를 나타내는 순 우리말은?	연놈
예쁜 여자들이 가장 좋아하는 벌은?	재벌
오뎅을 5글자로 늘이면?	뎅뎅~뎅뎅뎅~ (리듬감있게)

Questions	Answers
오락실을 지키는 수호신 용 두 마리는?	일인용과 이인용
오랜만에 마당을 쓸려고 마당에 나갔는데 깨끗했다를 4자로 표현하면?	쓸데없다
오렌지 주스가 든 컵에 손 하나 안 대고 마시는 방법은?	빨대로 마신다
오른 손으로는 들어도 왼손으로는 들 수 없는 것은?	왼손
오른발에는 구두를 신고, 왼발에는 고무신을 신고 걸어가는 사람은?	미친 사람
오른쪽 귀와 같은 것은?	왼쪽 귀
오백에서 백을 빼면 얼마?	오
오이의 원래 나이는 몇 살일까?	52살
오줌을 잘 싸는 오줌싸개, 오줌을 빨리 싸는 사람은?	잽싸게
오후에 비가 온다는 일기예보를 듣고도 우산을 깜빡 잊고 학교엘 갔는데, 비를 한 방울도 맞지 않고 돌아왔다. 어째서일까?	일기예보가 틀렸다
온 몸이 쑤시는 신경통 환자들이 가장 싫어하는 악기는?	비올라
올 백을 맞는 학생이 되려면?	백지시험지를 제출한다
올챙이는 알을 낳을까, 새끼를 낳을까?	올챙이는 알을 낳지 못한다
올챙이는 찬물에 알을 낳을까? 따뜻한 물에 알을 낳을까?	올챙이는 알을 낳지 못한다
옷을 모두 벗어버린 남자의 그림을 4글자로 표현하면?	전라남도
옷을 소금에 절이면 무슨 색이 될까?	염색
왕이 넘어지면 뭐가 될까?	킹콩
왕이 타고 다니는 차는?	킹카

Questions	Answers
왜 아침에 일어나서 하품을 한 뒤, 우유를 마실까?	하품을 하면서는 못 마시니까
요 나라는 누구에게 정복되었나?	이불
용 두 마리가 죽을 각오로 싸운다면 결과는 어떻게 될까?	용용 죽겠지
용이 가장 듣기 싫어하는 말은?	용용 죽겠지
우겨서 등수를 올린 사람의 뜻을 가진 단어는?	우등생
우리 몸에서 돌보다 단단한 것은 머리카락이다. 왜 그럴까?	돌을 뚫고 나오니까
우리 몸에서 쇳덩어리보다 강한 것은?	수염(철면피를 뚫고 나오니까)
우리가 수업시간에 자는 이유는?	꿈을 갖기 위해서
우리나라 대학생을 가장 많이 울린 탄은?	최루탄
우리나라 사람이 쇼트트랙 경기에 강한 이유는?	새치기를 잘한다
우리나라 최초로 기둥서방을 둔 여자는?	지하여장군
우리나라가 반공국가라는 것을 알 수 있는 교통법규는?	비보호 좌회전
우리나라에서 가장 오래된 공중 화장실은?	전봇대
우리나라에서 가장 오래된 산아제한 표어는?	무자식 상팔자!
우리나라에서 가장 큰 군은?	거창(경상남도)
우리나라에서 가장 큰 모자를 쓴 사람은?	가장 머리 큰 사람
우리나라에서 김이 가장 많이 나는 곳은?	사우나
우리나라에서는 꼬마들까지 아는데, 외국에서는 어른들도 잘 모르는 것은?	한국어

Questions	Answers
우리에게 내일은 없다!는 말을 누가 말했나?	하루살이
우산 장사가 가장 좋아하는 노래는?	가을비 우산 속에
우습게 봐줄수록 좋다고 하는 사람은?	개그맨(코미디언)
우체부가 가장 싫어하는 노래는?	번지 없는 주막
운전사들이 주로 사용하는 재떨이는?	아스팔트
울다가 웃는 사람을 5글자로 표현하면?	아까운 사람
위에서 아래로 자라는 것은 고드름이다. 제멋대로 자라는 것은?	여드름
윗물이 맑으면?	세수하기 좋다
윗사람에게 아부 잘하는 사람들이 믿는 신은?	굽신굽신
유명한 킬러 **레옹**의 성은?	나폴
유식한 강도와 무식한 강도의 차이점은?	손들고 꼼짝 마, 꼼짝 말고 손들어
유원지에 놀러가서 바가지요금을 쓰지 않는 가장 좋은 방법은?	놀기만 한다
음력 설날에만 사용하는 물은?	구정물
음료수회사 사장님 집의 개 이름은?	병따개
음식에 앉은 파리를 내쫓자, 파리가 한 말은?	내가 먹으면 얼마나 먹는다고
음치의 3대 조건은?	악보무시, 음정무시, 오기로 2절까지 부르기
음치의 선천적 조건은?	부모가 음대와 치대를 나와야 한다
의사와 엿장수가 좋아하는 사람은?	병든 사람

Questions	Answers
이 세계(개)가 마구 흔들리면 어디로 가야 하나?	치과
이 세상 사람들의 머리카락 수를 다 곱하면?	0(대머리도 있으니까)
이 세상에서 가장 강한 것 두 가지는?	수염, 여자 얼굴(철판 같은 남자의 얼굴을 뚫고 나오니까. 철판을 뚫고 나오는 수염도 뚫고 나오지 못하니까)
이것은 네 땅이다를 영어로 표현하면?	디즈니랜드
이것은 다시 코다를 영어로 말하면?	도루코
이것은 코가 아니다를 영어로 말하면?	이코노
이것은 코다를 영어로 말하면?	디스코
이구동성이란?	코를 풀면서 방귀뀌기
이기고도 지고 가는 것은?	상으로 받은 지게
이래도 흥, 저래도 흥하는 사람이 먹는 떡은?	끄떡끄떡
이불 속에서 혼나, 혼자 사는 여자는?	이혼녀
이빨이 가장 튼튼한 개는?	치와와
이에서 이를 빼면?	잇몸
이자 없이 꿀 수 있는 것은?	꿈
이제는 둘이 안 놀고 혼자서 놀기로 한 것의 뜻을 가진 단어는?	이혼
이중고(二重苦)하면 어떤 사람한테 버스 안에서 발등을 밟힌 것일까?	아기를 밴 여자
이혼을 하지 않으려면 어떻게 해야 하나?	결혼하지 않는다
인간에게 있어서 순간적으로 생기는 커다란 문제는?	기분 문제

Questions	Answers
인공위성이 지구를 뱅뱅 도는 이유는?	정류장이 없어서
인도 보다 꼭 4배가 더 큰 나라는?	인도네시아
인삼은 6년 근 일 때 캐는 것이 좋다. 산삼은 언제 캐는 것이 제일 좋은가?	보는 즉시
인신매매 범에게 임산부가 잡혔을 때 **나 아이가졌어요!**하자 인신매매 범이 뭐라 했을까?	배 부른 소리하고 있네!
인터넷으로 메일을 보낼 때 가장 많이 활동하는 동물은?	골뱅이
일 더하기 일은 중노동, 이 더하기 이는 덧니, 이 빼기 이는 틀니다. 그렇다면 삼 더하기 삼은?	6
일본에서 경쟁률이 가장 센 대학은?	와세다 대학
일생에 제일 슬픈 때는?	눈에 고춧가루가 들어갔을 때
입은 있으나, 말을 못하는 사람은?	손아랫사람
입이 세 개, 눈이 세 개, 귀는 없고 코가 두 개인 것은?	괴물
자기 머리에 대고 계란을 깨뜨리면?	계란으로 바위 치기
자기들만이 옳다는 사람들만 사는 집은?	고집
자동차를 운전하는 사람들이 싫어하는 춤은?	우선멈춤
자루가 필요한 사람에게 해 주는 최고의 대접은?	푸대접
자전거는 **사이클**이다. 그럼 **자전거를 못 탄다**는?	모타 사이클
잠을 잘 자는 여자 가수는?	이미자
잠자리 잡기가 가장 좋은 때는?	방이 텅 비었을 때
잠자리 종류 중, 수컷들만 있는 것은?	고추잠자리

Questions	Answers
장님도 볼 수 있는 것은?	꿈
장사꾼들이 제일 좋아하는 색은?	구색
장화에 구멍이 뚫려 물이 새는데, 어떡하면 좋을까?	구멍 하나 더 뚫는다 (물 빠지라고)
장화의 남동생은 장식이다. 그러면 장화에 여동생 이름은?	홍련
재벌의 2세가 되는 방법은?	아버지를 재벌로 만든다
전기가 나가면 집집마다 걸리는 비상?	초비상
전기가 나가면 집집마다 걸리는 비상은?	초비상
전등은 무슨 힘으로 켜질까?	스위치
전축을 틀면 흘러나오는 소리는?	판소리
전투기 F16 보다는 성능이 약하지만 날아다니는 파리까지 쏘아 떨어뜨릴 수 있는 정확성을 가진 우리나라의 무기는 무엇일까?	· F(에프)킬라
전화 교환수가 화장실 안에서 용변을 보고 있는데 누가 노크를 한다면 어떻게 응답할까?	통화중!
전화를 한 다음에 해야 할 일은?	수화기를 내려놓는다
절은 엄숙한 곳인데 소란스럽고 가만있지 못하는 절은?	안절부절
절은 절인데, 힘을 많이 들여 어렵게 지은 절은?	우여곡절
정말로 먹고살기 어려운 사람은?	위장병 환자
정신 병원에 가야 하는데도 치과로 가는 사람은?	이상한 사람
정신병 환자가 없으면 미쳐버리는 사람은?	정신과 의사
정전이 되었을 때 텔레비전을 보는 방법은?	성냥을 켠다

Questions	Answers
정직한 사람이 죄를 지으면 보는 책은?	가책
젖소에게는 4개가 있고 여자에게는 2개가 있는 것은?	다리
젖소와 강아지가 싸우면 누가 이길까?	강아지(젖소는 나 졌소! 강아지는 나 강하지?)
제비족에게 최초로 당한 여자는?	놀부 마누라
제일 비싼 보석은?	비자금
제일 빠른 닭은?	후~다~닭
조금 전에 울다가 그친 사람을 5글자로 표현하면?	아까운 사람
졸지에 실업자가 되는 식을 3글자로 표현하면?	졸업식
주사위를 던졌는데, 처음엔 1이, 두 번째엔 2가, 세 번째엔 3이……. 마지막 여섯 번째엔 6이 나왔다. 무슨 일일까?	신기한 일
죽었다 깨어나도 못하는 것은?	죽었다 깨어나기
죽이다의 반대말은?	밥이다
줄에 매달려 있는데, 쥐들이 나타나 줄을 갉아대면 뭐라고 해야 할까?	야옹!
중학생과 고등학생이 타는 차는?	중고차
쥐 3마리와 개 3마리 그리고 고양이 3마리가 같이 있으면 모두 몇 마리가 될까?	6마리 (고양이가 쥐를 잡아먹으니까)
지구상에서 공룡이 멸종한 이유는?	다 죽었기 때문
지렁이를 밟으면 왜 꿈틀거릴까?	아파서
지렁이와 토끼가 100미터 달리기를 했다. 그런데 지렁이가 이겼다. 어떻게 된 걸까?	지렁이 몸이 100미터
직장에만 가면 무서워서 벌벌 떠는 상사는?	불상사

Questions	Answers
진짜 사람 살맛난다고 말할 수 있는 사람은?	식인종
진짜 진짜 끝내준 여자는?	이혼한 여자
질문을 할 때 한 손만 드는 이유는?	두 손 다 들면 만세가 되니까
집에 불이 났지만 오히려 화재보험으로 더 큰 부자가 된 사람의 소득은?	불로소득
집은 집인데, 먹을 수 있는 집은?	닭똥집
집은 집인데, 아무도 못 말리는 집은?	고집
짱구와 오징어의 아주 큰 차이점은?	짱구는 못 말리는데, 오징어는 말릴 수 있다
찐 달걀을 먹을 때는 무엇을 치며 먹어야 되는가?	가슴
차가 막혀서 어디를 가도 하루가 걸린다의 뜻을 가진 단어는?	일일 생활권
차는 차인데, 바퀴가 없고 늘 신명이 나는 차는?	어기여차
차마 눈뜨고 볼 수 없는 여자는?	꿈속의 여자
찬성만 하도록 뇌물로 먹이는 떡은?	끄떡끄떡
참새가 먹는 간식은?	새참
창밖에 여자보다 더 불쌍한 여자는 누구일까?	창틀에 낀 여자
창이 날아오니까 피해!를 3글자로 표현하면?	창피해!
처녀가 임신을 하면 해당되는 죄목은?	범인 은닉죄
처음 만난 소끼리 나누는 인사말은?	반갑소!
천 냥 빚을 말로 갚은 사람은?	말 장수

Questions	Answers
천당과 지옥의 갈림길에서, 고3 수험생은 저승사자가 선택의 기회를 주자 뭐라고 했을까?	어디가 미달이에요
천당에 가기 위하여 제일 먼저 해야 할 일은?	죽어야 한다
천사가 나타나면 악마가 사라진다를 6자로 표현하면?	천사 짠! 악마 뿅!
천재 남편과 바보 아내가 결혼하면 어떤 아이를 낳을까?	갓난아기
철수는 아무 짓도 안 했는데 선생님께 혼났다. 왜 그랬을까?	숙제를 안 했다
청소년 문제를 해결하는 지름길은?	세월이 흐르면 된다 (기성세대가 되니까)
체에 물을 담으려면?	대야에 체를 넣고 물을 담음
체육시간에 피구를 하다가 여학생 두 명이 죽었다. 어떻게 된 걸까?	금 밟아서
총을 쏠 때 한 쪽 눈을 감는 이유는?	두 눈 다 감으면 안 보이니까
최초로 뼈를 깎는 고통을 격은 사람은?	아담
추운 겨울날 미니스커트를 입고 다니는 여자는?	철 없는 여자
추운 겨울날 배꼽티를 입고 다니는 여자는?	철 없는 여자
추울 때 발이 제일 시린 까닭은?	기온이 아래로 내려가니까
축구선수는 축구공을 차고 다니지만 보통사람은 무얼 차고 다닐까?	시계
침대나 차에서 주로 하고, 역전에서 여자들이 하고 가라고 잡기도 하는 것은?	헌혈
카메라로 사진을 찍을 때 사람들이 즐겨 찾는 음식은?	김치
커피 잔의 손잡이는 왼쪽에 붙었을까, 오른쪽에 붙었을까?	바깥쪽
커피를 미국인은 삼각형, 일본인은 직각, 한국인은 원을 그리며 젓는 이유는?	설탕 녹이려고

| 난센스 Quiz | 남한 OX Quiz | 북한 OX Quiz | 남·북한 낱말 Quiz |

Questions	Answers
커피에 빠진 파리가 죽으며 하는 말은?	세상 쓴맛, 단맛 다 봤다
컴퓨터로도 못하는 계산은?	정치인들의 꿍꿍이 셈
코가 크면 따라서 큰 것은?	콧구멍
코가 크면 이것도 크다. 이것은 무엇일까?	코딱지
코끼리 2마리가 서로 싸워 둘 다 코가 떨어져 나갔다면 어떻게 될까?	끼리끼리
코끼리를 냉장고에 집어넣는 2단계 방법은?	1단계=냉장고를 코끼리에게 먹인다. 2단계=코끼리를 까뒤집는다
코끼리와 고래를 결혼시켜서 태어난 말은?	거짓말
코미디언들이 소재를 찾아 헤매는 거리는?	웃음거리
콜라병이 키우는 개 이름은?	병따개
콜라와 마요네즈를 섞으면?	버려야 된다
콧구멍은 왜 두 개일까?	콧구멍 파다가 숨 막혀 죽지 말라고
타자의 반대말은?	안타
탈 중에 쓰지 못하는 탈은?	배탈
택시 운전기사가 가장 좋아하는 말은?	따블!(더블)
털 하나로 통신은 물론 인터넷도 되는 것은?	디지털
텔레토비가 운영하는 안경점 이름은?	아이(eye) 좋아
토끼들이 가장 잘하는 것은 무엇일까?	토끼기(도망치기)
특별히 공부도 못하면서 대가리만 큰 아이의 뜻을 가진 단어는?	특공대

Questions	Answers
파도가 춤을 추는 이유는?	갈매기가 노래하기 때문에
파리는 얼마나 살까?	82일
판매원 아가씨와 총각 손님 사이에 오가는 정은?	흥정
판소리의 반대말은?	산소리
팔팔 끓는 물의 온도는 몇 도일까?	64도 (8x8)
팔팔 끓는 물의 온도는 몇 도일까?	88도
팥으로 메주를 쑤려면 어떻게 해야 하나?	장에 가서 팥을 팔아 콩을 산다
콩쥐의 깨진 독을 수리해 준 사람은?	독수리 오형제
펄펄 끓는 물에 손을 집어넣었다를 1글자로 표현하면?	앗!
페인트칠하다 페인트를 뒤집어 쓴 사람은?	칠칠맞은 사람
펜 하나로 정복할 수 있는 고지는?	원고지
편식이 아무리 심한 사람이라도 어쩔 수 없이 먹는 것은?	나이
평생 죽을 때까지 떠다니는 구름은?	뜬구름
포수의 총은 총알이 20미터밖에 나가지 않는데, 호수 건너편 100미터 거리의 새가 그 총에 맞아떨어진 이유는?	총신이 80미터
포장마차가 있는 곳은?	장기판
프랑스에 단 두대 밖에 없는 사형 기구는?	단두대
프로 권투의 대전료(화이트 머니) 계산 방식은 어떤 방식일까?	주먹구구
플레이보이들이 가장 즐기는 장난감은?	바람개비

Questions	Answers
플레이보이들이 키우는 애완동물은?	제비
피임약이 부작용을 일으키면 어떻게 되나?	임신
하나에 하나를 더하였는데 답이 하나, 둘, 셋이 되는 것은?	신랑+신부
하나에 하나를 보태거나 둘을 보태도 다시 하나가 되는 것은?	고양이가 쥐 잡아 먹는 것
하늘과 땅 사이에 있는 것은?	과
하늘에 달과 별이 없으면 어떻게 되나?	날 샜다
하늘에 해가 없다면 어떻게 될까?	못 말린다
하늘에서 별이 사라진다면, 이 세상은 어떻게 될까?	별 볼일 없다
하늘에서 콩이 2알 떨어지면?	스카이 콩콩
하늘의 별따기 보다 더 어려운 것은?	별 달기
하늘의 별은 모두 몇 개일까?	200개 (별이 빽빽(백백)하게 있으니까)
하늘이 파란 이유는?	구름이 없으니까
하루에 100원씩, 100일을 적립하면 1년 뒤 1,000만원을 탈 수 있는 계는?	황당무계
하루에도 몇 번씩 머리를 깎는 사람은?	이발사와 미용사
학교와 **핵교**의 차이점은?	학교는 다니는 곳이고, 핵교는 댕기는 곳
학생들은 왜 날마다 학교에 갈까?	학교가 집으로 올 수 없으니까
학은 왜 한쪽 다리를 들고 서 있을까?	두 다리를 다 들으면 쓰러지니까
한 방울 더하기 한 방울은?	쌍방울

Questions	Answers
한 번 빠지면 다시 끼울 수 없으면서도 빠지고 나면 오히려 시원한 것은?	앓던 이
한 번의 실수로 여자와 이별해야 하는 것은?	스타킹
한강에 어린이와 주부 그리고 정치인이 함께 빠졌다. 누구를 가장 먼저 건져내야 할까?	정치인(수질이 오염되니까)
한강은 남한강과 북한강이 양수리에서 만나 서울을 지나 서해를 흘러 들어간다. 그러면 낙동강은 어디로 흐를까?	낮은 곳으로
한겨울의 동치미가 시어지면?	시치미
한국 최초의 2인조 다이빙을 성공시킨 사람은?	논개
한국에서 제일 야한 영화제목은?	꽃을 든 남자(꼬출든 남자)
한식이란?	한 손으로 식사하는 것
한심한 심판보다 다섯 배 한심한 심판은?	오심한 심판
할머니 지금 오셨어요?를 3글자로 표현하면?	할맨교?
할머니의 마음을 3글자로 표현하면?	노파심
할아버지 발은 큰 발을 4자로 표현하면?	노발대발
할아버지 할머니께서 가장 좋아하는 폭포는?	나이야가라 폭포
항상 요주의 해야 할 사람은?	오줌싸개
해수욕장에서 공중변소를 물어물어 찾아가는 사람은?	법 없이도 살 사람
해와 별 중에 덜 심심한 것은?	별(달과 노니까)
허무한 사람이란?	허리가 없는 사람
허수아비가 걷지 못하는 이유는?	발이 하나이기 때문

Questions	Answers
허수아비의 아들 이름은?	허수
헌법을 아무리 뜯어 고쳐도 새 법이 안 되는 이유는?	헌법이니까
헌병이 가장 무서워하는 사람은?	엿장수
현대 노사분규의 해결사는?	세종대왕, 이율곡선생, 이퇴계선생, 이순신장군
현미경을 볼 때 한 쪽 눈을 감는 이유는?	두 눈 다 감으면 안 보이니까
현역군인이 가장 좋아하는 대학교는?	제대(제주대학교)
형이 책을 열심히 읽고 있는데 갑자기 정전이 되었다. 그런데 형은 촛불도 켜지 않고 책을 읽고 있었다. 이유는?	낮이니까
형제가 싸우는데 주위사람이 동생 편만 들어주면 어떤 싸움이 될까?	형편없는 싸움
호랑이 사냥에 적당한 짐승은?	하룻강아지
호박을 사려고 호박을 보고 있는 아가씨에게 지나가던 총각이 한 말은?	거울 그만 쳐다봐!
호수 위에 뜬 달은 크게 보이는 이유는?	물에 불어서
호주에서 통용되는 돈의 이름은?	호주머니
호프로는 맥주를 만들고 엿기름으로는 감주를 만든다. 그러면 돈으로는 무엇을 만드나?	물주
혹시나!에서 빌어먹을!로 끝나는 것은?	복권
홍도야 울지 마라를 1글자로 표현하면?	뚝!
홍도야 울지 마라를 1글자로 표현하면?	쉿!
홍도야 울지 마라를 3글자로 표현하면?	홍도 뚝!
화가들이 자신이 완성한 그림 밑에 서명을 하는 이유는?	위아래 표시

Questions	Answers
화장실에 가면 소변과 대변 중 어느 것이 먼저 나올까?	급한 것
화장품 가게 주인이 가장 싫어하는 노래는?	거울도 안보는 여자
화재 현장에서 경찰과 소방관이 싸우고 있다. 누가 이길까?	소방관 (물, 불을 안 가리고 싸우니까)
환한 창가 쪽 보다는 언제나 어두컴컴한 구석 자리를 좋아하는 사람은?	창피한 사람
활을 기가 막히게 잘 쏘는 여자는 어떤 여자일까?	활기찬 여자
활을 잘 쏘는 사람이 먹는 약은?	활명수
황새를 쫓아가던 뱁새의 다리가 찢어지고 말았다. 누구의 탓인가?	조상
훔친다!의 과거형은 **훔쳤다!**이다. 그렇다면 미래형은?	교도소
흑인과 백인 사이에 태어난 갓난아이의 치아 색은?	이가 없다
흑인들은 검정색을 무슨 색이라고 하나?	살색

남 한 O X

Quiz

O : 오미크론(Omicron)에서 왔다. 모양은 동그라미이고 뜻은 오 나의 친구로 친한 친구들이 서로 두 팔로 껴안은 모습을 그린 것이다. 한국어의 동그라미는 돈 크로니(Don crony)에서 기원했다고 볼 수 있다.

X : 카이(khi)에서 왔다. 모양은 가위이고 뜻은 가위 모양의 고문 기구로 가위눌리다로 몸을 마음대로 움직이지 못하고 답답함을 느끼는 뜻이다.

맞으면 O 틀리면 X로 표시하게 된 까닭은, 그림문자 시절부터 오미크론 O에는 좋다는 뜻이 있고, 카이 X에는 나쁘다는 뜻이 있었기 때문이라고 볼 수 있다. 하나의 사소한 현상이 호기심을 자극하고, 우리 생활 속에서 쉽게 찾아볼 수 있는 신기한 현상을 아주 쉽고도 재미있게 풀이하여 재미가 있을 뿐만 아니라 상식과 과학의 원리를 알게 해 주어 지식을 넓힐 수 있는 기회를 준다. 호기심이 사라진다면 세상은 더 이상 발전하지 못할 것이다. 창의력과 상상력과 집중력을 바탕으로...

Questions	Answers	
1 ~ 100 사이에는 9라는 숫자가 모두 19개 들어있다?	X	20개, 99는 두개
100℃ 끓는 물과 수증기에 똑같이 몸이 데었을 때 수증기 쪽의 상처가 더 심하다?	O	
100cc 맥주와 100cc의 물을 먹은 배 중 물배가 더 배가 부르다?	O	
100㎖의 물에 20㎖의 설탕을 넣어 녹이면 물의 부피는 120㎖이다?	X	100㎖
100㎖의 물에 20㎖의 설탕을 넣어 녹이면 설탕의 무게만큼 무거워진다?	O	
10원짜리 동전을 컴퓨터에 부착하면 전자파 차단이 된다?	X	
10원짜리 동전이 처음 선보인 년도는 1965년이다?	X	1966년
12년 산 양주를 사서 10년을 소장하면 22년 산 양주로 숙성된다?	X	12년이 숙성의 정점
1갤런의 식초는 여름보다 겨울에 더 가볍다?	X	
1년 12달 중 31일까지 있는 달은 모두 8달이다?	O	
1년 중, 24절기에서 마지막 절기는 동지다?	O	
2000년부터 태어나는 아이의 주민등록번호는 남3 여4로 시작한다?	O	
2002년 월드컵 축구대회는 17회이다?	O	
2월은 28일까지다. 2월이 29일까지 있는 해는 4년마다 한번씩 돌아온다?	O	
4대 국경일이란 광복절, 개천절, 제헌절 그리고 삼일절이다?	O	
5대 영양소는 단백질, 무기질, 비타민, 지방, 탄수화물이다?	O	
63빌딩보다 남산타워가 더 높다?	X	63빌딩 = 249m, 남산타워 = 236.7m
63빌딩 옥상에서 떨어진 100원짜리 동전에 맞으면 죽는다?	O	

Questions	Answers	
음력 7월 7일은 **칠월 칠석**이라고 하고, 9월 9일은 **중양절**이라고 한다?	O	
BUS라는 단어는 미국에서 처음 사용했다?	X	영국
FIFA는 국제축구연맹이다. 그렇다면 FIFA 는 세계 3대 체육기구이다?	O	FIFA(국제축구연맹), IOC(국제올림픽위원회), IAAF(국제육상연맹)
IOC는 세계 축구연맹이다?	X	국제올림픽위원회
Off side는 축구에서 쓰이는 용어이다?	O	
OK는 **모든 것이 좋다**는 All Correct를 Oll Korrect로 잘못 쓰면서부터다?	O	
TV의 인치 표시는 브라운관의 대각선 길이다?	O	
X선은 근육이나 피부는 쉽게 통과하지만, 뼈나 금속은 통과 못한다?	O	
가을꽃인 코스모스는 국화과이다?	O	
가자미의 눈은 중앙으로 쏠려있다?	X	오른쪽
가장 높은 하늘에 뜨는 구름을 **진주구름**이라 한다?	X	권운(卷雲)
가정집에도 공중전화를 설치할 수 있다?	X	여러 사람이 같이 쓰도록 한 것이기 때문
간호사복이 흰색인 것은 옛날 의사들이 입었던 진찰복에서 유래했다?	X	나이팅게일의 등장과 더불어
갈색 계란이 흰 계란보다 영양가가 더 높다?	X	
갈증이 날 때는 바닷물을 마셔도 된다?	X	소금기 때문에 더 갈증 남
감기에 걸렸을 때 기침이 나는 것은 좋은 일이다?	O	
감자는 뿌리가 아니라 줄기다?	O	
갓 낳은 달걀이 병아리가 자라고 있는 달걀보다 더 무겁다?	O	달걀 속의 수분이 껍질을 통해 증발

Questions	Answers	
강 위를 떠내려가는 배는 강물과 같은 속도로 움직인다?	X	조금 더 빨리 감
같은 날에 같은 팀이 2번 시합을 하거나 계속하여 시행되는 두 게임은 더블 플레이(double play)라 한다?	X	더블헤더(double header)
개구리가 비가오기 전에 잘 우는 까닭은, 습기가 많아 기분이 나빠서다?	X	좋아서
개구리가 요란스럽게 울면 비가 내릴 징조다?	O	
개구리는 움직이는 작은 벌레만 잡아먹고 산다?	O	
개구리는 이가 있다?	O	
개구리는 피부로도 호흡을 한다	O	
개구리도 배꼽이 있다?	X	
개구리의 뒷다리는 올챙이 때의 꼬리가 변한 것이다?	X	그냥 사라진다.
개는 진짜로 뼈다귀를 좋아한다?	O	
개미도 간단한 일은 기억을 한다?	X	본능에 따라 행동
개미도 겨울잠을 잔다?	O	
개미의 하루 평균 노동시간은 6시간이다?	O	
개발에도 땀이 난다?	X	땀샘이 없음
개나 고양이에게 초콜릿을 먹이는 것은 위험하다?	O	간장과 신장에 치명적
개의 코가 늘 축축하게 젖어 있는 것은 냄새를 잘 맡기 위해서다?	O	
개한테 물렸을 때는 된장을 바르는 것이 효과적이다?	X	즉시 의사의 치료를 받아야 함
거미는 곤충이다?	X	절지동물

Questions	Answers	
거미는 어떤 종류이든 살아있는 곤충만 잡아먹는다?	O	
거미도 거미줄에 걸리는 수가 있다?	X	발에서 특수 윤활유가 나옴
거미줄에 거미 자신이 붙지 않는 이유는 몸에서 기름기가 분비되기 때문이다?	O	
거봉은 사과의 한 종류이다?	X	포도의 한 종류이다
거북이가 잠을 잘 때에는 머리를 집어넣고 잔다?	X	머리와 발을 모두 꺼내놓고 잠
거시기는 표준어이다?	O	
거의 모든 립스틱의 성분에 생선비늘이 들어간다?	O	
건전지는 추운 곳에서는 전압이 떨어지고 충전도 잘 안되고, 더운 곳에선 방전이 빨리 된다?	O	
건전지를 깨물거나 충격을 주면 좀더 쓸 수 있다?	O	
건축법의 일조권 침해는 동지 날을 기준으로 계산한다?	O	연속 2시간미만, 하루 4시간 미만일 경우 일조권 침해에 해당함
걸어 다니는 식물도 있다?	X	
검은 속옷은 노화를 촉진시키고, 피부를 주름지게 한다?	O	검은 색의 파장
검정색이 상복으로 정착한 것은 영국 빅토리아 여왕의 영향이다?	O	1861년 남편이 죽자 죽을 때까지 입음
검정색이나 흰색이나 심리적으로 느껴지는 무게는 똑같다?	X	검정이색이 1.87배 더 무겁게 느껴짐(체감중량)
게의 다리는 모두 10개이다?	O	
게임 연장전(setting)의 시작을 선언하는 말은 러브 올(love all) 이다?	O	
겨울철 도로상에 있는 제설용 염화칼슘은 아무나 쓸 수 있다?	O	
겨울철에 가장 적당한 실내온도는 16℃~18℃ 이다?	O	

Questions	Answers	
경고판이나 경고 딱지가 노란 색인 이유는 눈에 잘 띄는 까닭이다?	O	
경복궁을 북궐이라고도 부른 이유는 북쪽에 있었기 때문에 생긴 별칭이다?	O	
경부고속도로는 우리나라에서 가장 먼저 건설된 고속도로다?	X	경인고속도
경제원칙은 가장 적은 비용(노력)으로 가장 큰 만족(성과)을 얻는 것이다?	O	
경조사의 축하금이나 조의금을 부주금이라고 한다?	X	부조금
계단을 올라갈 땐 체중의 2배의 하중을 받고, 내려갈 땐 4배의 하중을 받는다?	X	8배
계란 날것은 금속숟가락으로 떠먹으면 안 된다?	O	화학 결합을 일으켜 계란의 맛을 망침
비행기 착륙비용은 야간에 더 비싸다?	O	조명요금 추가 발생
고기를 많이 먹으면 방귀냄새도 더 독하다?	O	대장에서 부패가 일어남
고대 로마의 집정관은 모두 흰색의 옷을 입었는데, 이는 정치적 지조와 순결을 약속하기 위함이다?	O	
고대 유물과 현대인의 금에 대한 기호는 백금보다 황금을 더 좋아하는데, 이것은 백금보다 황금이 더 아름답기 때문이다?	X	귀하기 때문이다
고래는 냄새를 맡을 수 없다?	X	
고래는 물속의 바위에 몸을 끼우고 잔다?	X	물위에서 공기를 마시며 잠
고래는 생선이 아니고 포유동물이다?	O	
고래는 수심 5M 이하의 물 속에서 잠을 잔다?	X	허파로 호흡하는 척추동물이라 수면에서 잠
고래도 아가미가 있다?	X	머리 꼭대기에 분수구멍이 있음
노령화지수 산출방법은 전체 인구 중에 65세 이상 고령인구를 백분율로 표시한 것이다?	X	14세 미만 대비, 65세 이상 14% 이상 일때
고사상의 돼지머리 중 행운을 상징하는 부위는 코다?	O	

Questions		Answers
고양이 오줌은 야광이다?	X	아주 밝은 노랑색이라서 오해한 것
고양이는 눈썹도, 속눈썹도 없다?	O	
고양이는 단맛을 느낄 수 있다?	X	단맛을 수용하는 수용체가 없음
고양이는 배가 고플 때만 쥐를 잡는다?	X	본능적으로 잡음
고양이는 잠을 잘 때 꿈을 꾸지 않는다?	X	꿈꾼다
고양이의 수염을 자르면 쥐를 잡지 못한다?	O	레이더, 안테나 역할
고추 1관은 5Kg 이다?	X	6Kg
고혈압 환자에게는 청색계통의 인테리어가 좋다?	O	진정과 쾌적한 수면 유도
곤충도 피가 있다?	O	거의 눈에 안보임
곤충에게도 심장이 있다?	O	
곤충은 머리, 가슴, 꼬리의 세 부분으로 나뉘어져 있다?	X	머리, 가슴, 배
골치 아프다에서 골치는 어금니를 말한다?	X	뇌. 골치는 뇌나 머리를 속되게 이르는 말임
곰 발바닥은 간지럼을 안 탄다?	X	
공기가 빵빵하게 들어있는 종이봉투가 공기를 뺀 종이봉투보다 무겁다?	O	
공기도 무게가 있다?	O	
공산당이 지배하고 있는 나라의 국기에 붉은색은 용기, 용맹, 공격, 도전 정신을 강조하기 위함이다?	O	
광견병은 개만 걸린다?	X	고양이도 걸림
광화문 사거리의 이순신 장군의 동상을 보면 칼을 오른 손에 쥐고 있다?	O	

Questions	Answers	
괘종시계가 12시를 알릴 때, 마지막 12번째가 정각 12시다?	X	첫 번째
교도소에서 나올 때 두부를 먹는 이유는 영양보충과 깨끗한 삶의 시작을 뜻한다?	O	
교통경찰은 법적으로 고속도로요금을 내지 않아도 된다?	X	한국도로공사에서 면제혜택
교통경찰은 운전 중 안전벨트를 하지 않아도 된다?	O	신속한 범인검거와 사고처리를 위해
교황이 붉은 제복을 입는 것은 인자하게 보이기 위함이다?	X	예수의 고통을 상기시키려함
구기 종목 중 가장 작은 공을 사용하는 경기는 골프다?	X	탁구
구두닦이는 8.15해방 이후 미군이 주둔하면서 시작했다?	X	그 전부터
구름은 낮보다 밤에 더 높게 떠 있다?	X	
국가의 3요소는 국민, 주권, 영토이다?	O	
국민 연금 가입대상은 18세 이상 65세 미만의 모든 국민이다?	X	18세 ~ 60세
국악에는 자진모리, 중중모리, 휘모리 등의 빠르기말이 있는데 가장 빠른 것은 진양조이다?	X	휘모리
국회 의사당 건물을 떠받치고 있는 기둥의 숫자는 24개다?	O	24절기를 뜻함
국회의원의 임기는 4년이다?	O	
군인들이 행진할 때 첫발을 왼쪽부터 내미는 것은 적을 위협하기 위해서다?	O	서양인들은 오른발은 선(善)하고 왼발은 악(惡)하다고 생각했다. 따라서 적대적, 강압적, 위협적인 왼발을 먼저 내밀었음
굴은 암컷과 수컷이 있다?	X	암수 동체
굼벵이는 매미의 애벌레다?	O	
권투장갑은 맞는 사람이 아니라 때리는 사람을 보호해 준다?	O	
귀뚜라미가 우는 이유는 영토 주장을 하기 위해서다?	O	

Questions	Answers	
귀를 건드리지 않으면 외이도염이 생기지 않는다?	O	
귀지는 집에서는 건드리지 않는 것이 좋다?	O	고막손상이나 출혈, 종기 등을 발생시킬 수 있음
극장이나 비행기 안에 있는 중앙의 손 받침대는 먼저 차지하는 사람의 것이다?	O	
근대 우리나라와 가장 먼저 통상조약을 맺은 나라는 미국이다?	X	일본. 강화도조약
근육을 움직이는 신경은 1초에 100m 속도로 진행한다?	O	
금강산은 경치가 아름다워 4계절마다 불리는 이름이 다르다?	O	봄=금강산, 가을=풍악산, 여름=봉래산, 겨울=개골산
금붕어는 눈꺼풀이 없어서 잘 때에도 눈을 뜨고 잔다?	O	
금붕어는 뒤로 헤엄칠 수 있다?	X	지느러미 형태가 뒤로 헤엄치기가 불가능
금붕어의 아름다운 황금빛 색깔은 카멜레온 같이 변화한다?	O	
기러기가 V자형으로 날아가는 이유는 에너지를 절약하기 위함이다?	O	날개의 바람에 의해 뒤에 공기의 흐름을 남겨서 부력을 얻음
기린은 잠을 잘 때 누워서 잔다?	X	일어나지 못하거나, 시간이 오래 걸려 맹수에게 잡아먹히기가 쉽기 때문에 서서 잠
기린의 울음소리는 말과 흡사하다?	X	울지 않음
기분이 좋아서 먹는 밥은 소화가 잘 된다?	O	
기상용어인 먼 바다와 앞바다는 12해리를 기점으로 해서 나뉜다?	X	서해와 남해는 20해리(약37km), 동해와 제주도는 12해리(약22km). 1해리=1.852km
기상청에서 겨울옷을 준비하라고 하는 온도는 10℃이다?	O	
기존의 가격제도가 무너지는 현상을 **가격파괴**라고 한다?	O	
기차 안에서, 기차가 달리는 쪽으로 걷기가 쉽고, 그 반대쪽으로는 걷기 어렵다?	O	
기침 치료에 금연은 필수적이다?	O	

Questions	Answers	
기후변화가 거의 없는 적도 가까이의 나무에는 나이테가 없다?	O	
깊은 바다(심해)란 100m 깊이의 바다를 말한다?	X	150 ~ 200M
깊은 우물은 여름철과 겨울철의 온도가 항상 일정하다?	O	
까투리는, 말이나 소의 꼬리를 뜻하는 말이다?	X	암컷 꿩
꺼벙이란 꿩의 새끼를 말한다?	O	
껌은 아메리카 인디언들이 가문비나무 송진을 씹은 것에서 유래한 것이다?	O	
꼭두서니색은 **짙은 하늘색**을 뜻하는 말이다?	O	
꽃의 90% 이상이 불쾌한 냄새를 가지거나 냄새가 전혀 없다?	O	
꿀벌은 1초에 날개를 100번 가량 퍼덕인다?	X	200번
꿀벌은 꽃에서 꿀을 채취한다. 그래서 꽃의 꿀과 꿀벌의 꿀은 똑같다?	X	
꿀벌은 자신의 침을 한 번 쏘면 죽는다?	O	
끓는 물엔 삶아지지만, 끓는 기름엔 바삭하게 튀겨지는 이유는 빨리 익기 때문이다?	O	
나비는 발로 맛을 본다?	O	
나침반은 자침이 동서를 가리키는 성질을 이용하여 만든 것으로 방향을 알려준다?	X	남북
나침반을 세계 최초로 발명한 나라는 중국이다?	O	중국인은 풍수보기를 즐겼음
낙지의 심장은 1개다?	X	3개
낙타는 3개의 눈꺼풀을 지니고 있다?	O	
낙타는 눈을 감아도 앞을 볼 수 있다?	O	두 겹의 눈꺼풀에, 안쪽 꺼풀은 반투명

Questions	Answers	
낙타도 화가 나면 침을 뱉는다?	O	
낙타의 등에는 많은 양의 물이 들어있다?	X	지방
난장판에서 **난장**은 옛날 과거 시험을 보던 시험장이다?	O	선비들과 하인들이 한꺼번에 모여서 좋은 자리싸움을 하다보니 난장판이 되었음
난중일기는 이순신 장군이 전사하기 한 달 전까지 기록되었다?	O	
날개를 가진 새 중 가장 빠른 새는 독수리이다?	X	송골매
날씨를 덥게 하는 태양은 지구에서 약 1억 5000만 킬로미터 떨어져 있다?	O	
날치는 꼬리지느러미의 추진력으로 난다?	O	
남극 지방에는 꽃이 피지 않는다?	X	패랭이꽃이 핌
남극보다 북극이 더 춥다?	X	북극은 북극해의 온 난류 해수가 흐르고 있어 추위를 누그러뜨림
남극에 갈 때도 비자가 필요하다?	X	
남극에도 우편번호가 있다?	X	
남극에서도 감기에 걸릴 수 있다?	X	바이러스가 없음
남대문의 원래 이름은 숭례문이다?	O	
남북한 최초의 단일팀을 구성한 종목은 탁구, 축구이다?	O	
남자도 유방암에 걸린다?	O	
남자와 여자 중에서 추위에 강한 쪽은 남자다?	X	
남자와 여자의 목소리 중, 멀리 들리는 것은 여자 목소리다?	O	
냉면의 계란은 먼저 먹는 것이 좋다?	O	위벽보호와 소화흡수 촉진

Questions	Answers	
냉수마찰과 춥게 자는 것은 감기예방에 좋다?	X	
냉장고 문을 열어두면 실내온도는 오히려 올라간다?	O	
냉장고 속에 냉장고를 넣으면 냉장효과가 더 좋아진다?	X	마찰열로 오히려 나빠짐
냉장고는 벽면과 30 이상 떨어져야 에너지 효율이 높아진다?	X	10cm 이상이면 됨
네 잎 클로버는 돌연변이에 의해 생겨난 것이다?	O	
노랑색은 따돌림(왕따), 등교거부 등을 해결하는데 도움을 주는 색이다?	O	노랑색은 커뮤니케이션의 효과가 있음
노래 가사 중 **으악새 슬피우니~**에서 **으악새**는 **억새**의 사투리다?	O	
노르웨이에서 사는 바이킹들을 노르만 족이라 부른다?	O	
노른자가 2개인 달걀을 부화시키면 병아리 2마리가 나온다?	X	
노벨상은 살아있는 사람에게만 시상할 수 있다?	O	
노새는 수컷나귀와 암말 사이에서 태어난다?	O	
노인들이 좋아하는 색은 분홍색으로서, 젊음을 돌려주는 색이다?	O	핑크 커튼이 있는 방은 몸의 상태나 용모가 젊어지고, 사람의 성향도 밝아짐
녹색은 눈에 좋다고 하는 데 정말 그렇다?	O	궤양치료에도 도움이 됨
녹용을 복용하면 머리가 둔해진다?	X	원기부족과 병후의 건강회복에 효과가 있음. 특히 허약한 어린이의 성장발육에 촉진제임
녹음한 목소리와 실제 자신의 목소리는 틀리다?	X	다른 사람이 들으면 같음
놋그릇은 황금을 모조하기 위한 연구 결과로 태어났다?	O	
농구에서, 경기자가 5회째의 파울을 범함 경우에 퇴장당한다?	O	
누워서 떡먹기가 앉아서 떡먹기보다 쉽다?	X	

Questions	Answers	
누워있는 신생아도 밝은 쪽으로 머리를 향하게 된다?	O	장난감도 빨강, 주황, 노랑 등의 밝은 색이 좋음
눈다래끼는 눈꺼풀의 안쪽에 세균이 침입하여 부스럼을 만드는 병이다?	X	눈을 자주 비비거나 오염된 이물질이 눈에 닿을 때 화농균이나 포도상 구균이 침범하게 되는 경우 발병함
눈썹에도 비듬이 나온다?	O	눈에 띄지 않을 뿐
눈을 한 번 깜박이는데 걸리는 시간은 1/40초이다?	O	찰라
눈의 근육은 24시간 동안 약 10만 번 움직일 수 있다?	O	
뉴욕보다 도쿄 인구가 더 많다?	O	
늑대는 개과, 호랑이는 고양이과, 닭은 꿩과에 속한다?	O	
다람쥐는 먹이를 볼에 넣어서 나른다?	O	
다람쥐도 겨울잠을 잔다?	O	
다섯 손가락 중 가장 잘 자라는 손톱은 엄지손톱이다?	X	장지 손톱(가장 자주 쓰는 손톱이 잘 자람)
다이너마이트는 **니트로셀룰로오스**란 물질로 만든 것이다?	X	니트로글리세린
다이아몬드가 금보다 비싼 이유는 더 아름답기 때문이다?	X	희소성 때문
다이아몬드는 불에 타지 않는다?	X	900℃ 이상의 온도에서 탐
단 것을 많이 먹으면 눈이 나빠진다?	O	비타민B가 소모되어 눈이 나빠짐
달걀도 숨을 쉰다?	O	
달걀은 어린 닭이 낳은 것일수록 그 크기가 크다?	X	
달걀을 식초에 넣어 두면 위로 떠오른다?	O	
달걀을 씻어 두면 신선도가 빨리 떨어진다?	O	

Questions	Answers	
달걀을 탁자 위에서 돌려보면 빨리 도는 것이 날달걀이고, 느리게 도는 것이 삶은 달걀이다?	X	
달걀을 햇빛에 비추어 보았을 때 투명하게 비추면 신선한 달걀이다?	O	
달팽이 코는 4개다?	O	
달팽이도 이빨이 있다?	O	약 25600개의 치설 이라고 하는 아주 작은 이빨이 있음
닭갈비와 더불어 쇠고기와 야채 등을 볶아 먹는 **두루치기**는 전라도 음식이다?	X	경상도
닭도 왼발잡이 오른발잡이가 있다?	O	왼발잡이가 많음. 그래서 왼발이 더 맛있음
닭을 많이 먹으면 닭살이 돋는다?	X	솜털에 붙어있는 근육이 오그라들면 닭살이 돋음
닭의 눈에 빛을 비추면, 하수체가 자극을 받아 달걀을 많이 낳을 수 있게 된다?	O	
닭이 사기조각이나 유리조각을 먹는 이유는 단단한 쌀알이나 보리알을 잘게 부수기 위함이다?	O	
닭이 아침에 우는 것은 아침이 왔다는 것을 사람들에게 알리기 위해서다?	X	자신에 힘을 과시하기 위함
담배는 스트레스를 풀어준다?	X	
담배를 피우면 키가 안 큰다?	X	키 성장과는 관계없음
대나무는 나무가 아니라 풀이다?	O	
대머리는 남자에게만 생긴다?	O	
대문 좌우로 주~욱 줄지어 있는 행랑채를 보고 줄행랑이란 말이 유래되었다?	O	
대부분의 건포도는 씨를 빼지 않고 말린 것이다?	O	
대학을 **상아탑**이라고 하는 것은 코끼리의 **상아**를 뜻한다?	X	학자들이 속세를 떠나서 오로지 학문만을 즐기는 지경을 말함
더운 날 바깥에서 오래있으면 어지럽고 현기증이 많이 나는 현상을 **일사병**이라고 한다?	O	

Questions	Answers	
도마뱀은 적에게 공격을 받다가 급해지면 제 꼬리를 떼어버리고 도망간다?	O	
도마뱀의 꼬리가 잘리면 약간의 피가 나온다?	X	꼬리가 마디로 나뉘어져 있기 때문
독사가 실수로 자기 혀를 깨물면 죽는다?	O	
돌고래는 소리를 가지고 의사소통을 하는데, 한국 돌고래와 미국 돌고래는 말이 통한다?	X	지역차이의 영향 때문에 안 통함
돌고래는 한쪽 눈을 뜬 채로 잠이 든다?	O	
동물도 혈액형이 있다?	O	
동물들도 쌍꺼풀이 있다?	O	꽃사슴, 진돗개(쌍꺼풀이 없으면 잡종)
동상 걸린 손은 찬물에 담가야 좋다?	X	동상을 악화시킴. 손으로 비비거나 마사지하는 방법도 오히려 피부손상 줄 수 있음
동짓날 팥죽을 끓여 먹는 것은 팥죽에 영양분이 많기 때문에 영양부족을 해결하기 위함이었다?	X	귀신을 쫓기 위함
돼지 저금통은 우리나라에서 처음 만들었다?	X	영국
돼지는 하늘을 우러러 볼 수 없다?	O	목뼈의 구조상 볼 수 없음
두꺼비는 이가 있다?	X	
두꺼비집에는 두꺼비가 살기 좋은 조건이라서 붙여진 이름이다?	X	모양이 비슷해서
두통의 가장 흔한 원인은 긴장성 두통이다?	O	긴장성 두통은 약 90%정도 차지함 예방책은 충분한 수면, 규칙적인 식사와 운동 등 술, 카페인, 두통약은 자제해야 함
따뜻한 차는 몸을 덥게 한다?	X	피부 혈관을 확장으로 더운피가 피부 전체에 퍼지게 하여 몸이 차가워지게 됨.
딱따구리가 나무를 자꾸 쪼는 이유는 부리가 자꾸 자라는 것을 막기 위함이다?	X	먹이를 구하거나 집을 짓기 위함
딱따구리가 나무를 쪼는 속도는 총알보다 빠르다?	O	
딸기는 장미과에 속한다?	O	장미과의 다년생 식물

Questions		Answers
땀은 사람만 나는 것이 아니라 동물들도 땀을 흘린다. 사람의 땀 색깔과 동물의 땀 색깔은 다르다?	O	사람은 무색무취, 하마는 붉은 색, 영양은 파란색, 간혹 사람도 중금속 질환, 간질환으로 인해 색깔 있는 땀이 나기도 함
땀을 많이 흘리는 것은 대체로 허약해서 그렇다?	X	스스로 진단하는 것은 금물
땀을 많이 흘리면 건망증이 생긴다?	O	체온을 낮추기 위해 피부로 많은 혈액이 보내 뇌 속에 들어가는 혈액 양이 감소 건망증이 생김.
땅을 모두 깎아서 바다를 메운다면 모두 메워진다?	X	
땅콩은 견과류다?	X	콩류
똥색깔이 비슷한 이유는 담즙(쓸개즙)의 색소 때문이다?	O	
똥침을 맞고 죽을 수도 있다?	O	1급 급소(눈, 코, 입, 귀, 생식기, 항문)
뜨거운 물보다 찬 물에 불이 더 잘 꺼진다?	X	물이 뜨거운 상태면 수증기가 더 잘 생기게 되어, 불도 더 쉽게 끌 수가 있다.
라디오, TV, 영화 중 제일 먼저 생긴 매체는 라디오다?	X	영화
라디오의 볼륨을 크게 하면 전력소모가 더 많아진다?	O	
라면 한 개의 전체 면발의 길이는 50~60m나 된다?	O	
라이터가 성냥보다 먼저 개발되었다?	O	
라이트 형제가 동력을 이용한 비행기로 맨 처음 하늘을 비행한 시간은 1분이다?	X	12초
럭비는 축구경기를 하던 한 소년이 공을 들고 달린 것이 계기가 되어서 우연히 창안된 경기이다?	O	
로댕의 생각하는 사람 조각은 오른손으로 턱을 받치고 있다?	O	
로댕의 생각하는 사람은 눈을 감고 있다?	X	
로미오와 줄리엣은 처음 만난 날 키스를 했다?	O	
롤스로이스 자동차 이름은 귀족의 아들 **롤스**와 방앗간 집 아들 **로이스**가 합작하여 만든 것이다?	O	

Questions		Answers
르네상스시대 프랑스 궁정의 귀부인들은 검은색 얼굴을 띄고 있는 데 이는 스포츠에 열중하여 햇볕에 탔기 때문이다?	O	특히 사냥은 귀족 스포츠였음
마늘 한 접은 100개다?	O	
마피아나 야쿠자 단원들이 검은색 옷을 입고 있는 것은 강한 인상을 주기 위함이다?	O	
만리장성(2.400km)의 보초는 그 성에서 태어나 자라서 거기에서 결혼하고 죽었으며, 그 성에 장사를 지냈다?	O	
말도 잠을 잘 때는 사람과 같이 코를 곤다?	O	
말은 가끔 입을 크게 벌리고 웃는 것처럼 보이는 데, 정말로 기분이 좋아서 그렇게 행동한다?	X	
말은 꿇어 앉을 때 뒷다리부터 꿇어앉는다?	O	
말은 서서 잠을 잔다?	O	말은 도망가는 것 말고는 자신을 지킬 방법이 없기 때문에 서서 잠
말의 시야는 뒤통수 2도를 제외한 358도가 다 보인다?	O	
매미는 주로 밤에 운다?	X	온도변화와 짝짓기를 위해 밤낮없이 움
맥주를 많이 마시면 배가 나온다?	X	맥주가 아니라 안주 때문에 나옴
맥주병이 갈색인 이유는 자외선을 차단하여 맥주 맛을 보존하기 위함이다?	O	
머리를 벽에 박치기하면 시간당 150칼로리를 소비할 수 있다?	O	
머리를 얻어맞으면 머리가 나빠진다?	O	타격으로 인해 뇌세포가 죽기 때문에 뇌의 기능이 저하됨
머리를 자주 감으면 머리카락이 더 많이 빠진다?	X	감든 안 감든 매일 평균 50 ~ 100개정도 빠짐. 오히려 잘 안 감기 때문에 빠짐
머리카락은 자주 잘라주면 더 빨리 자란다?	O	머리숱이 많아지는 않음. 머리카락의 수는 유전적으로 미리 정해져 있어서 인간의 힘으로 바꿀 수는 없음
멀미약은 멀미 증상이 나타나기 전에 복용해야 효과가 있다?	O	멀미약은 예방적 목적으로 사용했을 때에만 효과가 있음.
멈춤 표시의 신호등은 세계 어느 나라나 모두 빨간색이다?	O	

Questions	Answers
메기는 27,000가지의 미각을 느낄 수 있다?	O
메기는 수염처럼 생긴 것이 양쪽 주둥이 옆에 나 있는데, 이것이 주변상황을 파악하게 한다?	O
명태를 말린 것을 **북어**라 하는데, 이것은 **북쪽에서 잡아온 고기**라는 뜻이다?	O
모기가 어두운 곳에 있는 사람에게 잘 덤비는 것은 야행성으로 시력이 매우 좋기 때문이다?	X 체취, 이산화탄소, 체온과 체습, 시각 순으로 반응
모기가 파란색을 좋아하는 이유는 자외선과 비슷한 색이기 때문이다?	O
모기는 여러 가지(혈액형) 피를 빨아 먹는데도 죽지 않는 이유는 수혈이 아니고 식사이기 때문이다?	O
모기는 파란색을 좋아하고 노란색을 싫어한다?	O
모기향을 피울 때, 타는 양을 조절하려고 금속집게로 집어 놓으면 모기향 불이 꺼진다. 이것은 금속집게가 열을 빼앗기 때문이다?	O
목욕을 할 때 손가락 끝이 쭈글쭈글해지는 것은 각질세포가 많기 때문이다?	O
목의 성대가 아플 때 소금물로 헹구면 좋다?	X 자극을 주기 때문에 좋지 않음
몸무게를 잴 때 자세에 따라 약간 달라진다?	X
몸에 때가 많으면 가렵다?	X 때는 각질층의 일부로 피부를 가렵게 하지 않음
몸에 열이 날 때는 찬물로 샤워를 하면 좋다?	X 미지근한 물이 피부 혈관을 늘려 주어 열발산이 증가해 체온을 떨어뜨림
무당벌레는 무당들이 입는 활옷의 색깔과 비슷해서 생긴 이름이다?	O
무서우면 소리를 지르는 이유는 공포를 잊고 자기를 보호하려는 본능 때문이다?	O
무척추동물 중 가장 수명이 긴 동물은 말미잘로 생태학적으로 추측한 수명을 100년으로 잡고 있다?	O
문어는 조개를 껍질 째 먹고 껍질만 버린다?	X 숨 쉴 때 껍질 틈새에 작은 돌을 넣어 입을 벌리면 꺼내 먹음
문어의 다리는 8개다?	O 오징어는 10개

Questions	Answers
문어의 다리는 머리에서 나왔다?	O
물 속에서 사는 식물도 꽃을 피운다?	O
물감의 삼원색은 빨강, 파랑, 녹색이다?	X 빨강, 파랑, 노랑
물건값을 결정하는 곳은 물건을 만드는 곳이다?	X
물건을 사기 위해 지급하는 돈의 액수를 가격이라고 한다?	O
물고기는 밤이 되면 지느러미도 움직이지 않고, 꼬리도 가만히 있으며, 아가미만 움직이며 숨을 쉰다. 이것은 물고기가 잠을 자고 있다는 증거다?	O
물고기는 일생동안 비늘의 수가 늘어난다?	X 같은 수의 비늘을 가지고 있으며 단지 비늘의 크기가 자랄 뿐임
물고기는 혀가 없다?	O
물고기도 기침을 한다?	O
물고기에게도 귀가 있다?	O
물구나무를 선 자세로 음식을 먹으면 입 속의 음식물이 다시 입 밖으로 되돌아 나온다?	X 연동운동 때문에 안 나옴
물구나무서기를 하고서도 음식을 먹을 수 있다?	O
물에 설탕을 녹였을 때 부피는 늘어나지 않지만 무게는 늘어난다?	O
미국에서는 누군가가 무사히 돌아오기를 바랄 때 노란색 리본을 건물 밖에 매다는 풍습이 있는데, 이는 노란색 리본을 걸면 소원이 이루어진다는 전설에서 유래했다?	X 감옥에 간 애인을 기다렸다는 실화에서 유래했음
미국의 대통령과 부통령은 여행을 같이 다닐 수 있다?	X 절대 안 됨
미식축구는 4쿼터제로 구성된다?	O
여객기의 기장과 부기장은 기내식을 먹을 때, 같은 메뉴를 먹을 수 없다?	O 음식물 사고 발생시 비상대책
미식축구에서, 터치다운(touch down)을 성공하면, 6점을 얻을 수 있다?	O

Questions	Answers	
미식축구에서, 필드 골(field goal)을 성공하면, 3점을 얻을 수 있다?	O	
미식축구의 경기 인원은 10명이다?	X	11명
민물고기가 거슬러 올라가는 이유는 바다로 밀려가면 죽기 때문이다?	O	
밀레의 만종에 그려져 있는 사람의 수는 2사람이다?	O	부부
밀물과 썰물은 하루 2번씩 일어난다?	O	12시간 마다 한번씩
바나나, 파인애플, 오렌지 등은 씨가 없다?	O	
바늘 한 쌈은 모두 22개이다?	X	24개(대 중 소 8*3 = 24)
바다에 사는 상어는 부레가 없다?	O	
바다에서도 음주 단속을 한다?	O	
바닷물 속에도 금이 들어있다?	O	
바닷물에 녹아있는 소금은 육지로부터 흘러 들어온 것이다?	O	
바닷물은 달이 끄는 힘이 강할 때는 밀물이 되고, 약할 때는 썰물이 된다?	O	
바람 한 점 없는 날 100m 떨어진 곳까지 갈 때, 뛰어가는 것이 비를 덜 맞는다?	O	
바람은 낮보다 밤에 더 강하게 분다?	X	육지와 바다의 기온 차에 의해 달라지며, 기온 차이가 큰 낮에 훨씬 강한 바람이 붐
바이킹이나 번지점프를 탈 때 짜릿한 이유는 공포심 때문이다?	X	일시적 무중력 상태이기 때문
바퀴벌레 암컷 한 마리는 1년에 10만 마리를 번식할 수 있다?	O	
바퀴벌레는 1주일 동안 아무것도 먹지 않고 살수 있으며, 한 달 동안 물만 먹고 살수 있다?	O	
박쥐 중에 동물의 피를 빨아먹는 것도 있다?	O	

Questions	Answers	
박쥐는 날 수 있는 유일한 포유류이다?	O	
박쥐는 자신이 가지고 있는 초음파를 이용하여, 먹이가 있는 곳의 위치를 찾는다?	O	
박쥐도 겨울잠을 잔다?	O	
박테리아는 동물이다?	X	세균
발바닥의 티눈도 사마귀처럼 옮겨진다?	X	
발은 저녁때에 가장 커진다?	O	
밤에 라면을 먹고 자면 얼굴이 붓는다?	O	염분 농도를 맞추기 위해 수분이 몸 안에 남아 있기 때문
밤에도 무지개가 뜬다?	O	보름달에서 볼 수 있음(달무지개, 달무리)
밤하늘을 아름답게 하는 별자리는 모두 88개이다?	O	
밥을 먹으면 졸음이 오는 이유는 뇌에 피가 적어지기 때문이다?	O	
방귀 냄새가 독하면 건강에 좋지않다?	X	
방귀를 억지로 참으면 두뇌가 나빠진다?	X	
방울뱀은 꼬리로 소리를 낸다?	O	끝에 있는 단단한 마디들에 의해 소리가 남
배가 고플 때 뱃속에서 꼬르르 소리가 나는 것은 위나 장 속의 공기가 이리저리 움직이기 때문이다?	O	
백년전쟁과 장미전쟁은 둘 다 프랑스와 관련되있다?	X	영국
백년전쟁은 백년이 걸렸다?	X	프랑스와 영국의 백년 전쟁은 1339~1453년으로 114년
백년초는 선인장과다?	O	
백설 공주에 나오는 일곱 난쟁이의 직업은 광부였다?	O	

Questions	Answers	
백열전구 아래서의 물체는 무겁게 느껴지고, 형광등 아래서는 가볍게 느껴진다?	O	
백합꽃의 **백**자는 **흰 백**(白)자 이다?	X	일백 백(百)
뱀은 뒷걸음질을 칠 수 없다?	O	뱀은 비닐이 앞에서 뒤로 비스듬하게 기울어져있기 때문.
뱀은 모두 알을 낳아 부화시켜서 새끼를 기른다?	X	
뱀의 위턱과 아래턱은 뼈가 아닌 근육으로 연결되어 있다?	O	
뱀의 혀는 두 개다?	X	하나다
뱀이 날름거리는 것은 위협을 하기 위한 것이다?	X	냄새와 먹이를 더 잘 찾기 위함
뱀장어엔 비늘이 없다?	X	피부 밑에 비늘이 있음
버스의 무임승차 나이는 만 6세 미만이다?	O	
번개가 치면 방전과 함께 순간적으로 5000℃정도의 고온이 된다?	O	
번개가 호수에 떨어지면 물고기들도 죽는다?	O	
번개는 남자보다 여자를 칠 가능성이 많다?	X	남자를 칠 가능성이 6배나 많음
벌의 눈은 3개다?	X	5개(머리 위 3개, 앞에 2개)
베토벤 교향곡 중 음반 판매량이 가장 많은 곡은 '영웅' 이다?	X	합창
벼룩은 날개가 없다?	O	
벼룩은 암컷과 수컷 중 수컷의 몸집이 더 크다?	X	암컷이 더 크다
벼룩은 자기 몸의 100배 이상 뛰어 오른다?	O	벼룩 몸길이는 1~2mm, 뛰는 높이는 10~20㎝
벽창호는 원래 소를 가리키는 말에서 유래했다?	O	벽창우(碧昌牛)

Questions	Answers
병아리도 배꼽이 있다?	O 배꼽을 통하여 난황 속에 있는 영양분을 섭취하기 때문
보조개는 남성에게 많다?	X
보편적인 상복 색깔은 검정색이다?	X 중국=흰색이나 자주색. 이집트=노란색, 페르시아=갈색, 집시=빨간색 상복
복제인간은 지문이 다르다?	O 지문은 땀샘의 출구가 열려 있는 부분이 연속적으로 나와 있기 때문에 생기는 것으로, 지문의 모양은 유전자로 완전히 정해지는 것이 아님
볼링에서, 퍼펙트게임의 점수는 270점이다?	X 300점
부적과 인주가 빨강색인 것은 붉은 색이 태양을 상징하고 악한 기운을 물리치기 위한 상징적인 색이기 때문이다?	O
부정한 것이 함부로 드나들지 못하도록 아기가 태어난 집 입구에 매다는 것을 금줄이라고 한다?	O
북극곰은 겨울잠을 자는 동물이다?	O
북극곰은 일반적으로 왼손잡이다?	O
북극에 사는 곰, 여우의 털 빛깔이 흰색인 것은 보호색을 띄기 위함이다?	X 빛의 흡수율을 높이기 위함
북두칠성은 우리나라에서 볼 때 시계 반대 방향으로 돈다?	O
북쪽을 가리키는 별은 북극성, 남쪽을 가리키는 별은 남십자성이다?	O
북한 주민 이름 중, **김일성**과 **김정일**을 쓸 수 있다?	X 1950년 김일성, 1970년 김정일을 못쓰게 함
북한산은 북한에 있다?	X 서울
북한의 나라꽃은 진달래이다?	X 진달래꽃에서 목단(함박꽃)으로 바뀜
북한의 여성들도 쌍꺼풀 수술을 한다?	O
불가사리는 뇌가 없다?	O
불을 자주 껐다, 켰다 하면 할로겐램프의 수명이 단축된다?	X

Questions	Answers	
비 오는 날 파마하면 효과가 떨어진다?	O	머리카락에 묻어 있는 수분으로인해 효과가 떨어짐. 반면에 청명한 날에 하면 좋음
비구름 위에서 드라이아이스를 뿌리면 비를 오게 할 수 있다?	O	
비닐 물주머니로 파리를 쫓을 수 있다?	O	비닐 물주머니에 굴절된 수백 개의 빛 때문에 물 속에 있는 착각을 불러일으키기 때문
비행기 기름이 자동차 휘발유보다 인화점이 높다?	O	
비행기 기름이 자동차의 기름(휘발유)값보다 비싸다?	X	
비행기 바퀴 안에는 튜브가 있다?	X	
비행기 착륙 비용은 야간이 더 비싸다?	O	조명요금 추가
비행기에도 피뢰침이 있다?	X	
비행기의 블랙박스는 검정색이다?	X	노랑색
비행기의 출발 시각은 승객이 탑승을 시작한 시간이다?	X	승객을 태우고 움직이는 시각
빈대는 정자 없이도 알을 생산할 수 있다?	O	단위생식
빙산은 바닷물이 얼어서 생긴 것이다?	X	빙하에서 떨어져 나온 거대한 얼음덩어리가 바다에 떠다니는 것.
빛의 삼원색은 빨강, 파랑, 노랑 색이다?	X	빨강, 파랑, 녹색
빠른 속도로 나아가는 비행기 날개의 아래에 생기는 힘을 **양력**이라 한다. 위에 생기는 힘을 **중력**이라 한다?	X	
빨강 속옷은 남녀 모두 정력과 성욕을 상승시키는 작용을 한다?	O	
빨강 속옷을 걸치면 체력이 상승하고 기력이 넘친다?	O	
빨강은 교통신호 세 가지 색중에서 가장 파장이 길고, 멀리서도 식별이 가능하기 때문에 교통안전을 위한 최적의 색이다?	O	
빨강은 생명력과 건강을 의미하는 색으로, 자궁의 발육을 촉진시키는 작용도 하고 있다?	O	

Questions		Answers
빨강이나 주황색등, 난색(暖色)계의 내장으로 정리된 방에서는, 체감시간이 실제보다 2배 이상 과대평가 된다?	O	
빵은 순수한 우리나라 말이다?	X	포르투갈
뻥튀기가 몇 배씩 커지는 이유는 기계 속의 압력이 순간적으로 떨어지면서 생기는 현상이다?	O	
뽀드득 소리가 날 때까지 세안을 해야 좋다?	X	노폐물이 씻겨 내려갈 정도만 하면 됨
사과를 자른 후 조금만 지나면 자른 부분이 갈색으로 변하는데, 이것은 공기 중에서 있는 더러운 물질이 사과에 묻기 때문이다?	O	사과의 성분이 공기 중의 산소와 결합하여 나타나는 반응임.
사도(使道)는 **심부름을 하는 사람**이란 뜻으로, 한 마을을 통치하는 **사또**는 이 말에서 유래했다?	O	
사람에게 돋아나는 사마귀는 전염이 된다?	O	
사람은 물로 목욕을 하는데, 닭은 모래로 목욕을 한다?	O	
사람은 붉은 색을 보면 식욕을 느끼고, 노란색을 보면 식욕이 감퇴한다?	O	
사람은 수용성이 아닌 물질에 대해서는 냄새도 맛도 느낄 수 없다?	O	
사람은 **위**(胃)를 모두 잘라내도 살 수 있다?	O	
사람은 잠을 자지 않고 50시간까지 버틸 수 있다?	X	기록은 101시간 8분 30초. 결국 귀신이 보이고 헛소리를 하는 등 정신 상태가 이상해 졌음
사람의 5감(**시, 청, 후, 미, 촉**) 중 가장 먼저 나빠지는 것은 시각이다?	O	10살때부터 탄력이 떨어짐
사람의 눈이 두 개인 이유는 한쪽 눈을 다쳐서 못쓰게 되더라도, 다른 한쪽 눈으로 볼 수 있도록 하기 위해서다?	X	사물을 더 잘 보게 하고, 균형을 잡기 위함
사람의 땀은 산성이다?	O	
사람의 머리카락이 희게 되는 까닭은 유전 때문이다?	X	노화현상. 젊은 사람이 흰머리가 생기는 것은 멜라닌 색소가 일시적으로 감소해서 생기는 현상
사람의 몸 중에서 가장 불결한 곳은 발가락이다?	O	
사람의 몸에는 땀을 내보내는 땀구멍이 있다. 개도 더울 때면 이 땀구멍으로 몸의 온도를 조절한다?	X	개는 땀구멍이 없고 혀로 온도 조절을 함

Questions	Answers	
사람의 몸에서 피가 가장 많은 기관은 심장이다?	X	간장
사람의 세포는 개미의 세포보다 크다?	X	세포 크기는 모두 같고 양의 차이일 뿐임
사람의 신체 내장의 좌우 위치가 바뀐 기형도 있을 수 있다?	O	
사람의 신체는 좌우가 정확한 대칭이다?	X	
사람의 정상적인 체온은 섭씨 36.5도이며, 45도를 넘으면 사람은 죽는다?	X	
사람의 체온이 섭씨 27도에 이르면 얼어 죽는다?	O	
사람의 피를 빨아먹는 모기는 암컷이다?	O	
사람의 허파는 오른쪽보다 왼쪽이 더 무겁다?	O	
사람이 죽었을 때 입는 상복(喪服)이 검정 색인 것은 어둠을 상징하기 때문이다?	O	
사람이 처음으로 쏘아 올린 인공위성은 소련의 스푸트니크 1호다?	O	
사마귀가 있는 사람과 키스를 하면 자신도 사마귀가 생긴다?	O	전염성 바이러스
사슴뿔은 매년 빠졌다가 다시난다?	O	
사슴은 쓸개가 없다?	O	
사자의 수명은 15년 정도다?	O	
사자의 포효소리가 큰 이유는 혀에 뼈가 있기 때문이다?	O	
사자는 1회 1마리의 새끼만 낳는다	X	평균 2~3마리
사형수가 사형집행일 하루 전날 맹장이 터지면 형 집행이 정지된다?	O	형의 집행은 예방적 효과도 있지만 응보적 기능이 있다.
산 위에서는 기압이 높기 때문에 물도 100℃ 이상에서 끓게 된다?	X	100℃미만에서 끓는다

Questions		Answers
산부인과에서의 출산 비용은 낮이나 밤이나 똑 같다?	X	밤이 더 비쌈
산타클로스의 옷이 빨강색인 이유는, 코카콜라회사가 겨울철 콜라 판매량을 늘이기 위해 친근한 빨강 옷을 입힌 것에서 유래되었다?	O	밤이 더 비쌈
산토끼가 적에게 쫓기다가 다급해지면 애교를 부려 위기를 모면한다?	X	1931년
산호는 식물이다?	X	강장동물과
살아 계신 분에게 절을 할 때, 남자는 왼손을 위로하여 잡는 것이 예의다?	O	차례상은 반대이고, 여자는 남자의 반대
삶은 달걀보다는 반쯤 익은 반숙이나 날 달걀이 영양가가 더 높다?	O	
삶은 달걀을 찬물에 넣으면 껍질이 쉽게 벗겨진다?	O	
삼각자 안에 구멍을 뚫어놓으면 두 배정도 더 강해진다?	O	
삼겹살을 먹으면 목에 낀 때를 제거하는 데 도움이 된다?	X	지방 때문에 역효과가 난다
상복의 검은 색깔은 슬픔을 표시한다?	X	죽음에 대한 슬픔이라기보다는 자기 죽음에 대한 두려움 때문임
상어의 이빨은 빠지거나 부러져도 얼마든지 다시 나온다?	O	
새는 뒤로도 날수 있다?	O	제비
새알이 타원형인 것은 알이 밑으로 굴러가지 않게 하기 위해서다?	O	
새우의 심장은 머리 속에 있다?	O	
새의 체온은 사람보다 높다?	O	
새처럼 하늘을 날아다니는 식물도 있다?	O	균류는 공기 속을 날아서 이동
색맹도 색깔이 있는 꿈을 꿀 수가 있다?	X	꿈은 경험을 토대로 함
색소폰은 그 이름이 최초의 연주자 이름으로 유래된 것이다?	O	

Questions	Answers	
색채를 즐기는 일은, 신경이나 내분비 계통을 활성화시키는 것뿐만 아니라, 마음에 화려함을 가져다주는 것이다?	O	
석유가 불에 잘 타는 이유는 석유 속에 **탄화수소**라는 불에 잘 타는 성분이 포함되어 있기 때문이다?	O	
석유의 생산이 가장 많은 나라는 사우디아라비아이다?	O	
선글라스는 중국에서 처음으로 만들었다?	O	1000년 전 판관이 썼음
선인장은 2년 동안 비가 오지 않아도 살아갈 수 있다?	O	
선인장은 물 없이도 살아갈 수가 있다?	X	
선인장의 가시는 줄기가 변해서 된 것이다?	X	잎이 변해서 된 것
선천적인 맹인도 정상인처럼 꿈을 꾼다?	X	본적이 없기 때문에 형체나 빛깔의 꿈은 못 꾸고 소리나 접촉에 관계된 꿈만 꿈
설탕에 소금을 조금 섞으면 단맛이 더 강해진다?	O	감각의 대비현상
성경에 나와 있는 최초의 사람 이름은 **이브**다?	O	아담
성대가 아플 때 박하사탕을 먹으면 좋다?	X	
성대가 아플 때 커피나 알코올을 마셔도 관계없다?	X	
성대가 아플 땐 물보다 우유를 먹는 것이 좋다?	X	물이 최고. 8잔 이상
성대보호를 위해 날계란을 먹으면 도움이 된다?	X	성대를 감싸버려 좋지 않음
성대보호를 위해 성대 주위를 누르듯 마사지를 하면 좋다?	O	
성대보호엔 복식호흡 보다 흉식 호흡이 좋다?	X	
성장호르몬은 평생 동안 나온다?	O	
성지 순례 때 만나는 **통곡의 벽**은 유대인들이 지은 이름이다?	X	유럽 여행자들이 유대인들의 모습을 보고 지은 이름

Questions	Answers
성탄절의 X-MAS에서 X자는 알파벳의 X자이다?	X 헬라어의 그리스도라는 단어의 첫 자인 **크리** 자로서 이 뒤에다 MAS 자를 붙인 것.
세계 인구의 50%가 넘는 사람들이 여태껏 한번도 전화를 받거나 걸어본 적이 없다?	O
세계 최초의 신용카드는 **아메리칸 익스프레스**이다?	X 미국의 다이너스카드
세계 최초로 일기예보를 시작한 나라는 영국이다?	X 독일
세계 최초의 접는 부채는 일본에서 만들어졌다?	X 한국
세계 최초의 컴퓨터인 에닉악은 진공관으로 만들었다?	O
세계에서 가장 나이테가 많은 나무는 나이테가 3500개다?	X 4600개
세계에서 가장 먼저 바지를 입은 나라는 우리나라다?	O 고구려 벽화 장수들
세계에서 땅이 가장 넓은 나라는 미국이다?	X 러시아 1707만 5400㎢
세계에서 제일 처음으로 텔레비전 방송을 시작한 나라는 영국이다?	O
세계에서 최초로 택시가 등장한 곳은 미국 이다?	X 독일
세계인이 가장 많이 먹는 주식은 쌀이다?	O
세상에서 가장 큰 새는 타조다?	O
소금 목욕을 하면 피부 가려움증이 없어진다?	X 일시적 임. 소금으로 피부를 문질러 주면 피부 보호막이 손상되고, 너무 건조해져서 오히려 더 가려워질 수 있음
소는 꿇어앉을 때 앞다리부터 앉는다?	O
소는 색맹이다?	O
소리 큰 방귀는 냄새가 없다?	X
소리와 빛 중에서 빠른 것은 소리다?	X

Questions	Answers	
소변을 보고 나서, 몸이 떨리는 것은 체온을 보충하려는 것이다?	O	
소의 새끼는 **송아지**, 닭의 새끼는 **병아리**라고 한다. 그렇다면 꿩의 새끼는 **꺼병이**라고 한다?	O	
소화제는 식전에 먹는 것이 좋다?	O	식전 30분이 위산분비가 가장 많고 약효 지속시간도 길어지기 때문
속삭이듯 이야기하면 성대보호에 좋다?	X	오히려 성대에 무리가 옴
손 없는 날에서의 **손**은 귀신을 뜻한다?	O	9일과 10일, 19일과 20일, 29일과 30일
손톱에 붉은 봉숭아물을 들인 것은 손톱을 예쁘게 만들기 위해서다?	X	귀신이나 질병을 쫓기 위함
손톱은 뼈가 아니고 피부가 변해서 된 것이다?	O	
손톱의 뿌리 부분이 손톱 끝까지 자라는 데는 약 3개월이 걸린다?	X	6개월
수놈 캥거루가 앞발을 들고 권투하는 모습을 보여주는 것은 암컷에 대한 프러포즈다?	O	
수영 경기 중 자유형 스프린터 경기의 최단거리 코스는 25m이다?	X	50 m
순간접착제(강력본드. 시아노아크릴레이트계)는 공기 중에 포함된 수분에 의한 화학변화로 접착력을 갖는다?	O	
순수 알코올 1리터와 순수 물 1리터를 섞으면 2리터의 알코올 음료가 된다?	X	1.93리터. 물과 알코올의 분자가 이른바 **수소결합**하여 촘촘하게 자리를 잡아 부피가 줄어듦
순한 담배나 가느다란 담배는 건강에 덜 해롭다?	X	
순한 담배를 피우면 폐암이나 기타 여러 질병들의 위험으로부터 조금은 더 안전하다?	X	
술을 마시면 취하는 이유는 술 속에 들어있는 메틸알코올 때문이다?	X	에탄올알코올
술을 마신 후 커피를 마시면 잠이 깬다?	X	피곤함을 쫓을 수는 있지만, 정신이 말짱한 듯한 느낌은 거짓
스라소니는 호랑이 새끼다?	X	아시아와 유럽에 사는 고양이과 동물
스카이다이버들이 스카이다이빙을 할 때 낙하산을 펼치는 높이는 상공 700m이다?	O	

Questions		Answers
스컹크는 원하면 언제든 방귀를 뀔 수 있다?	X	6회 이상 안 됨
스케일링을 하면 치아가 약해지므로 안 하는 게 좋다?	X	1년의 두 번 정도 정기적으로 해주는 것이 좋음(치석 제거, 잇몸 염증과 입 냄새 예방)
스프레이식 살충제 깡통(부탄 가스통이나 프로판 가스통)의 밑바닥이 둥글게 움푹 들어간 이유는 양을 적게 담기 위해서다?	X	가스 압력에 잘 견디기 위함
습도에 0%라는 것이 있다?	X	
시각 장애인들의 지팡이가 흰색인 것은 사람들의 눈에 잘 띄기 위함이다?	O	
시각 장애인은 보통 사람보다 청각이 더 발달되어 있다?	X	단지 청각이 일반인들보다 더 잘 훈련되어 있을 뿐
시계 바늘이 오른쪽으로 돌게 만든 이유는 오른손잡이가 많기 때문이다?	X	
시금치는 철분이 특별히 많이 들어있다?	X	타이핑 시 소수점을 한 자리 더 지나쳐서 찍는 바람에 10배로 뛴 것
시나브로란 말은 **나도 모르게 조금씩**이라는 뜻의 순우리말이다?	O	
시내버스 경로석은 6석 이상 되어야 한다?	O	
시중에 돈이 많아지면 우리는 모두 부자가 될 수 있다?	X	인플레이션이 발생
식물은 햇빛을 매우 싫어한다?	X	
식사 전에 설탕을 많이 먹으면 식욕이 떨어진다?	O	
식탁보를 파란색으로 하면 음식이 맛깔스럽게 보인다?	O	
신부가 입는 웨딩드레스가 흰색인 것은 기독교인들의 전통 혼례에서 나온 것이다?	O	
신선한 달걀을 물에 넣으면 물 위로 떠오른다?	X	
심장이 뛰는 것, 추우면 혈관이 수축되는 것, 더우면 혈관이 확장되는 것은 모두 자율신경의 작용이다?	O	
심청이의 아버지 심봉사의 이름은 **심학규**이다?	O	

Questions	Answers	
심청전에서 심청이가 빠진 곳은 **인당수**다?	O	
심한 화상을 입으면 피부호흡을 할 수 없어 죽는다?	X	
썩은 음식물을 먹으면 식중독에 걸린다?	X	식품이나 물을 매개로 하는 급성위장염 및 신경장애 들의 중독증상으로 식중독 원인세균을 말하는 것
아기들의 장난감엔 노란색을 많이 사용하는데, 이것은 아기들이 노란색 물체에 가장 빠른 반응을 보이기 때문이다?	O	노란색 욕구불만의 색 즉, 아기들은 심리적으로 안정적이지 못한 상태이기 때문에 노란색을 좋아함.
아라비아 숫자는 아랍인들이 만들었다?	X	원래 인도에서 유래했던 것을 아랍인들이 북아메리카와 스페인을 거쳐 유럽으로 전파된 것
아이스크림을 처음 만든 나라는 미국이다?	X	중국
아침저녁에 따라 사람의 키가 달라진다?	O	자고 일어난 아침이 제일 큼
아폴로 11호가 달에 착륙(1969년 7월 20일 현지)후, 선보였던 성조기의 소재는 나일론이다?	O	
악수를 할 때 오른손으로 하는 이유는, 힘센 오른손으로 반가움을 표시하기 위함이다?	X	**무기**(칼)**가 없다**는 평화의 몸짓
악어는 자신의 혀를 내밀 수 없다?	O	
안개가 많을 때, 나트륨 등의 불빛이 가장 멀리 전해진다?	O	
안전한 자동차나 도로는 자동차 운전을 더 안전하게 해준다?	X	더 큰 모험을 하도록 유혹함
알이 클수록 새들은 더 오래 알을 품어야 한다?	X	
암모니아 가스는 만성 간경화 환자에게 해롭다?	O	
애국가의 남산은 서울에 있는 남산을 가리킨다?	X	앞에 있는 산을 **남산**, 뒤에 있을 산은 **북산**이라고 했음
애드벌룬을 타고 우주여행을 할 수 있다?	X	
야구에서, 두 명의 타자가 한 게임에서 나란히 연속해서 홈런을 친 경우 **랑데부 홈런**(rendezvous homerun)이라 한다?	O	
야구에서 드로운 게임(drawn game)은 무승부 시합이라는 뜻이다?	O	

Questions		Answers
야구에서 **빈볼**은 타자의 어깨 부위를 겨냥해 던진 볼이다?	X	머리
야구에서 한 선수가 한 게임에서 1루타, 2루타, 3루타, 홈런을 순서 없이 모두 친 것을 트뤼플 크라운이라고 한다?	X	싸이클링히트
야자나무 열매 속에는 물이 가득 차 있다?	O	
야채를 많이 먹으면 자꾸 짠 음식이 먹고 싶어지는 데, 그것은 야채 속에 수분이 많이 들어있기 때문이다?	X	
야쿠르트 뚜껑은 풀로 붙이지 않고 고주파 접착기로 붙인다?	O	전기 자장이 금속성분(은박지)에 접촉되면서 고열이 발생하여 용기(폴리에틸렌 수지)를 순간적으로 녹여 덮여진 은박지를 접착시킴
약은 냉수 또는 미지근한 물과 먹는 것이 좋다?	O	
양산은, 해가 내리쪼일 때 흰양산보다 검은 양산을 쓰면 더 시원하다?	O	
어두운 곳에서 글을 읽으면 눈이 나빠진다?	X	눈이 피곤해 질 뿐
어린이날이 처음 제정될 당시 어린이날은 5월 1일이었다?	O	
어지럼증은 대체로 빈혈이 원인이다?	X	약 5% 만이 빈혈이 원인. 어지럼을 곧바로 빈혈로 연결시켜 빈혈 약을 먹는 것은 잘못된 생각
얼룩말의 얼룩 무늬는 자기를 뽐내기 위해서 있다?	X	자기보호. 동물은 색맹이기 때문에 얼룩말이 달릴 때는 그 모양이 잘 안 보인다고 함.
얼룩말의 줄 무늬는 흰색이다?	O	
얼음과 소금을 이용하여 영하 21.3℃까지 내려가게 할 수 있는데, 이 때 얼음과 소금의 비율은 3 : 1 이다?	O	
얼음에 소금을 넣으면 온도가 더 내려간다?	O	
얼음을 만지면 피부에 달라붙는 이유는 기압차이 때문이다?	X	녹았다가 다시 얼면서 접착 효과를 내는 것
엘리베이터의 닫힘 버튼을 누르면 전기소모가 더 된다?	X	운행횟수를 줄이는 것에서 절약되는 것이고 닫힘 버튼 자체로는 전기요금과 상관없음
엘리베이터 추락시, 지면에 닿기 직전에 뛰어오르면 다치지 않는다?	X	
여러 번을 강조할 때 **골 백번**이라고 한다. **골**은 10,000을 뜻한다?	O	100은 **온**, 1,000은 **즈믄**

Questions		Answers
여름철에 40대 이상의 성인들이 주로 감염되며, 1~2일의 잠복기를 거쳐 오한, 발열과 설사, 복통, 구토 등을 동반하면서, 피부가 썩어 들어가며 사망률이 40~50%가 되는 병의 이름은 **비브리오 패혈증**이다?	O	
여름철에 실내온도가 바깥기온보다 10℃정도 낮은 것이 가장 알맞다?	X	5℃
여성의 나이가 어릴수록 남아 출생률이 높다?	O	
여성이 남성으로부터 받고 싶은 선물 1위는 반지이다?	O	2위는 액세서리, 3위는 손목시계 그리고 받고 기분 좋은 금액은 3만원
여왕개미의 수명은 10년 이상이다?	O	
여왕벌은 5년 이상 살 수 있다?	O	
여자가 수염이 없는 이유는 수다를 많이 떨기 때문이다?	X	여성 호르몬은 남성과 반대로 두발의 성장을 촉진시키고 수염 등의 털의 성장을 억제시킴
역도를 하면 진짜로 키가 자라지 않는다?	X	
연필 한 다스는 12개, 달걀 한 꾸러미는 10개, 바늘 한 쌈은 24개다?	O	
연한 청색이나 녹색 등의 한색(寒色)계의 방은 심리적으로 시간 경과를 짧게 느끼게 하는 효과가 있다?	O	단조로운 전표정리를 할 때는 벽이 파랑 또는 청록색 등으로 칠해져 있는방이 좋음
열대야 현상은 여름밤 최저기온이 25℃ 이상일 때를 말한다?	O	
열대어가 입을 맞추는 것은 애정의 표현이다?	X	수컷끼리 싸우는 것
열이 새어 나가지 않도록 단열 시공된 방 안에서는 냉장고로 열대사막기후를 만들 수도 있다?	O	전기에너지가 냉각기의 마찰열로 인해 열에너지로 바뀜
엽록소는 잎을 초록색으로 보이게 하는 아주 작은 알갱이다?	O	
영국 변호사들이 법정에 들어 설 때 검은 옷을 입는 이유는 판사의 명령에 복종한다는 의미 때문이다?	X	1649년에 죽은 메리 왕비의 죽음을 슬퍼하라는 국왕(윌리엄 3세)의 명령이 취소되지 않은 채 오늘에 이른 것
영국에서 의사당을 드나드는 국회의원들을 보호하기 위해 1868년 세계 최초로 신호등을 설치했는데, 당시에는 적색과 녹색뿐이었다?	O	1920년 미국서 삼색등으로 만들었음
옛날 중국 사람들이 긴소매의 옷을 입은 이유는 시장에 가거나 남의 집을 방문했을 때 물건을 훔치기 위해서다?	O	
옛날 우리나라 처녀들이 입은 초록색 장옷은 처녀를 상징했다?	O	

Questions		Answers
오른손을 **바른손**이라고 하는 것은, 주로 오른손을 많이 사용하기 때문에 생긴 말이다?	X	오른손잡이들의 편견으로 생긴 말
오른쪽 귀를 통해 듣는 소리는 왼쪽 뇌에 전달된다?	O	오른쪽 귀는 숫자나 말을 잘 알아듣고, 왼쪽 귀는 음악을 잘 알아듣게 됨
오이는 채소가 아니라 과실(과일)이다?	O	
오징어도 아가미가 있다?	O	
오징어도 피가 있다?	O	빛깔이 없는 혈액 (헤모시아닌)
오징어로 유명한 울릉도는 행정구역상 경상북도다?	O	
오징어의 다리는 10개다?	O	
오징어의 피는 푸른색이다?	X	청녹색
옥수수를 **강냉이**라고도 하는 데 강냉이라는 말은 **강남에서 건너온 먹을거리**란 뜻이다?	O	원산지인 남아메리카에서 중국을 거처 수입됨
온도계를 발명한 사람은 **갈릴레이**다?	O	
온실효과는 태양의 온도가 자꾸 올라가기 때문이다?	X	지구
올림픽에서, 축구 경기는 1908년 런던 올림픽 대회부터 정식종목으로 채택되었다?	O	
올림픽을 상징하는 오륜기의 가운데 색깔은 검정 색이다?	O	
올림픽의 오륜기 중 아시아를 나타내는 색깔은 황색이다?	O	
올챙이는 앞다리가 제일 먼저 나오고 다음에 뒷다리가 나오면서 꼬리가 없어진다?	X	뒷다리가 먼저 나옴
와인의 최적 숙성온도는 10℃이다?	O	
요구르트는 식전에 먹는 것이 좋다?	X	해롭다. 식후나 물을 한 컵 먹은 후 먹는 것이 좋음
요리사들의 하얀 모자(토그 브란슈)는 길이가 길수록 경력이나 실력이 뛰어나다?	O	

Questions		Answers
용광로에서 나온 쇳물도 자석에 붙는다?	X	768℃에서는 원자들의 상태가 흐트러져 자석 성질을 띨 수 없음(큐리온도). 쇳물은 무려 1535℃
우리 몸에 나는 사마귀는 전염이 된다?	O	
우리 몸에는 좋은 땀과 나쁜 땀이 있는데, 운동할 때 나는 땀의 성분은 좋은 땀이다?	X	운동으로 인해 흘리는 땀 성분은 주로 노폐물과 발암물질, 각종 중금속 등이 함유 나쁜 성분이 빠져나감
우리 민족이 **백의민족**이라 불릴 만큼 흰옷을 좋아한 것은 청렴을 강조하는 정신과 어울렸기 때문이다?	O	
우리나라 가장 먼저 개통된 철도는 경인선이다?	O	노량진~제물포
우리나라 국립공원 1호는 지리산 국립공원이다?	O	지리산=1967년 설악산=1969년
우리나라 동전 중 50원짜리에 그려진 보리알의 개수는 모두 35개이다?	X	보리가 아니라 쌀임
우리나라 사람은 통계적으로 **O형**이 제일 많다?	X	A형
우리나라 임금이 언제나 남쪽을 향해 앉은 것은 중국황제가 남쪽을 향해 앉는 것을 따른 관습이다?	O	
우리나라 첫 지폐의 모델은 **이승만**이다?	O	처음엔 중앙에 인쇄되어 돈을 접을 때마다 얼굴이 구겨진다는 이유로 왼쪽과 오른쪽으로 옮김
우리나라 최초의 라면값은 10원이었다?	O	
우리나라 최초의 오페라는 **춘향전**이다?	O	
우리나라 최초의 우표에는 무궁화가 인쇄되어 있다?	X	
우리나라에서 가장 넓은 차선은 광화문 앞의 16차선이다?	O	
우리나라의 집은 남쪽으로 향한 것이 많은데, 이는 통풍이 잘 되기 때문이다?	X	따뜻하기 때문
우리들 민간 신앙에, 사람이 누워 잘 때 북쪽으로 머리를 두지 않은 이유는, 북쪽에서 찬바람이 많이 불기 때문이다?	X	**죽은 사람들의 세계**라고 믿었기 때문
우물물의 온도는 여름엔 따뜻하고 겨울엔 차갑다?	X	
우유 목욕은 피부를 부드럽게 해준다?	X	물이 부드럽게 될 수는 있음(센물에서 단물로)

Questions	Answers	
우유는 단백질 때문에 흰색으로 보인다?	X	지방성분
우유는 따뜻하게 데워서 먹는 것이 좋다?	X	영양소 파괴
우주공간을 비행할 수 있는 추진기관을 가진 비행체로, 우주개발의 기본적인 도구로 연료와 산화제를 가지고 있으며 고온, 고압의 연료가스를 발생하고, 이것을 분출시켜 그 반동력으로 전진하는 비행체를 **로켓**이라 한다?	O	
우주에 쏘아 올린 인공위성이 쓸모없게 되면 스스로 불타서 재가 되도록 만들어졌다?	X	지구로 수거해 오거나 우주 쓰레기가 됨
우주에서 지구가 파랗게 보이는 이유는 공기가 있기 때문이다?	O	공기가 햇빛을 반사해서
우주에서는 평소보다 키가 더 커진다?	O	중력이 없어서 물렁뼈가 늘어난다(4~6cm)
운동 경기를 앞두고 성관계를 가지면 기록이 저조해진다?	X	컨디션에 지장 없음
원래의 달빛은 푸른색이다?	O	오염물질에 부딪혀 흩어진 다음 노란 빛깔만 남기 때문에 노랗게 보임
원숭이 엉덩이가 검은 것도 있다?	O	남쪽지방 원숭이
원숭이 엉덩이가 빨간 이유는 살갖이 본래 빨간색이기 때문이다?	X	혈관이 비쳐 보이기 때문
원숭이가 사람보다 오래 산다?	X	15~20년
원숭이는 지문이 없다?	X	
월드컵 축구 대회는 2년마다 개최된다?	X	4년마다
월드컵 축구 대회는 프로 선수만 참가한다?	X	
월드컵 축구 제 1회 대회 때 우승한 나라는 우루과이다?	O	
월드컵 축구 제 1회 대회는 스위스에서 열렸다?	X	1930년, 우루과이
웰빙은 Well-living의 준말이다?	X	well-being
월드컵 축구 최연소 득점 선수는 **펠레**다?	O	17세 7개월 ('58년 웨일스전)

Questions		Answers
위가 없어도 사람은 살수 있다?	O	장이 위의 역할을 대신함
위장약을 우유와 함께 먹는 것은 좋지 않다?	O	우유 속의 칼슘은 테트라사이클린 등 일부 항생제의 흡수를 방해함
유리판 위에서도 스케이트를 탈 수 있다?	X	마찰력이 너무 크기 때문에 못 탐
유아가 가장 좋아하는 색은 노랑색 다음 흰색, 핑크, 빨, 주황색 순이다?	O	
유아기 때 많이 울면 커서 노래를 잘한다?	X	전혀 관계없음
유일하게 점프하지 못하는 척추동물은 코끼리다?	O	
육상 경기 중 남자허들은 100m, 110m, 200m 세 가지가 있다?	X	110m, 200m
육상 선수가 한쪽 발에만 운동화를 신고 경기할 수 없다?	X	
윷놀이에서 **모**는 말을 상징한다?	O	도=돼지, 개=개, 걸=양, 윷=소
은행(銀行)이라는 말은 중국에서 기원했다?	O	중국에서는 상인조직을 행(行)이라 했고, 이들은 원거리 무역에서 은을 사용했음
은행잎은 활엽수다?	X	침엽수
음료수병에 음료수를 조금 덜 채우는 것은 원가절감 때문이다?	X	마개가 빠지거나 병이 압력에 의해 깨지는 것을 방지하기 위함
음악에서 탬버린, 캐스터네츠, 작은북, 리코더, 멜로디언, 실로폰 등을 이용하여 합주하는 것을 리듬합주라고 한다?	O	
음악을 들려주면 꽃이 더 예쁘게 핀다?	X	관계없음
음주운전 차에 동승하고 있어도 책임이 있다?	O	20~50%까지 책임
의학적으로 얼굴과 머리를 구분하는 기준은 **이마**다?	X	눈썹
이 세상에서 제일 무서운 것은 자포자기 하는 것이다?	O	열중하라!
이론적으로 인간은 자신의 몸무게를 500kg까지 찌울 수 있다?	O	830kg까지

Questions		Answers
이발소의 빨강은 동맥, 파랑은 정맥, 흰색은 붕대를 뜻한다?	O	옛날에는 의사들이 머리카락을 잘라주었음
이브는 낙원에서 사과를 땄다?	X	그 당시 중동지방은 사과나무가 없었음
이슬람 국가들의 국기를 보면, 모두 녹색을 사용하고 있는데, 이것은 평화를 상징하기 때문이다?	X	생명을 상징
이슬람교에서 유일신으로 받드는 것은 **코란**이다?	X	알라
이태리타월은 천을 이태리에서 수입을 했기 때문에 붙여진 이름이다?	O	
인간 신체의 가장 힘이 센 근육은 혀다?	O	
인간은 하루에 여덟 시간의 수면을 필요로 한다?	X	수면 필요량은 유전자에 미리 입력되어 있기 때문에 단련을 통해 잠을 적게 잔다는 것은 불가능.
인간의 뇌세포는 재생이 안 되는 신체세포이다?	O	
인간의 몸에서 가장 강력한 뼈는 넓적다리뼈다?	O	
인간의 뼈는 화강암보다 강해서 성냥갑만 한 크기로 10톤을 지탱할 수 있다?	O	
인간의 심장은 피를 9.14 미터 뿌릴 정도의 압력을 가진다?	O	
인구가 가장 많은 대륙은 아시아다?	O	
인도 여인들의 이마에 찍은 붉은 점은 미혼 여자라는 표시다?	O	기혼
인도가 4개 나라로 분리된 이유는 종교 때문이다?	O	
인류 최초로 달에 발을 디뎠던 사람은 **암스트롱**이다?	O	
인류를 최초로 달까지 보낸 우주선의 이름은 **아폴로**11호다?	O	
인삼은 건강식품이다?	X	약재. 인삼은 강심작용, 노화예방, 간 기능 회복, 피로 회복 등
일기예보의 아침에 해뜨는 시간은 태양이 완전히 뜬 순간이다?	X	윗부분이 나타나는 순간

Questions		Answers
일반적으로 파란색은 불안한 마음을 안정시켜 주는 색이다?	O	
일본 사람이 붉은 도미 요리를 귀하게 여기는 것은 다른 생선보다 맛이 뛰어나기 때문이다?	X	붉은 태양을 숭배했고, 붉은 색을 행운의 색으로 여김
일본 철도역의 표 파는 창구가 녹색으로 표시되어 있는 이유는 녹색이 눈에 잘 띄기 때문이다?	X	편안한 안전 운행을 강조하기 위함
일생동안 손금은 변해도 지문은 변하지 않는다?	O	
임신 중에는 한약도 몸에 해롭다?	X	대다수의 한약들은 임신에 전혀 해를 주지 않을 뿐 아니라, 오히려 태기(胎氣)를 견고하게 하며, 순산(順産)을 도와줌
입추의 여지가 없다에서 **입추**는 가을이 됨을 뜻한다?	X	송곳을 세움
자기 집에 복면을 하고 들어가 절도 짓을 하면, 형이 면제된다?	O	친족 상도례규정 (형법 328조)에 의거 범죄자와 피해자 사이에 일정한 친족관계가 있는 경우 범죄가 성립하더라도 처벌을 하지 않음.
자기부상열차는 최고 시속 600Km까지 낼 수 있다?	O	
자동차 바퀴의 색깔은 모두 검은색이다?	O	
자동차 운전 중, 천둥번개가 치면 자동차에서 뛰어내려 되도록 멀리 도망가야 한다?	X	자동차 안에 있어야 안전하다
자동차 타이어를 검은 색으로 만드는 이유는, 검정색이 빠른 속도감을 주기 때문이다?	X	빨리 닳는 것을 방지하기 위해 **카본**이라는 물질을 넣기 때문
자전거를 타도 멀미를 한다?	X	
자전거와 자동차의 타이어 펑크는 겨울보다 여름에 많이 난다?	O	
잘 살아보세~! 경제개발5개년계획은 1960년부터 시작했다?	X	1962년
잠수함이 물 속에 가라앉았다 떴다 하는 것은 물과 공기의 무게를 이용한 것이다?	O	
잠에서 깨어난 뒤 자율신경계의 각성을 촉진시키기 위해서는 모닝 커피 잔을 빨강색으로 하면 좋다?	O	
잠을 자는 사람의 눈을 들여다보면 눈꺼풀 속에서 눈알이 움직이는 것은 꿈을 꾸고 있다는 증거다?	O	
장구의 왼쪽은 쇠가죽으로 만들고, 오른쪽은 말가죽으로 만든다?	O	

Questions		Answers
장기 수술 뒤 나오는 방귀는 대장기능이 회복됐음을 의미한다?	O	
장차 값이 올라 수입이 있을 것을 기대하고, 주식이나 채권 등을 사는 것을 투기라고 한다?	X	투자
잦은방귀는 유전이다?	X	
재미있는 얘기를 여럿이 들으면 더 재미있다?	O	대뇌의 **변연계**라는 기관 때문(다른 사람의 행동이나 활동에 영향을 받음)
재채기는 시속 160km의 속도로 퍼진다?	O	
재채기를 너무 세게 하면 갈비뼈가 부러질 수도 있다?	O	재채기를 억지로 참으면 목이나 머리에 있는 혈관이 터져서 죽을 수 있다.
재채기를 하면 무조건 눈이 감긴다?	O	
저녁때 커피를 마시면 잠이 잘 오지 않는 이유는 커피 속에 들어있는 카페인 때문이다?	O	
적에게 쫓겨 달아나던 캥거루는 갑자기 방향을 바꿔 적을 향해 공격한다?	X	
전라도지방의 김치 중 **돌산 갓김치**의 **돌산**은 지명이다?	O	
전자레인지는 비타민을 파괴한다?	X	
전통혼례 시 신부의 연지곤지는 행복해 진다는 전설 때문에 바르기 시작했다?	X	여성의 수줍음과 아름다움을 표시
전화벨이 울릴 때, 울리는 시간보다 울리지 않는 시간이 더 길다?	O	
점보비행기(747)의 앞바퀴와 뒷바퀴의 크기는 다르다?	X	똑같다
점보비행기는 후진을 할 수가 없다?	O	
정말 싫은 일이나 무서운 일을 당하면 **치가 떨린다**고 하는데, **치**는 이(齒)를 말한다?	O	
정상 제품인 바둑알은 흰 돌과 검은 돌의 크기가 다르다?	O	검은 돌(축소색)이 흰 돌(확대색)보다 1리가 큼(7푼 3리 : 7푼 2리)
정상인도 지독한 냄새의 방귀를 참으면 몸에 해롭다?	O	

Questions	Answers
정신병원은 남자 1명당 35명의 여자 환자가 있고, 형무소는 그 반대다?	O
정육점에서 붉은색 조명을 쓰는 것은 고기를 싱싱하고 먹음직스럽게 보이기 위한 것이다?	O
제1회 아테네 올림픽은 1896년에 열렸다?	O
제비가 가는 **강남**은 서울특별시 **강남구**이다?	X 중국의 화남 (양쯔강 이남 지역)
제비와 같은 철새는, 목적지의 방향을 찾을 때는 해와 별자리를 이용한다?	O
제트엔진의 배기가스 온도는 2,000℃가 넘는다?	O 2,500℃
조류도 방광이 있다?	X 날기에 유리 하라고 방광이 없음
조선 시대에 가뭄이 들면 남대문을 닫고 북문(숙청문)을 열었는데, 이는 음기(陰氣)인 비구름을 받아들이기 위해서다?	O
조선시대 궁중 화가를 뽑을 때, 사군자 중 대나무를 잘 그리는 사람을 선정했는데 이는 절개와 지조를 강조하기 위해서다?	O
조선시대 호패(주민등록증)는 16세 이상 모든 남녀가 소지했다?	X 남자만
조선시대의 왕실에서는 회색을 매우 천하게 여겼는데, 이는 승려를 상징하는 색이기 때문이다?	X 늙음을 상징하기 때문
조선의 수도 한양엔 궁으로 들락거리는 남문 세 개중 동남쪽에 위치한 **광희문**을 **수구문**이라고 불렀는데, 이 문은 시체가 나가는 문이었다?	O
족발은 앞발이 더 맛있다?	O 체중을 더 많이 받아 육질이 좋고, 연골이 잘 발달되어 있기 때문. 또 왼쪽이 오른쪽보다 더 맛있음
좁은 방이나 만원 전철을 타고 가다 보면 많은 사람들이 연거푸 하품을 하는 것을 볼 수 있는데, 이것은 하품이 전염되기 때문이다?	X 산소가 부족한 환경 때문
주사위는 1부터 6까지의 숫자가 적힌 여섯 개의 면으로 되어있는데, 이때 마주보는 주사위의 양면의 합은 항상 7이 된다?	O
주식이나 채권을 유가증권이라고 한다?	O
죽은 사람을 알리는 신문의 부고(訃告)난을 검은 선으로 구별해 놓은 것은 우리나라 풍속이다?	X 서양신문의 풍속
중국 사람들은 축의금이나 세뱃돈을 붉은 봉투에 넣어서 주는데 이 것은 건강하게 살라는 의미이다?	X 돈 많이 벌라는 의미

Questions		Answers
중국에 있는 태산(산동성)은 우리나라의 백두산 보다 낮은데, 태산이 더 높다고 생각하고 있는 이유는 중국인들의 허풍을 그대로 믿었기 때문이다?	O	태산의 높이:1532m, 백두산의 높이:2744m
중국에서 노란색을 귀하게 여기는 이유는 황제처럼 부귀영화를 누리고 싶었기 때문이다?	O	황금색은 제왕의 힘과 권위를 상징
중국인들은 예로부터 녹색 모자를 쓰는 것을 창피스러운 것으로 생각하고 아주 싫어했는데, 그 이유는 수치스런 사람에게 녹색 두건을 쓰게 했기 때문이다?	O	
중국집이 세탁소보다 더 많다?	X	세탁소는 걸어 다니는 적당한 거리마다 있고, 중국집은 오토바이를 이용하기 때문에 숫자의 열세를 극복
쥐가 먹지도 못하는 나무 기둥을 갉는 이유는 앞니가 자라는 것을 막기 위해서다?	O	
쥐랑 말도 토(吐)를 한다?	X	
지구 속으로 30m 들어갈 때마다 1℃씩 온도가 올라간다?	O	
지구가 태양을 한바퀴 도는 데는 정확하게 365일 걸린다?	X	365일 6시간
지구는 둥근데 바닷물이 흘러내리지 않는 까닭은 지구의 인력 때문이다?	O	
지구는 여름에 태양과 가장 가깝고 겨울에는 가장 멀다?	X	반대
지구는 지금부터 45억 년 전에 생겼다?	O	
지구의 기온이 자꾸 올라가는 현상을 온실효과라 한다?	O	
지구의 땅 속 한 가운데를 **중심**이라고 부른다?	X	핵이라 부름
지구의 모든 물의 약 90%가 바닷물이다?	X	98%
지구의 속 한 가운데는 망간으로 되어 있다?	X	철과 니켈
지구의 한 가운데 중심부의 온도는 태양의 표면온도인 약 6,000℃이다?	O	
지는 태양은 떠오르는 태양보다 더 붉다?	O	아침보다 저녁 공기에 먼지가 더 많이 섞이기 때문
지독한 감기를 **독감**이라고 한다?	X	병원균(인플루엔자)이 다름

Questions	Answers	
지렁이는 몸이 끊어지면 없어진 부분이 다시 살아난다?	O	
지렁이는 몸이 동강나도 잘린 두 부분이 계속 살 수 있다?	X	앞쪽만 살아남을 수 있음. 뒤쪽은 잘린 부위에 다시 꼬리가 생겨 머리는 없고 꼬리만 둘이 되어 굶어 죽게 됨
지렁이도 암컷과 수컷이 있다?	X	자웅동체(암수한몸)
지렁이에게도 입과 항문이 있다?	O	
지문은 사람에게만 있다?	X	원숭이, 침팬지, 오랑우탄 등도 있음
지상에서 30㎞ 정도 올라가면 진공상태를 느낄 수 있다?	O	
지적인 사람의 뇌는 우둔한 사람의 뇌보다 더 무겁다?	X	관계가 없음. 중요한 것은 뇌의 피질 속에 있는 회색 세포의 숫자임
지진은 지구 내부의 맨틀과 핵의 움직임에 의한 것이다?	O	
지진을 감지하는 지진계를 최초로 만든 나라는 중국이다?	O	
지하철 1량의 창문을 제외한 문의 수는 모두 8개다?	X	10 개
직사 일광 아래서의 차 지붕 온도는 모두 똑같다?	X	흰색=51도, 붉은색=61도, 녹색=65도, 갈색=67도, 검정색=71도
차가운 얼음에 소금을 뿌리면 온도가 더 내려간다?	O	
찬물이 뜨거운 물보다 더 빨리 얼음이 언다?	X	뜨거운 물이 수증기의 증발 시에 생기는 냉기로 인해 오히려 빨리 얼게 됨
채찍이라는 뜻을 가진 **람바다**는 브라질 춤이다?	O	
척추동물 중 가장 수명이 긴 동물은 빈 거북이다?	O	152년
천둥소리는 번개 치는 곳에서 15Km 이상 떨어지면 들리지 않는다?	X	25Km 이상
천둥소리는 번개가 지나간 곳의 공기가 폭발해서 나는 소리다?	O	
철로의 이음새에 틈이 있는 이유는 철이 늘어났다, 줄어들었다 하기 때문이다?	O	

Questions	Answers	
청바지는 굵은 무명실로 짠 질긴 바지인데, 파란색 물감을 들인 이유는 독사를 물리치기 위함이었다?	O	
청사초롱은 어두운 밤길을 갈 때 귀신을 물리치기 위해서 시작되었다?	X	앞길을 비춰 새로운 출발을 상징. 현대에 와선 집안과 집안간의 번성과 축복의 의미를 가짐
체중이 무거운 사람이 티눈이 걸릴 확률이 높다?	O	체중이 무거운 사람이나 당뇨가 있는 사람은 발에 무리가 가기 때문에 티눈에 걸릴 확률이 확실히 높아짐
초콜릿은 이에 해롭다?	X	코코아 가루는 오히려 충치를 막아주는 효과가 있음
초콜릿은 중독성이 있다?	X	
총알이 눈에 안 보이는 것은 소리보다 빠르게 날아가기 때문이다?	O	
추석 보름달은 다른 때보다 더 크다?	X	믿음을 갖고 보기 때문
추운 날에 오줌이 자주 마려운 것은 체온을 유지하기 위해서, 영양분이 평소보다 빨리 몸 안에서 에너지가 되기 때문이다?	O	
축구 11명, 배구 6명, 농구 5명이다. 그렇다면 핸드볼은 8명이다?	X	7명
축구 경기에 사용되는 축구공은 흰색과 검은색으로 만들어야 한다?	X	배구공처럼 하얀색 공이 사용되기도 함
축구에서 프리킥은 5m 이상 상대선수가 떨어져있어야 한다?	O	
축구에서 골인이 되어 득점 되었을 때, 게임을 다시 시작하는 방법은 **골 킥**(goal kick)이다?	X	킥오프
축구에서 **드로우 인**(throw in)을 해서 직접 **골 인**(goal in)이 된 경우는 득점으로 인정되지 않는다?	O	
축구에서 **드로우 인**(throw in)할 때, 공을 머리 위를 지나서 던지지 않으면 반칙이다?	O	
축구에서 **스트라이커**란 수비를 잘 하는 선수를 말한다?	X	득점력이 뛰어난 공격수
축구에서 최종수비수의 포지션을 가리키는 말로 원래 청소부란 뜻을 가진 용어는 스위퍼(sweeper)이다?	O	
축구에서 **페널티 킥**은 골(goal) 전방 약 11m 지점에서 한다?	O	
축농증에 걸리면 머리가 나빠진다?	X	주의력과 집중력이 떨어지지만 머리가 나빠지는 것은 아님

Questions		Answers
축농증은 유전이다?	X	체질은 닮을 수가 있음
칠면조는 머리부분을 7가지 색깔로 바꿀 수 있다?	X	3가지 색(빨강, 분홍, 옅은 파랑)
칠면조는 목 부분이 7색으로 변하기 때문에 붙여진 이름이다?	X	수컷은 turkey cock, 암컷은 turkey hen이라고 불렀는데 줄여서 turkey라고 부르게 된 것
침팬지와 고릴라도 사람처럼 맹장이 있다?	O	
칫솔을 제일 먼저 만든 나라는 중국이다?	O	
카멜레온에 눈가리개를 하면 몸의 색깔을 바꿀 수 없다?	X	카멜레온은 자기 기분이나 온도, 빛의 밝기에 따라 그 색을 변화시킴.
코끼리 젖꼭지는 2개, 고양이는 8개, 사람과 고래는 2개이다. 그렇다면 곰의 젖꼭지는 4개이다?	O	
코끼리가 귀를 흔드는 것은 몸을 식히기 위한 것이다?	O	
코끼리는 먹을 물이 없는 경우, 긴 코로 땅속의 물 냄새를 맡고 발과 코로 우물을 판다?	O	
코끼리는 체온은 귀에서 잰다?	X	항문
코를 꼭 쥐고 냉수를 마시면 딸꾹질이 멎는다?	O	
코브라는 정말 음악이 좋아서 춤을 춘다?	X	코브라는 소리를 들을 수 없음. 피리에서 나오는 바람의 영향이 코브라의 피부를 자극하여 공격적 성향을 띠게 함
코알라는 새끼가 잘못하면 새끼의 엉덩이를 때린다?	O	
코에 물기가 없으면 냄새를 맡을 수 없다?	O	
코털은 뽑는 것이 건강에 좋다?	X	코털은 먼지와 세균을 걸러주는 역할을 함.
코피가 날 때 코를 뒤로 젖히면 멎는다?	X	뒤로 젖히면 피가 목구멍을 통해 위 속으로 들어가 속이 메스꺼워지거나 구토를 할 수 있음.
콩나물을 밭에 심고 키우면 콩이 열린다?	X	엽록소가 없어 광합성을 못하고 실뿌리가 없어 물을 못 빨아들임
쾌지나 칭칭 나네~에서 **칭칭**은 **많이**라는 뜻이고, **쾌지**는 **물고기를** 말한다?	O	

Questions		Answers
퀴리 부인은 노벨상을 2번 수상했다?	O	1903년 노벨 물리학상, 1911년 노벨 화학상
큰 비가 오면 땅 속의 개미들도 사람처럼 피난을 간다?	O	
큰 충격을 받으면 하룻밤 사이에 머리가 하얗게 될 수 있다?	X	
클레오파트라가 로마 안토니우스 장군을 맞을 때, 보라색 의상을 입은 이유는 신비스런 느낌을 주기 위함이었다?	O	
키다리와 난쟁이가 생기는 이유는 골밑샘이라는 호르몬과 관계가 있다?	O	
키스를 하면 감기가 옮는다?	X	감기를 옮기는 바이러스는 우리의 입안에서는 제대로 서식하지 못함
타조는 눈이 뇌보다 크다?	O	
태극기에 쓰이지 않는 색깔은 노랑 색이다?	O	
태평양은 6대주를 합한 면적보다 넓다?	O	
태풍의 이름은 모두 남자 이름만으로 짓는다?	X	남녀 혼용
택시 번호판의 바탕색은 초록색이다?	X	노란색
탱고의 고장은 아르헨티나이다?	O	기본적인 리듬은 4분의 2박자
터키탕은 터키인들이 만들어 낸 것이다?	X	고대 그리스에서부터 있었고 로마인들로부터 터키 사람들에게 전해진 것
테니스공(경식)에도 바람주입구가 있다?	X	금형에 넣어 가열을 하여 발포제가 고압으로 팽창시킴. 그래서 깡통에 압력을 담아 출고함
텔레비전의 소리를 크게 하면 전기 요금이 조금 더 나간다?	O	
토끼는 하루에 18번 가량 낮잠을 잔다?	O	
토끼에게 물을 먹이면 정말로 죽는다?	X	
토마토는 과실(과일)이다?	X	채소

Questions	Answers	
토성 주변에는 고리가 있는데, 고리의 정체는 작은 먼지입자와 얼음조각이다?	O	
톨스토이는 노벨 문학상을 2번 수상했다?	X	받지 못했음
통조림을 최초로 생각해 낸 사람은 나폴레옹이다?	O	
투명인간은 장님이다?	O	
투우를 가장 먼저 한 나라는 스페인이다?	O	
투우사가 흔드는 빨간 천을 보고 달려드는 투우는 빨간색을 싫어하기 때문이다?	X	투우는 색맹. 투우가 달려드는 것은 흔들리는 물체 때문
투우에 쓰이는 붉은 망토는 황소를 자극하기 위한 것이다?	X	사람들에게 보여 주기 위함
튀김요리의 원조는 중국이다?	X	한국
튤립의 꽃잎은 1장이다?	X	6~8장
티눈은 어린이에게 더 잘 생기는 병이다?	X	가죽구두나 굽이 높은 신발을 신고 생활하는 어른에게 더 잘 생김
파란 전등 아래서 빨강 종이를 보면 보라색으로 보인다?	X	검정색
파랑은 식욕을 저하시키고, 노랑은 식욕을 증진시킨다?	O	다이어트를 하려면 테이블보를 청색계통으로 하고, 매상을 올리려면 노랑계통이 좋음
파리가 손이나 발을 문지르는 이유는 더러움을 제거하기 위한 것이다?	O	생존을 위한 다리 청소
파리는 다리 끝으로 맛을 느낀다?	O	
파리를 목욕시키면 깨끗하게 할 수 있다?	X	17,000,000개의 세균이 있어 안 됨
팔만대장경의 경판 수는 팔만 개를 넘는다?	O	경판 수는 81,258판 1511부 6802권으로 되어 있음
패스트푸드 간판이 빨강인 이유는 빨강, 주황, 노랑색의 색이 공복감을 불러일으키고 소화 작용을 돕기 때문이다?	O	
펭귄 중에서 키가 제일 큰 펭귄은 **황제펭권**이다?	O	

Questions	Answers	
펭귄은 열대 지방에서는 살지 않는다?	X	갈라파고스펭귄은 열대지방에서 살고 있음
포도당 주사와 과일 포도(葡萄)의 한자는 같다?	O	
풍차는 항상 시계 반대방향으로 돈다?	O	
프랑스에서는 송로버섯을 따는데 개를 이용한다?	O	과거에는 개나 돼지를 이용했지만 현재에는 돼지보다는 개를 이용한다
프로 레슬링과 아마추어 레슬링은 규칙이 똑같다?	X	전혀 틀림
플랑크톤 중에는 동물도 있고 식물도 있다?	O	
피가 몸을 한 바퀴 도는 데에는 46초가 걸린다?	O	
피가 빨간색인 이유는 **헤모글로빈**이란 성분 때문이다?	O	
피는 물보다 진하기 때문에 무게가 더 나간다?	O	
피를 빨아먹는 모기는 암컷과 수컷 둘 다 빨아먹는다?	X	암컷만
피부엔 하얀 속옷이 좋다?	O	검은 속옷은 몸에 필요한 빛을 투과하지 못하기 때문에 익지 않은 토마토처럼 피부가 쭈글거리게 됨
피카소는 레오나르도 다빈치보다 먼저 태어났다?	X	300년 늦게 태어남
피터팬의 옷이 초록색인 이유는 요정들이 선물한 옷이기 때문이다?	X	순수함을 상징
하늘은 땅에서도 우주에서도 항상 푸르게 보인다?	X	
하루라도 책을 읽지 않으면 입안에 가시가 돋친다라고 한 사람은 안창호이다?	X	안중근
하루살이는 정말로 하루만 산다?	X	10일씩 사는 것도 있음
하루에 섭취하는 열량의 1/4이 뇌에서 사용된다?	O	
하마는 말의 일종이다?	X	돼지의 일종

Questions	Answers	
하마는 붉은 색 땀을 흘린다?	O	
하마는 육식동물이다?	X	초식
하얀 속옷은 감기를 치료하고, 신경계통이나 호르몬 분비를 촉진시킨다?	O	
하키에서 축구의 드로잉(throwing)에 해당하는 것은 푸시 인(push in)이다?	O	
학, 홍학, 왜가리들이 한발을 들고 물위에 서 있는 이유는 체온유지 때문이다?	O	
학이 물 속에서 한쪽 다리로 서 있는 이유는 만일의 사태에 빨리 도망가기 위해서다?	X	
한 달에 2번씩 찾아오는 24절기는 음력으로 따진다?	X	양력
한 마을을 통치하는 사또가 일하는 관청을 동헌(東軒)이라 불렀는데, 이는 사또가 일하는 건물이 동쪽에 있었기 때문이다?	O	
한 시간 동안 귀에 헤드폰을 끼고 있으면 귀에 있는 박테리아의 수가 증가한다?	O	무려 700배
한국에 커피가 소개된 것은 고종 때부터다?	O	
한국축구 월드컵의 첫 골 주인공은 박창선 선수이다?	O	1986년 멕시코월드컵, 아르헨티나 경기
한약을 먹으면 간이 나빠진다?	X	
한약을 잘 못 먹으면 머리가 하얗게 된다?	O	숙지황과 무를 같이 먹으면 머리가 하얗게 됨
한의학에서 경혈(經穴)은 경락(經絡)상에 있어서 침을 놓거나 뜸을 뜨기에 알맞은 자리를 말한다?	O	
한의학에서 몸 안에서 기(氣)와 혈(血)이 순환하는 통로를 일컬어 경혈(經穴)이라 한다?	X	경락(經絡)
할망구의 **망구**는 90을 바라보는 81세를 말한다?	O	
핵폭탄이 터질 시 살아 남는 생명체는 바퀴벌레와 개미 뿐 이다?	O	
햄버거는 햄에서 나온 말이다?	X	햄버거는 독일의 도시 함부르크에서 나온 말

Questions	Answers	
향수를 바르게 고르려면 손등에 바른 후 10분지나 냄새를 맡아봐야 정확하다?	O	
허리나 복부가 차가운 사람은 빨간 팬티를 입는 것만으로도 따뜻해진다?	O	
헬리콥터 꼬리 쪽의 작은 프로펠러는 몸체의 균형을 잡아주는 역할을 한다?	O	
헬리콥터의 뒤 프로펠러는 동체가 앞 프로펠러에 의해 반대 방향으로 도는 것을 막는다?	O	
헬리콥터의 앞쪽에 있는 큰 프로펠러는 헬리콥터가 뜨고 내릴 때 방향을 잡는 기능을 한다?	O	
혀가 길면 영어를 잘 할 수 있다?	X	
혀에 침이 묻어 있지 않으면 절대로 맛을 알 수 없다?	O	
현존하는 동물 중 가장 큰 것은 **흰 긴 수염고래**다?	O	30m 125톤
현존하는 물고기 중 가장 큰 것은 고래상어다?	O	18m
현존하는 뱀 중 가장 큰 것은 인도네시아의 비단구렁이다?	O	9.6m
혈액형에 따라 사람들의 성격이 다르다?	X	
혓바닥으로 자신의 팔꿈치를 핥는 건 불가능하다?	O	
호떡이란 뜻은 오랑캐가 전쟁 시에 먹는 식량에서 유래되었다?	O	
호적법에 의하면 출생신고는 출생 후 보름 이내에 해야 한다?	X	한달 이내
혹을 때리면 또 혹이 생긴다?	X	피부와 딱딱한 뼈 사이에 있는 혈관이 터지는 경우, 혈액이 고이면 혹이 됨. 따라서 혹을 또 때려도 혹 위의 혹은 생기지 않음
홈그라운드 이외에서 하는 경기로, 원정경기를 지칭하는 말은 레**귤레이션 게임**(regulation game)이다?	X	어웨이 경기
화분 위에 달걀껍질을 덮어두면 좋은 이유는 달걀 껍데기의 주성분인 탄산칼슘 때문이다?	O	
화장용 크림은 단맛이 나는데 그 이유는 화장용 크림 속에 글리세린 성분 때문이다?	O	글리세린은 단맛, 유독성

Questions	Answers	
화장품은 계속 바꿔 써주어야 피부가 강해진다?	X	너무 자주 바꾸면 피부에 스트레스를 줘서 피부염을 발생시킬 수도 있음
화투에서 메주(2)의 새 이름은 참새다?	X	휘파람 새
화투에서 팔공산(8)의 새 이름은 기러기다?	O	
화투에서 흑싸리(4)의 새 이름은 종달새다?	O	
황소는 빨간색을 싫어한다?	X	색맹
회교도 여성들은 10세 이상이 되면, 외출할 때 꼭 **차도르**라는 검은색 천을 뒤집어써야 하는데, 이는 밤에 돌아다닐 때 위장하기 위해서다?	X	금욕을 강조하기 위함
회덮밥은 일본에도 있다?	X	일본에는 없음
횡단보도는 옷이 젖지 않고 냇물을 건너기 위해 만든 징검다리에서 유래했는데, 이는 영국인들이 교통사고를 방지하기 위해 만들었다?	O	
훈련받은 개는 사람이 하는 말을 제대로 알아듣고, 그대로 행동한다?	O	
훌라후프를 돌리면 떨어지지 않는 이유는 허리의 접착력 때문이다?	X	중력보다 원심력이 더 크기 때문
흐르는 땀은 닦지 않고, 그냥 말리는 것이 좋다?	X	운동중 발이나 몸에 땀이 고인 채로 오래 있지 말고, 운동후 깨끗이 씻어야 무좀, 땀띠등 피부염의 원인을 막을 수 있음
흑해의 **흑** 자는 바다가 검다는 의미이다?	X	거칠다는 뜻
흔히 말하는 **뇌졸~쯤** 끝 자는 한문으로 증(症)이 아니고 중(中)이다?	O	
흰자는 노른자보다 단백질을 더 많이 보유하고 있다?	X	훨씬 적은 단백질이 함유되어 있음

플러스 OX퀴즈

Questions	Answers
119는 문자 메시지도 받는다?	O 한달 1200여건
개와 원숭이는 정말로 사이가 나쁘다?	O
검정색 자동차가 사고 날 확률이 더 높다?	O 작게 보이고, 어둡기 때문
견인차에 끌려가는 차도 고속도로 통행료를 낸다?	O
경호원들은 VIP를 경호할 때 오른쪽에서 경호한다?	O 왼손으로 밀치면서 오른손으로 범인을 제압하거나 총을 쏴야 하기 때문
고슴도치가 교미를 하면 피투성이가 된다?	X 가시들이 잠을 자듯 드러눕는다
고양이 머리에 봉지를 씌우면 뒤로 간다?	O
골프 1라운드가 18홀로 정해진 까닭은 위스키 1병이 18잔이기 때문이다?	O 1858년 센트앤드류스 클럽 회의에서 한 원로 회원이 홀을 돌때마다 한잔 씩 마시다보니 18잔이었던 것에서 유래
골프장 캐디가 여름에도 긴소매를 입는 것은 자외선을 차단하기 위해서다?	X 자외선 보다 농약으로부터 몸을 보호하기 위함이다
공포를 느끼면 체온이 내려간다?	X 올라간다. 땀이 나면서 시원함을 느낀다
귀이지(귓밥)는 없앨수록 좋다?	X 살균과 피부보호역할
극약과 독약 중에서 독약이 더 독한 것이다?	O 50% 치사량, 체중 1kg 당 이하면 독약. 20mg~200mg이하이면 극약
근시인 사람의 각막을 이식하면 근시가 된다?	X 각막은 초점거리와 관계없다
금붕어를 강에 풀어주면 야생 금붕어가 된다?	X 스스로 먹이를 찾거나 번식이 안 된다
기네스북을 처음 만든 건 맥주회사였다?	O 영국 맥주회사 기네스가 판촉용으로 만듬
낙타는 태어나면서부터 등에 혹이 있다?	X 자라면서 생김
남극의 펭귄을 북극에 데려다 놓으면 죽는다?	X 생존할 수 있다

Questions		Answers
냉장고의 도어 포켓에 맥주는 넣어두면 맛이 떨어진다?	O	맥주는 진동을 싫어한다
넥타이의 사이즈도 S, M, L 가 있다?	X	138㎝~140㎝로 적당히 매는 것으로 한정됨
노인의 귀에는 험담이 잘 들린다?	O	수군거리는 낮은 목소리는 노인 귀에 더 잘 들림
높은 곳을 나는 새들도 산소결핍증에 걸린다?	X	공기를 담아두는 주머니가 있다
눈을 보호(충격과 냉기)하는 데는 외꺼풀이 쌍꺼풀 다 좋다?	O	외꺼풀이 지방이 더 많기 때문
눈이 내리면 길거리 소음이 줄어든다?	O	눈은 탁월한 흡음기능이 있다
다시마는 손보다 칼로 잘라야 더 맛있다?	X	다시마는 쇠붙이를 싫어해서 맛이 떨어진다
다이아몬드는 다이아몬드로 다듬는다?	O	
달걀 노른자의 색이 노랄수록 영양가가 더 많다?	X	
동양인에 비해 서양인이 교통사고를 당할 확률이 더 높다?	O	높은 콧등과 들어간 눈으로 시야가 차단됨
럭비 감독은 경기장 안으로 들어갈 수 없다?	O	경기장 관전석에서 지켜본다
로스트치킨 뼈에 은박지를 감는 것은 뼈의 절단면을 감추기 위한 것이다?	O	
마릴린먼로의 머리카락은 금발이 아니었다?	O	갈색/ 눈동자와 머리카락색은 동일함
마카로니는 이탈리아에서 맨 처음 만들어졌다?	X	중국
말의 키는 어깨부분까지를 잰다?	O	
매니큐어 병 속에 구슬을 있는 이유는, 병을 흔들 때 액이 잘 섞이기 위해서이다?	O	
맹인안내견은 약간의 색깔을 구별할 수 있다?	X	명암으로 분별한다
목소리의 고음은 노력하면 어느 정도 높아진다?	O	후천적

Questions		Answers
목소리의 저음은 노력하면 어느 정도 낮아진다?	X	선천적
몸에 이상이 없을 때라도 해열제를 먹으면 체온이 조금 더 떨어진다?	X	체온 강하제가 아니고 체온 조절제이다
문어의 맛은 암컷과 수컷의 맛이 다르다?	O	암컷이 더 맛있다
문어의 암컷과 수컷은 빨판으로 구별한다?	O	빨판이 가지런하면 암컷, 불규칙하면 수컷
밀가루를 비닐봉지에 넣어두면 굳지 않는다?	X	글루텐은 외부공기가 없으면 굳는다
박하와 민트는 같은 것이다?	O	박하학명 Mentha가 영어로 번역되면서 Mint로 됨
밝은 방에서 자는 어린이는 근시가 되기 쉽다?	O	2배
밤에 잔업을 하면 수염이 더 빨리 자란다?	O	오전 8~11시에 가장 빨리 자람
방독면은 방귀냄새도 막는다?	X	통과 된다
방탄유리도 깨진다?	O	
백화점 1층에 화장품 매장이 있는 이유는 향기와 단가에 비해 적은 면적을 차지하기 때문이다?	O	
밸런타인데이는 일본 제과회사가 초콜릿 판매촉진을 위해 만들어 낸 풍습이다?	O	2월 14일
뱀은 유리 위에서는 못 기어간다?	O	
뱀은 피리소리에 춤을 춘다?	X	땅바닥의 진동소리에 반응한다
베토벤 교향곡 제5번을 [운명]이라고 부르는 나라는 한국과 일본 뿐이다?	O	
베트남 사람은 우리와 반대로 사과를 깎는다?	O	
볼링장에서 빌려주는 신발이 요란한 이유는 도난 방지를 위해서다?	O	일반 신발과 차별화
비누로 얼굴을 자주 씻으면 여드름이 줄어든다?	X	피지선이 자극받아 지방분비가 더 활발해짐

Questions		Answers
빙산(氷山)은 안 짜도 유빙(遊氷)은 짜다?	O	
빨대로 맥주를 마시면 빨리 취한다?	O	100% 흡수된다
사람은 자외선 앞에서 검게 되고, 전갈은 야광이 된다?	O	블랙 라이트
사람의 5감 중 마지막까지 쇠퇴하지 않는 감각기관은 촉각이다?	O	
사랑에 빠진 요리사가 만드는 스프는 평소보다 짜다?	O	중추신경 자극으로 호르몬균형이 깨져 소금을 더 넣게 된다
사자의 표효소리는 겁을 주기 위한 것이다?	X	영역 표시
삼각자 한복판에 구멍을 뚫는 것은 모양을 내기 위해서이다?	X	공기를 빼고 자의 변형을 막기 위함
생선회는 찬물로 씻으면 더 맛있어진다?	O	아데노신삼인산(ATP) 때문에 생선살이 쫄깃해진다
선글라스를 늘 끼고 있으면 눈에 해롭다?	O	동공이 습관적으로 열려 있어 눈이 쉽게 피로해짐
소고기도 생선처럼 제철이 있다?	O	2월 경/ 지방을 비축하고 성숙해 지는 달
소금기를 빼기 위해 더 약한 소금물에 담그면 잘 빠진다?	O	
소금쟁이도 다리에 비누칠 하면 물에 빠진다?	O	
소금쟁이도 땅 위를 걸을 수 있다?	O	
수술복이 흰색이 아닌 이유는 음성잔상(陰性殘像)을 없애기 위함이다?	O	붉은 장기를 오래보고 있으면 보색작용을 일으킴
수영경기 중 자유형은 걷거나 뛰어도 된다?	X	실격
수영장에 벼락이 떨어져도 잠수 중인 사람은 감전이 안 된다?	O	수면 위에서 사방으로 퍼져 무력화된다
스킨십(Skinship)은 영어사전에 없다?	O	
스테이크는 가스 불 보다 숯불에 구우면 더 맛있다?	O	적외선 강도가 숯불이 더 강하기 때문에 깊숙이 구워진다

Questions	Answers	
스티커 사진에는 필름이 존재하지 않는다?	O	Direct print paper를 씀
신 음식은 그냥 보기만 해도 건강에 좋다?	O	상상만 해도 침샘이 자극 받는다
신장결석의 돌은 광물학적으로도 돌이다?	X	생체광물(生體鑛物)
알코올 도수는 높을수록 술맛이 좋다?	X	술맛과는 아무 상관없다
애완동물의 성격은 대개 주인을 닮는다?	O	
양(羊)의 숫자를 세면 잠이 잘 온다?	X	
얼굴에 험한 흉터를 없애면 범죄가 줄어든다?	O	편견이 줄어듦
얼음은 투명한 반면, 눈이 흰색인 이유는 공기를 함유하고 있기 때문이다?	O	
엘리베이터 옆에 거울이 있는 이유는 기다리는 지루한 시간을 덜기 위해서이다?	O	
예포가 21발을 쏘는 이유는 행운의 숫자이기 때문이다?	O	7 X 3(서양의 행운 숫자)
온 몸에 금분을 칠하면 질식사(窒息死) 한다?	X	피부호흡은 1%도 안 된다
왼손잡이는 비교적 수명이 짧다?	O	오른손잡이 위주로 된 환경으로 스트레스를 더 받기 때문
우박은 직경 5mm 이상인 얼음덩이를 말한다?	O	작으면 싸라기 눈
웃으면 주름살이 늘어난다?	X	피부에 수분이 줄어들기 때문
원앙부부는 정말로 사이가 좋다?	X	둥지를 만들 때 까지만 좋다
유럽에서 한국 쌀로 밥을 하면 같은 맛을 낼 수 있다?	X	한국 물에 비해 알칼리성이 강하다
육식만 하는 사자의 위장은 식물을 소화시키지 못한다?	O	
음악기호 #과 b 중 먼저 생겨난 것은 b이다?	O	15세기까지 b만 썼고, 17세기 중반부터 #을 씀

Questions		Answers
의사가 환자의 가슴을 두드리는 이유는 폐의상태를 확인하기 위해서 이다?	O	
이야기는 내용보다 얼굴에 의해 더 잘 설득된다?	O	내용=7%, 음성=38%, 얼굴=55%
적외선은 실제로 붉은 색을 띠고 있다?	X	불가시광선(不可視光線)으로 색이 없다
전화 받을 때 오른쪽 귀로 들어야 잘 들린다?	O	언어능력은 좌뇌이고, 오른쪽 귀로 들음
전화기 버튼을 누르지 않고도 휴대전화버튼을 이용해 전자음을 송화 장치에 보내면 전화가 걸린다?	O	
정맥주사, 피하주사, 근육주사 중에서 가장 통증이 심한 주사는 피하주사다?	X	정맥주사
주유소에서 주유를 할 때, 오전에 하면 오후에 하는 것보다 더 많이 넣을 수 있다?	O	온도에 따른 부피 변화
지폐에 초상화가 그려져 있는 이유는 위조지폐를 방지하기 위해서 이다?	O	
참외는 물에 뜨는 것이 좋은 참외다?	O	가라앉으면 당도가 떨어지거나 물먹은 참외다
총에 소음기를 달아 쓰면 총알의 속도가 줄어든다?	O	
칭기즈칸 요리는 몽골에서 만들었다?	X	일본
칵테일은 미국에서 생겨났다?	O	미국은 국민주가 없어 여러 가지 섞어먹은 것에서 유래되었다
클래식에도 애드리브(Ad Lib)가 있다?	O	Aidlibtum/ 자유롭게의 약자이다
타조가 머리를 모래에 처박는 것은 겁이 많아서이다?	X	땅으로 전해지는 소리로 주변상황 파악
태국에서는 군대를 제비뽑기(추첨)로 간다?	O	
태국의 전봇대는 네모다?	O	뱀이 타고 올라가지 못하게 만들었다
토끼의 귀는 레이더 역할을 한다?	O	
파도타기 응원은 미식축구에서 시작 되었다?	O	1984년 LA부터 올림픽에서 사용

Questions		Answers
파리는 전자레인지 안에서도 안 죽는다?	O	음식물을 데우는 마이크로파를 피한다
피아노 의자 높이에 따라 음색이 달라진다?	O	높을수록 강한 소리가 난다
피에도 진한 피와 묽은 피가 있다?	O	피곤하고 영양상태가 안 좋으면 묽은 피가 됨
하마가 입을 벌리는 것은 하품을 하는 것이다?	X	적을 위협하는 것
형광등을 전자레인지 안에 넣으면 켜진다?	O	마이크로파가 형광물질을 통해 가시광선이 된다
화장실 냄새를 없애는 방법은 성냥 한 개비를 태우면 된다?	O	인 성분의 작용

북한 O X

Quiz

O : 오미크론(Omicron)에서 왔다. 모양은 동그라미이고 뜻은 오 나의 친구로 친한 친구들이 서로 두 팔로 껴안은 모습을 그린 것이다. 한국어의 동그라미는 돈 크로니(Don crony)에서 기원했다고 볼 수 있다.

X : 카이(khi)에서 왔다. 모양은 가위이고 뜻은 가위 모양의 고문 기구로 가위눌리다로 몸을 마음대로 움직이지 못하고 답답함을 느끼는 뜻이다.

맞으면 O 틀리면 X로 표시하게 된 까닭은, 그림 문자 시절부터 오미크론 O에는 좋다는 뜻이 있고, 카이 X에는 나쁘다는 뜻이 있었기 때문이라고 볼 수 있다. 하나의 사소한 현상이 호기심을 자극하고, 우리 생활 속에서 쉽게 찾아볼 수 있는 신기한 현상을 아주 쉽고도 재미있게 풀이하여 재미가 있을 뿐만 아니라 상식과 과학의 원리를 알게 해 주어 지식을 넓힐 수 있는 기회를 준다. 호기심이 사라진다면 세상은 더 이상 발전하지 못할 것이다. 창의력과 상상력과 집중력을 바탕으로...

Questions		Answers
북한 인민학교 어린이들은 1학년 때부터 졸업할 때까지 같은 담임 선생님과 공부한다?	O	
북한 인민학교는 우리처럼 여름방학과 겨울방학이 있으며, 봄방학 대신 추수기에 짧은 가을방학이 있다?	X	가을방학은 없다
북한 인민학교에도 [반장 제도]가 있다?	X	
북한 인민학생들은 ①경애하는 김일성대원수님 어린시절 ②위대한 령도자 김정일원수님 어린시절 ③공산주의 도덕 ④국어 ⑤수학 ⑥력사 ⑦자연 ⑧체육 ⑨음악 ⑩도화공작(미술) 등 모두 [10개 과목]을 배운다?	O	
북한 주민들이 가장 손쉽게 즐기는 ·오락수단은 장기다?	O	남한에서는 노인층을 중심으로 남아 있는 ·장기가 북한에서는 일상적인 놀이로 가장 널리 보급되어 있다
북한 주민이 가장 가지고 싶어 하는 5가지 가전제품을 5장이라 하며, 이는 텔레비전, 냉동기, 세탁기, 선풍기, 녹음기를 가리킨다?	X	5장은 가장 갖고 싶어 하는 가구로서 옷장, 이불장, 찬장, 책장, 신발장이다.
북한 최고의 명절은 김정일, 김일성의 생일인데, 김정일의 생일은 2월 15일이다?	O	김일성 생일은 4월 15일
북한에는 남아선호 사상이 존재하지 않는다?	X	
북한에도 결혼식장이 있다?	X	
북한에도 교회가 있다?	O	외국의 시선 때문에
북한에도 무당이 있다?	O	암암리에 활동한다
북한에도 복권이 있다?	O	인민복권(조선 중앙은행 발행)
북한에도 영자신문이 있다?	O	매주 토요일마다 발행되는 평양타임스가 있다
북한에도 청소년 퀴즈 프로그램이 있다?	O	전국 학생들의 [알아맞히기 경연]이라는 프로그램이 있다.
북한에도 촌수나 항렬을 중요시한다?	X	60년대부터 항렬이나 촌수를 따지는 풍습이 사라졌다.
북한에도 특별 교육 기관으로 외국어 고등학교가 있다?	O	6년제 고등중학교 과정. 러시아어, 중국어, 일어, 영어 등 8개 외국어 중점 교육. 각 시도에는 10년제 외국어 학교가 있다.
북한에서는 개고기를 [단고기]라고 한다?	O	

Questions		Answers
북한에서는 다이어트를 [체중감량]이라고 한다?	X	살까기
북한에서는 도시락을 [도시락]이라고 한다?	X	곽밥
북한에서는 라면을 [튀긴 국수]라고 한다?	X	꼬부랑 국수
북한에서는 백열전구를 [불알]이라고 한다?	O	
북한에서는 스킨로션을 [스킨로션]이라고 한다?	X	살결물
북한에서는 아이스크림을 [어름보숭이]라고 한다?	O	
북한에서는 양력 설날과 김정일 생일에는 이틀 동안 쉰다?	O	
북한에서는 외국돈을 사용할 수 없다?	X	
북한에서는 운동화를 [헝겁신]이라고 한다?	O	
북한에서는 의식주 가운데에서 먹을 것을 가장 중요시하여 남한에서와 달리 [식의주]라고 표기하고 있다?	O	
북한에서는 팬티를 [으뜸 가리게]라고 한다?	X	빤스
북한에서는 표준말을 [문화어]라고 한다?	O	
북한에서도 컴퓨터 교육을 한다?	O	[컴퓨터 수재 양성반]이라 한다
북한은 결혼식을 할 때 보통 남자는 양복, 여자는 연분홍색 한복을 입으며, 신혼여행은 거의 가지 않는다?	O	
북한은 우리보다 빠른 1974년부터 컬러TV방송을 시작했다?	O	
북한의 8대 명절에는 추석도 포함된다?	X	전 김일성주석 생일, 김정일 국방위원장 생일, 국제노동자절, 해방기념일, 정권창건일, 당창건일, 헌법절, 양력 설날
북한의 공식 이름은 [조선사회주의 인민 공화국]이다?	X	조선민주주의 인민 공화국
북한의 국화는 진달래꽃이다?	X	목란(함박꽃)으로 바뀜

Questions		Answers
북한의 남자어린이들에게는 인민군이나 안전원(경찰)이 선망의 대상이며, 여자어린이들이 희망하는 것은 교양원이나 교원 또는 예술인 등이다. 여기에서 교양원은 유치원 선생님이다?	O	
북한의 성적평가는 최우등, 우등, 보통, 낙제 등으로 구분하고 있으며, 낙제를 받으면 같은 학년을 또 다녀야 한다?	O	
북한의 어린이날은 [국제 아동절]이라고 부르는데, 6월 1일이다?	O	쉬지는 않는다
북한의 여성들도 쌍꺼풀 수술을 한다?	O	본인이 원하면 일반 인민 병원에서 무료로 시술해주나, 성공률은 높지 않다
북한의 인민학교 아이들이 졸업을 하면 들어가는 학교는 중학교다?	X	고등중학교
북한의 인민학교는 [4학년]까지 있다?	O	
북한의 제1외국어는 러시아어다?	X	1975년부터 영어가 제1외국어로 채택되었다.
북한의 주요 대중 수단은 지하철이다?	X	무궤도 전동차다
북한의 학생들은 1972년부터 유치원 높은 반 1년, 인민학교 4년, 고등중학교 6년을 합해 총 11년 동안 무료로 의무교육을 받고 있다?	O	
북한의 화폐단위 중 [1000원]이란 화폐단위도 있다?	X	
북한지역은 우리나라 국토 크기로 비교했을 때 남한보다 크다?	O	
우리나라의 국기는 [태극기]이고, 북한의 국기는 [인공기]다?	O	
우리나라의 초등학교에 해당하는 북한의 학교는 [소학교]다?	X	인민학교
인민학교에서는 외화벌이 사업으로 [토끼 기르기]를 적극적으로 실시하고 있어, 학생 1인당 토끼 3 ~ 5마리를 기르고 있다?	O	
최근에 복구하기로 합의를 본 [경의선]은 경주에서 신의주까지의 철로를 의미한다?	X	서울에서 신의주까지
최근에는 키가 커진다 하여, 북한에서 유행하는 운동은 체조다?	X	농구

Questions		Answers
현재 북한에서 가장 비중이 큰 교과목은 국어, 수학, 외국어다?	O	인민학교는 국어, 수학, 고등중학교는 수학, 국어 순으로 비중이 크며 외국어 특히 영어 교육을 강화
휴전선의 길이는 155마일이다?	O	

남 · 북한 낱말퀴즈

Quiz

남한과 북한의 공통점과 차이점을 쉽게 알 수 있도록 편집했기 때문에 남, 북한의 단어나 어휘연구 그리고 재미있는 자료 수집에 도움을 준다.

남한낱말 ◐	◑ 북한낱말	남한낱말 ◐	◑ 북한낱말
가게	가가	각선미	다리매
가깝다	가찹다	간섭	간참
가끔	가담가담	간통(姦通)	부화(浮華)
가난에 찌든 삶	애옥살이	감독	책임연출
가는귀가 먹다	잔귀가 먹다	갑자기, 뜻밖에	무중
가두리양식	우리식양어	강가, 강기슭	강반
가랑비	안개비	강낭콩	당콩
가로수	거리나무	개간지(開墾地)	일꾼땅
가르치다	배워주다	개고기	단고기
가발	덧머리	개기일식 (皆旣日蝕)	옹근일식
가사(家事)	집안거두메	개수대	가시대
가속페달 (액셀러레이터)	가속답판	개울의 물이 합쳐 지는 곳	개치
가슴앓이	가슴쓰리기	개음절	열림마디
가연성(可燃性)	불탈성	갸름하다	갈람하다
가위바위보	가위주먹	거북	거부기
가장자리	여가리	거스름돈, 잔돈	각전
가정주부	가두녀성, 가정부녀	거위	게사니
가족수당	가족금	건널목	건늠길
가출(家出)	탈가(脫家)	건달	날총각

남한낱말 ◑	◐ 북한낱말	남한낱말 ◑	◐ 북한낱말
건들거리다	둔둑거리다	계모	후어머니
건망증	잊음증	계절풍기후	철바람기후
건반악기	누르개악기	계집아이	에미나이
검문소	차단소	고가철도	가공철도
검산	뒤셈	고금(古今)	예이제
겉치마	웃치마	고급 숙박시설	초대소
게시판	알림판	고급담배	특급담배
겨우살이	겨울나이	고생살이	강심살이
견인차	끌차	고저악센트	높은마루
견지낚시	자낙	고종사촌	고모사촌
결과	후가	고집불통	곧은박이
결국은	구경	고철	파고철
경사도(傾斜度)	비탈도	고치기 어려운 병을 낫게 하는 것	난치나이
경솔하고 얄밉게 구는 것	새망	고함치다	고아대다
계단식논	다락논	곡선자	구름자
계단	디대	곡예	교예
계란말이	색쌈	곧바로	대미쳐
계란빵	닭알빵	곧바르다	직바르다
계명창	도레미화부름	곧	인차

남한낱말 ◁	▷ 북한낱말	남한낱말 ◁	▷ 북한낱말
골대	꼴문대	괜찮다	일없다
골든 골	금골	괜히, 공연히	건으로
골몰하다	옴하다	교대	대거리
골밑 슈팅(농구)	윤밑 던져 넣기	교도소	교화소
골수염(骨髓炎)	뼈속염	교미(交尾)	쌍붙이
골키퍼	문지기	교차하다	사귀다
곱슬곱슬하다	갑슬갑슬하다	교탁(教卓)	강탁
공금횡령	탐오랑비	교통경찰	교통안전원
공무원(公務員)	정무원(政務員)	구개음화	따르기
공중회전	허공돌기	구급차	위생차
공항	항공역	구름다리	허궁다리
공휴일	휴식일	구석구석	고삿고삿
과감히	가강히	구설수(口舌數)	말밥
과거(過去)	어제날	구설수에 오르다	말밥에 오르다
과일 주(酒)	우림술	구성	엮음새
관광버스	유람뻐스	구술시험	구답시험
관광안내원	관광강사	구유	궁이
관절통	뼈마디아픔	국물	마룩
괘도(걸게 그림)	걸그림	군불	공불

남한낱말 ◑	◐ 북한낱말	남한낱말 ◑	◐ 북한낱말
군인 가족	후방가족	기록영화	시보영화
굳은 살	썩살	기르다	자래우다
굴착기	기계삽	기름지다	노랑지다
굵고 투박하다	뭉틀하다	기상대(氣象臺)	기상수문국
궁금하다	궁겁다	기생동물 (寄生動物)	붙어살이동물
궁리	궁냥	기성복(旣成服)	지은옷
권투글러브	타격장갑	기역니은순	그느드르순
궐련	마라초	기우뚱하다	기울써하다
궤도(軌道)	자리길	기침을 하다	깇다
귀를 기울이다	강구다	기회, 때	까리
귀빈석(貴賓席)	주석단(主席壇)	긴장도	켕김도
귀순자(歸順者)	의거자(義擧者)	김매기	풀잡이
귀앓이	귀쏘기	깃. 칼라(collar)	목달개
귓바퀴	귀박죽	깊은 우물	굴우물
그늘	능쪽	깊이든 잠	굳잠
그룹(Group)	그루빠(러)	까까머리	막머리
근방, 근처	아근	까닭	근더쿠
근지럽다	그니럽다	까막눈	문맹자
기가 막히다	억이 막히다	깨끗하다	끌끌하다

남한낱말 ◑	◐ 북한낱말	남한낱말 ◑	◐ 북한낱말
꼭두새벽	진새벽	나이테	해돋이
꼭짓점	꼭두점	나이프	밥상칼
꽁보리밥	강보리밥	낙숫물	처마물
꽁생원	골서방	낙엽수	잎지는 나무
꽃다발	꽃묶음	낙차	높이차
꾀병	건병	난시(亂視)	흩어보기
꾸밈새	꾸림새	날씨	날거리
꾸역꾸역	꼬약꼬약	남자 늙은이	두상태기
꿈나라	잠나라	낮도깨비	청도깨비
끌어당기고	끄어당기고	낯선 손님	난데손님
낌새, 눈치	짬수	내각(수학)	아낙각
나돌아 다니다	게바라 다니다	내구성(耐久性)	오래견딜성, 질길성
나들이옷	갈음옷	내습성	누기견딜성
나무꼭대기	줄기우듬지	내야수	안마당지기
나무늘보	게으름뱅이	냉대하다	미우다
나뭇가지	나무아지	냉동선	얼굼배
나사못	타래못	냉동식품(冷凍食品)	얼군제품
나이가 어리다	나어리다	냉면	찬국수
나이가 지긋하다	지숙하다	냉수욕	찬물미역

남한낱말 ◑	◐ 북한낱말	남한낱말 ◑	◐ 북한낱말
냉장고	랭동고	농지정리	포전정리
냉차, 냉쥬스	찬단물	높은음자리표	고음기호
넓은 하늘	하늘바다	높임말을 쓰다	옙하다
넓적다리	신다리	뇌물로 주는 돈	꿀돈
네트(배구)	그물	누룽지(누른밥)	가미치
네트오버(배구)	손넘기	누명	감투
노동화(勞動靴)	지하족(地下足)	눈 가장자리	눈가위
노려보다	지르보다	눈두덩	눈덕
노엽다	무랍다	눈사태	눈고패
노인	로인	눈썰미	눈정신
노크(knock)	손기척	눈짐작	눈가량
노트	학습장	눈총을 주다	눈딱총을 주다
노하우	기술비결	늘	노상
녹말가루	농마가루	늦가을	마가을
녹색식물	풀색식물	다급하다	급해맞다
녹음테이프	록음띠	다이빙	뛰여들기
녹차	푸른차	다이어트(diet)	살까기
논밭	포전(圃田)	다이얼	번호판
농담(濃淡), 짙은 정도	짙음새	다항식	여러다미식

남한낱말 ◀	▶ 북한낱말
단 한번에 가하는 센 타격	단매
단거리 달리기	짧은 거리 달리기
단면도(斷面圖)	자름면 그림
단무지	무우겨절임
단발머리	중발머리
단백질	계란소
단비가 내리다	꿀비가 내리다
단비	꿀비
단숨에	대숨에
단잠	쪽잠
단점(短點)	부족점
단짝친구	딱친구
달걀	닭알
달걀찜	달걀두부
달력	력서
닭고기튀김	닭유찜
담즙(膽汁)	열물
대걸레	밀걸레
대검찰청	중앙검찰소

남한낱말 ◀	▶ 북한낱말
대기실	기다림칸
대머리	번들머리
대문자	큰글자
대법원	중앙재판소
대분수	데림분수
대입법	갈아넣기법
대장간	야장간
대장(大腸)	굵은밸
대장장이	야장쟁이
대중가요	군중가요
대중목욕탕	공동욕탕
대풍년	만풍년
덜렁거리다	건숭맞다
덩굴	넉줄
데이터베이스	자료기지
도넛	가락지빵
도둑질	야경(夜警)벌이
도시락	곽밥, 점심곽
도약경기	조약경기

남한낱말 ⬌	⬌ 북한낱말	남한낱말 ⬌	⬌ 북한낱말
도열병(稻熱病)	벼열병	뒤탈	등탈
도와주다	방조하다	뒷걸음	물레걸음
도착하다	가닿다	드라이클리닝	화학세탁, 화학빨래
도통하다	들고깨다	드러나다	발로(發露)되다
도화선(導火線)	불심지	드레스	나리옷
도화지	그림종이	드문드문	도간도간
독수공방	공방살이	들길	벌길
돌고래	곱등어	들락날락	날면들면
돌부리	돌뿌다구	들창코	발딱코, 사자코
돌연변이	갑작변이	등교시간	상학시간
돌파구	구멍수	등식	같기식
돌풍	갑작바람	등장	나오기
동양화(東洋畵)	조선화	등호	같음표, 같기표
동의어	뜻같은말	디딤돌	구팡돌
동화	닮기	딜레마(dilemma)	난통
되는 대로	마구망탕	딸기잼	딸기단조림
두건	베감투	떠들다	고아대다
두드러기	가렴돋이	떠맡기다	밀맡기다
두런두런	두설두설	떡고물	떡보숭이

남한낱말 ◐	◑ 북한낱말	남한낱말 ◐	◑ 북한낱말
떨어지다	짝지다	마네킹	몸틀
뜬소문	뜬말	마라톤	마라손
뜸하다	즘즛하다	마련하다	내오다
라디오	라지오	마른 소나무 가지	솔강나무
라면	꼬부랑국수	마무리	뒤거두메
레코드	소리판	마분지	판종이
로션	기름크림	마사지	문지르기
로터리(rotary)	도는 네거리	마스카라	눈썹먹
롤러(roller)	굴개	마스크	얼굴가리개
롤러코스터	관성차	마이너스(minus)	미누스
롱패스	긴공연락	만원	자리 없음
리그전	련맹전	만장일치	일치가결 (一致可決)
리듬체조	예술체조	만화(漫畵)	이야기그림
리듬	흐름새	만화영화	그림영화
리본	댕기	말괄량이	사내번지기
리본체조	댕기체조	말다툼	입다툼
링(ring)체조	륜체조	말똥말똥	마록마록
링운동	고리운동	맞벌이	직장세대
마그마	돌물	맞벌이 가정	세대직장세대

남한낱말 ⬌	⬌ 북한낱말	남한낱말 ⬌	⬌ 북한낱말
매니큐어	손톱물감	모눈종이	채눈종이
매스게임	집단체조	모닥불	무덕불(우등불)
매우 가깝다	살밭다	모둠발	모두발
매운바람	칼바람	모락모락	몰몰
매점	상점	모음조화	모음의 어울림
매트	체조깔개	모자이크	쪽무늬 그림
맷돌	망돌	모질고 사납다	그악하다
머리를 숙여 하는 절	고패절	모퉁이	굽인돌이
먼 친척	결찌	목돈, 뭉칫돈	주먹돈
먼지	몽당	몰매	무리매
메리야스	뜨게옷	몹시 떠들다	과따치다
메어꽂다	메여꼰지다	몽둥이찜질	사다듬이
메트로놈	박절기	몽타주	판조립
멜빵	멜바, 질바	묘책	묘득
멜빵바지	멜끈바지	무대 막(舞臺幕)	주름막
멱살	살멱	무더기로 쌓은 더미	무지
멸균	균깡그리죽이기	무상교육	면비교육
명란젓	알밥젓	무선호출기 (無線呼出機)	주머니종
명암	검밝기	무심결	무중

남한낱말 ◀	▶ 북한낱말	남한낱말 ◀	▶ 북한낱말
무안을 당하다	꼴(을)먹다	미드필드	중간방어수
무정명사	비활동체명사	미소	볼웃음
무지개	색동다리	미숙	몽당
묵독	속읽기	미숙아(未熟兒)	달못찬 아이
묵은 빚	구환	미역국을 먹다	락제(落第)굴을 먹다
문맹자	글장님	미풍(微風)	가는 바람
문방구	학용품	미혼모	해방처녀
문장	글토막	믹서기	분쇄기
문틈	문짬	민간요법	토법(土法)
물가	물녘	민간인	사회사람
물갈퀴, 오리발	발가락 사이막	민속놀이	민간오락
물개	바다개	밑줄	아래줄
물구나무서기	거꾸로 서기	바다표범	넝에
물뿌리개	솔솔이	해조	바다마름류
물에 만 밥	무랍	바람둥이	바람쟁이
물에 흠뻑 젖은	물참봉이	바로 정면으로	면바로
뭉게구름	더미구름	바쁘다	어렵다
뮤지컬	가무이야기	박살나다	박산나다
미끄러지다	미츠러지다	박치기	골받이

남한낱말 ⬅	➡ 북한낱말	남한낱말 ⬅	➡ 북한낱말
반격(反擊)	반타격	배웅하다	냄내다
반딧불	불벌레	백사장	백사지
반바지	무릎바지	백열전구	불알
반석	너럭바위	버들잎	보들잎
반죽음	얼죽음	버라이어티쇼	노래 춤 묶음
반찬	찔게	번호(番號)	노메르
반환점	돌아오는 점	벌렁코, 들창코	발딱코
밥	메(궁중말)	벌집	벌둥지
방부제	냄세막이약, 썩음막이약	베란다	내밈대, 내민층대
방음벽	소리막이벽	베어링	축받치개
방직공장 (紡織工場)	직포공장 (織布工場)	벼 타작	벼바심
방청소	방거두매	벼락부자	갑작부자
방화벽(防火壁)	불막이벽	변태(變態)	모습갈이
방화	불막이	별똥	별찌
배낭	멜가방	보고 부르기	시창
배드민턴 (badminton)	바드민톤	보너스	가급금
배수(倍數)	곱절수	보름달	옹근달
배영	누운혜염	보온성(保溫性)	따슴성
배웅	바램	보온재(保溫材)	열막이감

남한낱말	북한낱말	남한낱말	북한낱말
보장	담보	분유	가루젖
보조개	오목샘	분출구(噴出口)	뿜이구멍
보증수표 (保證手票)	지불행표	분칭	약저울
보충하다	봉창하다	분풀이	뱰풀이
보태주다	덧주다	불도저(bulldozer)	평토기
보트	젓기배	불티	불찌
복어	보가지	붉은 노을	불거리
복합법	합침법	브래지어	가슴띠(젖싸개)
볶음밥	기름밥	블라우스(blouse)	양복적삼
볼펜	원주필(圓珠筆)	비동맹국 (非同盟國)	쁠럭불가담국가
부득부득	부적부적	비석(碑石)	비돌
부뚜막(아랫목)	가마목	비스킷	바삭과자
부랑자	꽃제비	비염	코염
부릅뜨다(눈)	흡뜨다	비중	견줌무게
부산을 피우다	설레발을 치다	비활성기체	드문가스
부서지다	결단나다, 마사지다	빈정거리는 투	비양청
부침개	지짐	빙설(氷雪)	얼음눈
북적북적	욱닥욱닥	빙수	단얼음
분무기(噴霧器), 스프레이	뿌무개	빨래 방망이	물방치

남한낱말 ◐	◑ 북한낱말	남한낱말 ◐	◑ 북한낱말
빨리	날래	사탕수수	단수수
빼어 닮은	먹고닮은	사팔눈	뻴눈
뼈다귀	벽다귀	산꿀	산청
삐삐	주머니종	산란기(産卵期)	알쓸이철, 알낳이철
사계절	사시장철	산란율(産卵率)	알낳이률
사과잼(jam)	사과단졸임	산책길	유보도
사과주스(juice)	사과단물	산책로(散策路)	거님길
사나이답다	사내싸다	살균	균죽이기
사다리꼴	제형	살금살금	발면발면
사례발표	경험교환회	살 빼다	몸깐다
사망률(死亡率)	죽는률	살이 오르는 정도	살비듬
사무직근로자	근로인테리	삼투압(滲透壓)	스밈압력
사보타지	태공	삿대질	손가락총질
사시(斜視)	뻴눈	상당히 괜찮거나 훌륭하다	비슷하다
사실혼(事實婚) 부부	뜨게부부	상류	물우
사이음	파생계단	상여금	가급금
사인(sign)	시누스	상이군인 (傷痍軍人)	영예군인
사장	지배인	상추	부루
사진 인화	사진 깨운다	상호간	호상간

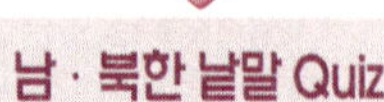

남한낱말 ◐	◑ 북한낱말	남한낱말 ◐	◑ 북한낱말
새빨갛게	빨가빨갛게	석사	준박사
새어머니	후어머니	선반	당반
새우다(밤을)	패다	선배	상급생
새 출발	새잡이	선수촌	체육촌
색다르다	맛다르다	선잠	숫잠
샘의 근원(根源)	샘고	설날 내리는 눈	설밥
생떼	강떼	설명문	알림문
생리통(월경통)	달거리아픔	성숙아	자란아이
생맥주	날맥주	성우(聲優)	배음사
생활필수품	인민소모품	세배(歲拜)	설인사
샤워실	물맞이칸	세차게 때리다	답새기다
샴페인	샴팡	세차게 흐르다	사품치다
샹들리에 (chandelier)	무리등, 장식등	세탁소	빨래집
서랍	빼랍	센터링	중앙으로 꺾어차기
서로 엇갈려 지나가다	사귀다	셋방살이	동거살이
서명(署名)하다	수표(手票)하다	소(沼)	달가니
서브	처넣기	소꿉친구	송아지동무
서술격	조사바꿈토	소라	바다골뱅이
서커스	교예	소매치기	따기군, 사이치기

남한낱말 ◑	◐ 북한낱말	남한낱말 ◑	◐ 북한낱말
소시지	칼파스	수력	물힘
소장(小腸)	가는밸	수면제(睡眠劑)	잠약
소풍(消風)	들모임	수상 스키	물스키
소프라노	녀성고음	수신호(手信號)	손신호
소형택시	발바리차	수양버들	드림버들
속눈썹	살눈섭	수업시간	상학시간
속셈	속구구	수영복	헤염옷
속임수	흐림수	수유실(授乳室)	젖먹임칸
손 뼘	손뽐	수제비	뜨더국
손가방	들가방	수중발레	예술헤염
손님 치르기	일무리	수증기	물김
손도장, 지장(指章)	수장(手章)	수표	돈표, 행표
손아귀	손탁	수학여행	배움 나들이
손을 놀리는 기운	손기	수행	성수
손의 힘이나 기운	손맥	수화	손가락말
손자	두벌자식	수확	가을
손짓	손세	숙면(熟眠)	속잠
솜털	보습털	숙소	초대소
수두룩하게	수둑이	순환도로 (循環道路)	륜환도로

남한낱말 ◐	◑ 북한낱말	남한낱말 ◐	◑ 북한낱말
숨바꼭질	숨기내기	시럽(syrup)	단물약, 진단물
슛	차넣기	시리즈(series)	다부작(多剖作)
스카이라운지	전망식당 (展望食堂)	시발역	처음역
스카프(scarf)	목수건	시원시원하다	우선우선하다
스커트(skirt)	양복치마, 잔주름 치마	시집간	집난이
스크랩북	오림책	시집간 딸	딸집난이
스킨로션	살결물, 물크림	식사를 지음	작식
스타킹	하루살이 양말, 양말바지	식혜(食醯)	밥감주
스타플레이어	기둥선수	신기록 보유자	체육명수
스튜어디스	비행안내원	신기록	새기록
스파이크	순간타격	실격	자격잃기
슬라이딩 태클	미끄러져 빼앗기	실내화	방안신
슬리퍼	끌신	심술	골집
승려	중선생	심지어	지어
승무(僧舞)	중춤	심한 시장기	초기
승수(乘數)	곱하는 수	싱크대(개수대)	가시대
시끄럽게 떠들다	고아대다	싸구려물건	눅거리
시동생	적은이	싸돌아다니다	바라다니다
시디플레이어	레이자전축	싹싹하다	연삽하다

남한낱말 ⟷	⟷ 북한낱말	남한낱말 ⟷	⟷ 북한낱말
쌍기역	된기윽	암기하다	따로 외우다
쌍떡잎	두싹잎	압정	납작못
쓸개, 담낭(膽囊)	열주머니	앙가슴	동가슴
아니꼽다	야시꼽다	애물	애군
아버지	아바이	애연가	담배질군
아이러니	비양	애타다	피타다
아이스크림	어름보숭이	액세서리	치레거리
아이스하키	빙상호케이	앵무새	팔팔아
아직도	상기도	야간경기 (夜間競技)	등불게임
아첨	간씬질	야단법석을 떨다	오구탕을 치다
아파트	고층살림집, 다층 살림집	야맹증	어둠눈
악보	보표	야산(野山)	산잔메
악센트(accent)	세기마루	약수	샘물
악착스럽게	이악하게	양계장	닭공장
안전벨트	걸상끈, 박띠	양로원	양생원
알랑방귀	노죽	양미간	눈허리
알루미늄 도시락	늄각밥	양배추	가두배추
알루미늄 창	늄창	양치질	이닦기
알쏭달쏭	까리까리	양파	둥글파

남한낱말	북한낱말	남한낱말	북한낱말
어근	말뿌리	역반응	거꿀반응
어림없다, 터무니없다	어방없다	연결어	이음말
어림짐작	어방치기	연고(軟膏)	무른고약
어머니	에미	연금(年金)	정기보조금
어묵	튀긴고기떡, 고기떡	연기	내굴
어부(漁夫)	어로공(漁撈工)	연립주택(聯立住宅)	문화주택
어슬렁어슬렁	느실느실	연시(連詩), 연작시(連作詩)	이음시
어업자원	물고기자원	연애결혼	맞혼인
얼간이	엇절이, 미시리	연좌농성(連坐籠城)	앉아버티기
얼떨결에	어망결에	연타(배구)	살짝공
얼음지치기	강타기	연필심	연필알
엉큼한 수단	의뭉수	연해(緣海)	곁바다
에너지	에네르기	열도(列島)	줄섬
에스컬레이터	계단승강기	염색체(染色體)	물들체
에피소드	곁얘기	엽록체	풀색체
여가시간	짬시간	영락없다	락자(落字)없다
여러 쌍둥이	뭇 쌍둥이	영화 각본, 시나리오	영화문학
여편네	에미네	예각	뾰족각
여행	려행	예방	미리막이

남한낱말 ◑	◑ 북한낱말	남한낱말 ◑	◑ 북한낱말
예습(豫習)	미리익힘	옷걸이	옷걸개
예인선	끌선	와이퍼(wiper)	비물딱개
오그라들다	가드라들다	완곡어법	애두름법
오두막	마가리	완전수, 정수(整數)	옹근수
오랜 옛날	고망년	왈가왈부 (曰可曰否)	왈가불가 (曰可不可)
오렌지주스	오렌지 단물	왕따	모서리주기
오븐 레인지 (oven range)	지짐곤로	왕복여비 (往復旅費)	안팎려비
오솔길	소로길	왜가리	왁새
오순도순	도순도순	외래어	들어온 말
오전	낮전	외출복	나들이옷, 갈음옷
오줌통, 방광(膀胱)	오줌깨	요도(尿道)	오줌길
오토바이	모터찌클	요실금(尿失禁)	오줌새기
오프사이드	공격 어김	요행수	까닥수
옥수수	강냉이	우격다짐	욱다짐
옥토	진땅, 건땅	우글우글	오골오골
온갖 시름	만시름	우울증	슬픔증
온음표	옹근소리	우유과자	애기과자
온종일	해종일, 진종일	우유	소젖
올케	오레미	우체통	우편통

남한낱말	북한낱말
운동화	헝겊신
운석	별찌돌
운행표	다님표
울타리	울바자
웅담, 곰의 쓸개	곰열
웅덩이	홈채기
원금(元金), 본전(本錢)	밑자금
원료	밑감
원수(怨讐), 적수(敵讐)	원쑤
원순모음	둥근모음
원양어선	먼바다 고기배
원피스	달린옷, 외동옷, 나리옷
월동준비	과동준비
월식	부분달가림
위기	고스락
위약금(違約金)	어김돈
위통	위아픔
유머	우스개
유모차	애기차

남한낱말	북한낱말
유방암	젖암
유산	애지기
유일무이하다	단벌가다
유정명사 (有情名詞)	활동체명사
유치원	교양원
유치원 보모	보모교양원
육개장	소단고기국
육교	어김다리
육면체	립방체
윤활제(潤滑劑)	미끄럼약
은행원	은행경제사
음각(陰刻)	오목새김
음색	소리빛갈
음절	소리마디
음절끝소리규칙	막힘소리되기
음지	능쪽
음해하다	암해하다
응고(凝固)	엉겨굳기
응급치료	간이치료

남한낱말 ◑	◐ 북한낱말	남한낱말 ◑	◐ 북한낱말
응달	능달	이종사촌(姨從四寸)	이모사촌
응접실(應接室)	손님맞이방, 접대실	이지러진 달(초생달, 그믐달)	갈구리달
의식주(衣食住)	식의주(食衣住)	이탈	탈리
의인법	사람비김법	이해(理解)	료해(了解)
의젓하다	의사스럽다	인력	끌힘
이내, 곧	인차	인삼주	삼로주
이등분점	가운데점	인성(靭性)	질김성
이맛살	골살	인용법	옮김법
이모부(姨母夫)	이모아버지	인주(印朱)	인즙(印汁)
이모작	두벌농사	인칭대명사	사람대명사
이발사	까까쟁이	인화성(引火性)	불당김성
이빨	이발	인화지(印畫紙)	사진종이
이식수술(移植手術)	옮겨붙이기 수술	일개미	로동개미
이엉	나래	일교차	하루차
이웃나라	린방	일대기(一代記)	일생기(一生記)
이유, 근거	쪼간	일식	부분해가림
이자놀이	변놀이	일어서다	일떠서다
이정표	리정표	일조량	해쪼임량
이제	인차	임기응변	경우맞춤

남한낱말 ◑	◑ 북한낱말	남한낱말 ◑	◑ 북한낱말
임신하다	태앉다	잔소리꾼	잔말쟁이
임진왜란 (壬辰倭亂)	임진조국전쟁	잔소리	진소리
입구, 어구	고입	잘못된 말	빗말
입덧	입쓰리	잠수교(潛水橋)	잠김다리
입주권	입사권	잠수부	무잠이
자기 수양	자체수양	잡곡밥	얼럭밥
자기 스스로	자기절로	장구벌레	곤두벌레
자수(刺繡)	수놓이	장난감	놀이감
자습	자체학습	장단	길이마루
자신감	자신심	장단점(長短點)	우단점(優短點)
자연 자원	자연부원	장모	가시어머니
자유투	벌넣기	장바구니	장구럭
자유형(수영)	뺄헤염	장신구	치레거리
작거나 적은 물건	새알꼽재기	장아찌	자짠지
작살	뭇대	장인	가시아버지
작은 손도끼	좀도끼	장학사	교학(敎學)
작은어머니, 숙모 (叔母)	삼촌어머니	장화	비신
작전 타임	분간휴식 (分間休息)	재고품	체화품
잔돈	부스럭돈, 사슬돈	잼	단졸임

남한낱말 ⬅	➡ 북한낱말
쟁기	가대기
저마다	저마끔
적립금(積立金)	세운돈
전광판(電光板)	전기신호판
전구	불알(전등알)
전기 드릴	전기송곳
전기 면도기	전기면도칼
전기 믹서기	전기분쇄기
전기 밥솥	전기밥가마
전당포	편의금고
전병(煎餅), 비스킷	바삭과자
전설모음	앞모음
전시물	직관물
전조등(前照燈)	앞등
전지(全紙)	옹근장
전화 교환수	전화수
절도범	훔친범
절이다	절구다
점퍼(jumper)	외투저고리

남한낱말 ⬅	➡ 북한낱말
점프 볼(농구)	조약공
점프력	조약력
접두사	앞붙이
접미사	뒤붙이
접사	덧붙이
접영	나비헤엄
접착제	붙임풀
젓가락	저가락
정비례	바른비례
정사각형	바른사각형
정수	옹근수
정수리	꼭두
정신을 잃다	얼이치다
제동장치(制動裝置), 브레이크	정거대
제비꽃	씨름꽃
제왕절개 수술(帝王切開手術)	애기집가르기
제자리걸음	선자리걸음
제초제	풀약
젤리	단묵

남한낱말 ◐	◑ 북한낱말
조각, 쪼가리	쪼박
조사, 어미	토
조사(助詞)	체언토
조생종(早生種)	올종, 극올종
조선(造船)	배무이
조약돌	조막돌
조준	묘준
조회	아침모임
족발	발족찜
졸망졸망한 조무래기	졸망구니
좁쌀	새알꼽재기
종아리	종다리
종종	두산두간
종착역	마감역
좌천되다	내리먹다
주름살	주글살
주름치마	양산치마
주먹다짐	주먹방망이
주먹밥	줴기밥

남한낱말 ◐	◑ 북한낱말
주민등록증	공민증
주발 뚜껑	보깨
주방	부엌방
주스(과일)	단물(과일단물)
주식시장 (株式市場)	주권시장 (株券市場)
주유소(注油所)	연료공급소
주장	기둥선수
주저앉다	퍼더앉다
주차장	차마당
주책없다	개채없다
준설공사 (浚渫工事)	준첩공사
줄곧 내리는 비	노박비
줄달음	장달음
중소기업 (中小企業)	중세소업 (中細小業)
중앙난방	구획난방
쥐가 오르는 것 (경련)	쥐살
쥘부채	접부채
즉시	대미쳐
증류수	김물

남한낱말 ◑	◐ 북한낱말	남한낱말 ◑	◐ 북한낱말
증인(證人)	증견자(證見者)	짙은 화장	진단장
지게 작대기	작시미	짚검불	짚갈비
지긋하다	지숙하다	짜개진 틈	서리짜개미
지난달	간달	짝사랑	외짝사랑
지난번	간번	짧다	짜르다
지능	지수골	짧은 틈을 타서 자는 잠	쪽잠
지문(指紋)	손가락무늬	쪽배	매생이
지시대명사	가리킴대명사	찌개	남비탕, 지지개
지퍼	쪼르로기	찐 밥	떨렁밥
지하도(地下道)	땅속건늠굴길	차양(遮陽)	그늘지붕
지하수	땅속물	찬합	달개동이
직무유기죄(職務遺棄罪)	직무부집행죄	참견	간참
진정제	가라앉힘약	참견하다	간참하다
진찰	검병	참조기	노랑조기
질경이(식물)	길짱구	창의성	창의성
질척하다	즈분하다	창피하다	열스럽다
집 근처	집오래	채소(야채)	남새
집중호우(集中豪雨)	무더기비	채송화	따꽃
징검다리	다리돌	책상다리	올방자

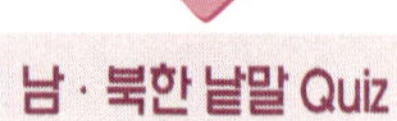

남한낱말 ◐	◑ 북한낱말	남한낱말 ◐	◑ 북한낱말
처가	가시집	치석(齒石)	이돌
처녀	에미나이	치약	이닦기약
처음	초시기	치통(齒痛)	이쏘기
천연두	역신	침대시트	하불
천연자원 (天然資源)	자연부원	침엽수림	바늘잎나무숲
철새	계절조	카스텔라	설기과자
첩(妾)	곁마누라	칸막이	새막이, 간벽
청소차	위생차	칼라	목달개
초등학교	인민학교	캐러멜	기름사탕
초인종(招人鐘), 벨(bell)	전기종	캐비닛(cabinet)	까비네트
초죽음	초벌죽음	캠퍼스	뜰
촌뜨기	촌바우	캠페인	깜빠니아(러)
총알받이	과녁받이	커튼	창가림막, 창문주름막(창문보)
축약	소리줄이기	컨테이너 (container)	짐함, 뒤주차
출신성분	가정성분	컬러텔레비전	색떼레비
출입문	나들문	컴퓨터	전자계산기
충동질	든장질	컵(Cup)	고뿌
측력계	힘재개	케이오(KO)	완전넘어지기
치사량(致死量)	죽는량	코고는 소리	코나발

남한낱말 ◑	◐ 북한낱말	남한낱말 ◑	◐ 북한낱말
코너킥	구석차기, 모서리차기	탈구(脫臼), 탈골(脫骨)	뼈어김
코르셋	몸매띠	탈락	삐지기
코미디	웃음극	탈력	튈 힘
코뿔소, 무소	서우(犀牛)	탈의실	옷벗는 칸
코치	지도원	탬버린	탐부린
콘택트렌즈	접촉안경	터널	차굴
콜드크림	기름크림	터무니없다	탁없다
콧등	코허리	턱짓	턱질
쾌속정	고속도선	털외투	털슈바
크고 우람하게	거연히	텃새	머물새
큰 걱정	된 걱정	텅스텐	월프람
큰 물결	물 멀기	테마	쩨마
큰 풍년	어거리풍년	텔레비전 채널	떼레비 통로
클로즈업	큰 보임새	텔레비전	떼레비
타이어(tire)	다이야	토요일	문화일
타이트스커트 (tight skirt)	좁은 통치마	토혈(吐血)	피게우기
탁상공론 (卓上空論)	지상공론(紙上空論), 빈말공부	톱니바퀴	이바퀴
탁아소(託兒所)	애기궁전	퇴비	풀거름
탈곡	낟알털이	투사지	비침종이

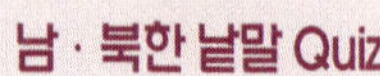

남한낱말 ◑	◑ 북한낱말	남한낱말 ◑	◑ 북한낱말
투수	넣는 사람	판정승(判定勝)	점수이김
투피스	동강옷, 나뉜옷	팔레트(미술)	갤판
튀김과자	기름과자	팔방미인 (八方美人)	사방미인 (四方美人)
튀김	튀기	팔삭둥이	여덟달내기
튜브(tube)	속고무	팝콘	강냉이 튀기
트랙터(tractor)	뜨락또르(러)	팥고물	팥보숭이
트랜지스터라디오	반도체라지오	패스(pass, 축구)	련락
트럼프, 카드놀이	주패(主牌)	패스워드 (password)	통과암호
트레일러	도레라	팬티스타킹	양말바지
틀림없다	거의없다	페널티킥	11메타 벌차기
파고(波高)	물결높이	펜싱	격검
파마머리	볶음머리	평균대운동	가름운동
파스텔	그림분필	평서문	서술문
파스텔화	분필그림	평순 모음	길쭉 모음
파이프 오르간	판 풍금	평야지대	벌방지대
파일 북	종이끼우개	평영	가슴헤엄
파지	헌종이	평행봉	목봉(木棒)
판가름	판가리	폐쇄주의	관문주의
판다 곰	참대곰	폐음절	닫힘마디

남한낱말 ○	○ 북한낱말	남한낱말 ○	○ 북한낱말
포대기	띠개	피나는 노력	피타는 노력
포복	배밀이	피똥	홍쩌
포스터(poster)	선전화(宣傳畵)	피뢰침(避雷針)	벼락촉
포환던지기	철추던지기	피망(piment)	사자고추
폭로되다	팔가지다	피투성이	피자박
폭로하다	까밝히다	필드하키	지상호케이경기
표절(剽竊), 도작(盜作)	도적글	필터담배	려과담배
표준어(標準語)	문화어(文化語)	필통	필감통
푹 수그리다	직수그리다	하마(동물)	물말
푹자는 잠	통잠	하복(夏服)	여름살이옷
품질이 낮은 쌀	산따다기	하찮은 물건	짜드라기
풍경(風磬)	바람종	하프 타임 (half time)	구간시간
풍치(風齒)	바람이	학과장	강좌장
프라이팬(frypan)	뽁음판, 지짐판	학습지도안	학습제강
프롤로그	머리이야기	한꺼번에 크게 몰아쉬는 숨	모두숨
프리킥	벌차기	한꺼번에	단꺼번에
플라타너스	방울나무	한낮	중낮
피겨스케이팅	휘거	한밤중	재밤중
피곤	곤기(困氣)	한약(韓藥)	동약(東藥)

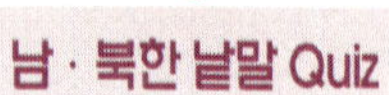

남한낱말 ◑	◑ 북한낱말	남한낱말 ◑	◑ 북한낱말
한의사	동의사	향토 음식점	특산물식당
한의학	동의학(東醫學)	허기(증)	초기(증)
한지	조선종이	허술한 초가집	초가마가리
한평생	한당대	허우대	키대
할아비	하내비	허파, 폐(肺)	숨주머니
합병증	따라난병	허풍	꽝포
합선(合線)	줄닿이	허풍쟁이	꽝포쟁이
합성어	합친말	헛걸음	공걸음
해녀, 잠수부	무잠이	헛소리	가을뻐꾸기소리
해독제	독풀이약	헤딩 슛	머리받아 넣기
해마(동물)	바다말고기	헤어드라이어	건발기, 머리건조선풍기
해수욕(海水浴)	바다물미역	헬리콥터	직승기(直昇機), 직승비행기
해열제	열내림약	헹가래	헤엄가래
해조류	바다나물	현(弦)	활줄
해초	바다풀	현상지	깨움 종이
핸드폰, 휴대전화	손전화	현악기	줄악기
핸들링	손다치기	혈안이 되다	피눈이 되다
핸들	조향륜(操向輪)	혈액순환	피돌기
햄버거	고기겹빵	혈액형	피형

남한낱말 ◑	◑ 북한낱말	남한낱말 ◑	◑ 북한낱말
협심증	가슴조임증	횡단보도	건늠길
형광등(螢光燈)	반디빛등	횡재하다	호박을 잡다
형부(兄夫)	아저씨	효과를 내다	은을 내다
형언하기 어렵다	이름 못하다	훌라후프	돌림틀
형태소	형태부	휴머니즘	구마니즘
호(弧)	활등	휴양소(休養所)	정양소(靜養所)
호응	맞물림	흔들림이 없다	드팀없다
호주머니	더부치	흙벽돌	토피
혼영(混泳)	섞음헤염	흰쌀밥	입쌀밥
홀딩(배구)	머물기		
홍당무	홍무		
홍시(紅柿)	물렁감		
홑이불	하블		
화물 열차	짐렬차		
화장실	위생실		
화장지	위생종이		
화톳불	우등불		
활엽수	넓은잎나무		
회전문	도는문		

시리즈 퀴즈

Quiz

여러가지 퀴즈들 중 공통점과 차이점을 비교 분석하여 같은 유형별로 묶어놨기 때문에 활용 가치과 높다.

[IQ 시리즈]

Questions	Answers
IQ 30 이 생각하는 산토끼의 반대말은?	끼토산
IQ 60 이 생각하는 산토끼의 반대말은?	집토끼
IQ 80 이 생각하는 산토끼의 반대말은?	죽은 토끼
IQ 100 이 생각하는 산토끼의 반대말은?	바다 토끼
IQ 120 이 생각하는 산토끼의 반대말은?	판 토끼
IQ 150 이 생각하는 산토끼의 반대말은?	알칼리 토끼
IQ 200 이 생각하는 산토끼의 반대말은?	바다거북이

[강물 시리즈]

Questions	Answers
당신이 강물에 빠지면(70년 대)?	입만 뜬다(입이 가벼워)
당신이 강물에 빠지면(80년 대)?	엉덩이만 뜬다(물고기와 얘기)
당신이 강물에 빠지면(90년 대)?	물고기가 뜬다(얘기하던 물고기가 질려서)
당신이 강물에 빠지면(2천년 대)?	손만 뜬다(채팅 또는 문자 서비스 입력하려고)

[개 시리즈]

Questions	Answers
사람이 개와 달리기 시합을 해서 비기면?	개 같은 놈
사람이 개와 달리기 시합을 해서 사람이 이기면?	개보다 더한 놈
사람이 개와 달리기 시합을 해서 사람이 지면?	개보다 못한 놈

[나라 시리즈 Ⅰ]

Questions	Answers
가스가 가장 많이 나는 나라?	부탄
가장 꾀가 많은 나라?	수단
걸어 다니는 사람들이 가장 많은 나라는?	인도
경찰서가 가장 많이 불타는 나라는?	불란서
광부들이 많이 사는 나라?	케냐
국민들이 가장 거만한 나라는?	오만
굶는 사람이 많은 나라는?	헝가리
길거리에 소가 가장 많은 나라는?	우(牛)간다
다른 나라사람들보다 코가 유독 뾰족한 나라는?	모나코
다른 사람들보다 팔이 더 많은 사람들이 모여 사는 나라는?	네팔

[나라 시리즈 Ⅱ]

Questions	Answers
때리는 사람들만 사는 나라는?	칠레
세계에서 가장 큰 코를 가진 사람이 사는 나라는?	멕시코
싸움을 즐겨 하는 나라는?	칠레
앞으로 가나 뒤로 가나 똑같은 나라는?	스위스
애주가가 가장 많은 나라는?	호주(好酒)
올림픽 종목 중 권투에서 금메달을 가장 많이 획득하는 나라는?	칠레
옷을 가장 잘 해 입고 다니는 나라는?	가봉
이 세상에서 가장 큰 핀을 가진 나라는?	필리핀
인도 땅덩어리보다 꼭 4배가 더 큰 나라는?	인도네시아
차도가 없는 나라는?	인도

Questions	Answers
처녀가 가장 많이 사는 나라는?	뉴질랜드
코는 코인데, 숨쉬지 못하는 코를 가진 나라는?	멕시코
투수가 가장 싫어하는 나라는?	칠레

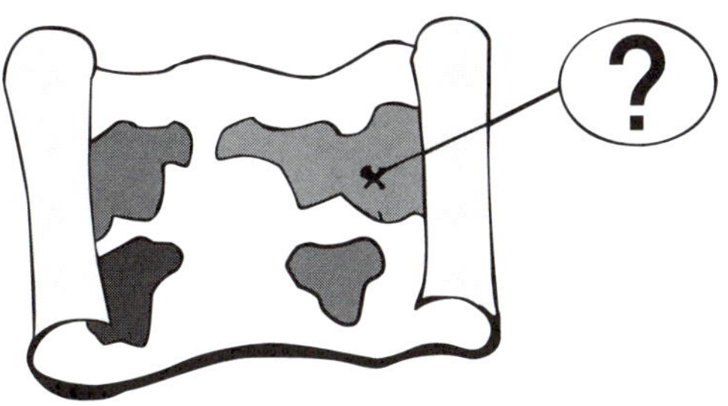

[닭 시리즈]

Questions	Answers
닭 중에서 가장 비싼 닭은?	코스닥(닭)과 나스닥(닭)
닭 중에서 가장 빠른 닭은?	후다닥(닭)
닭 중에서 가장 야한 닭은?	홀딱(닭)
닭 중에서 가장 잘 사는 닭 두 마리는?	코스닥(닭)과 나스닥(닭)
닭 중에서 가장 힘 없는 닭의 이름은?	꼴까닥
닭이 뛰어가다 벽에 부딪혔다를 두 자로 하면?	닭 꽝
세상에서 가장 성질이 급한 닭은?	꼴까닥

[대학 시리즈]

Questions	Answers
서울에 있는 대학은?	서울대
서울에서 상당히 먼 대학은?	서울상대
서울에서 약간 먼 대학은?	서울약대
서울에서 제법 먼 대학은?	서울법대

[도시 시리즈]

Questions	Answers
가장 바쁘게 살아가는 도시는?	부산
가장 큰 도시는?	거창
강과 언덕이 많은 도시는?	강릉
고물장수가 가장 좋아하는 도시는?	구리시
날마다 욕이 달라지는 해외의 도시는?	뉴욕
무서운 동물이 살았던 예전의 도시는?	이리(익산)
물이 많은 도시는?	수원
바다 고기가 많은 도시는?	대구
보석을 많이 갖고 있는 도시는?	진주
성스러운 남자들이 많은 도시는?	성남

Questions	Answers
술 먹고도 돈 내지 않을 수 있는 도시는?	공주(公州. 공짜 술)
쓸쓸하기만 하는 도시는?	여수
야채 장수가 가장 싫어하는 해외의 도시는?	시드니
양복을 가장 잘 맞추는 도시는?	안성
어린이들이 많이 사는 도시는?	삼척
와글와글 시끄러운 도시는?	부산
임금의 딸이 사는 도시는?	공주
초상난 도시는?	곡성
크기가 세 자(尺) 밖에 안 되는 도시는?	삼척
큰 싸움이 많은 도시는?	대전
항상 달리기 시합이 열리는 도시는?	경주

[돌 시리즈]

Questions	Answers
내가 바다에서 잠수했다가 머리를 내밀면?	환상의 섬
네 머리와 내 머리가 나란히 있으면?	돌과 컴퓨터
당신 앞에 있는 돌을 당신이 집어 들면?	자기성취
당신 앞에 있는 돌을 부숴 버리면?	자기파멸
당신과 당신 아들이 함께 보고 있는 신문은?	석간신문
당신의 머리 위에 두 개의 돌을 포개 얹으면?	삼층석탑
당신의 머리 위에 또 머리가 있으면?	맷돌
당신의 머리 위에 새 두 마리가 앉으면?	일석이조
당신의 머리가 바다에 빠지면?	바위섬
당신의 머리를 때리는 사람의 직업은?	석공

[돌 시리즈]

Questions	Answers
당신의 머리를 바다에 던지면 내가 하는 일은?	간척사업
당신의 머리를 흐르는 시냇물에 집어넣으면?	징검다리
당신의 머리에 꽃을 꽂으면?	돌 위에 핀 꽃
당신의 머리에 돌이 부딪치면?	부싯돌
당신의 머리에 열이 나면?	온돌
당신의 신체 중에서 가장 생명력이 강한 것은?	머리카락 (돌을 뚫고 나오니까)
당신이 길을 가다 굴러다니는 돌을 주워 들면?	자기발견
당신이 돌 두 개를 양손에 나눠 들고 있으면?	삼위일체
당신이 돌 하나를 집어서 던지면?	자기학대
당신이 돌의 질을 따지면?	자아비판

[돌 시리즈]

Questions	Answers
당신이 무덤 앞에 서 있으면?	비석
당신이 바위 옆에서 사진을 찍으면?	가족사진
당신이 입에 나무젓가락을 물면?	돌도끼

[동네 시리즈]

Questions	Answers
가장 긴 동네는?	길음동
가장 깨끗하고 좋은 물을 먹고사는 동네는?	성수(聖水)동, 옥수(玉水)동, 냉천(冷天)동
가장 발전한 동네는?	개화동
가장 살기 좋은 동네는?	낙원동
가장 시원한 동네는?	청량리
가장 역사가 깊은 동네는?	사근동
가장 찬 물이 나오는 동네는?	냉천동
거지들이 좋아하는 동네는?	적선동
건강한 사람들이 사는 동네는?	약수동
경찰들이 날마다 수색하는 동네는?	수색동

[동네 시리즈]

Questions	Answers
공무원은 살 수 없는 동네는?	장사동
공해가 없는 동네는?	천연동
구겨진 옷을 다시 펴주는 동네는?	대림동
국수 가게가 가장 많은 동네는?	가락동
극장이 가장 많이 있는 동네는?	개봉동
늘 공부는 않고 놀기만 하는 동네는?	방학동
늘 화가 나 있는 동네는?	성내동
다툼이 끊이지 않는 동네는?	대치동
대구에서 미술 대학생이 가장 많이 사는 동네는?	미대동
대문을 둘씩 두고 사는 동네는?	쌍문동

[동네 시리즈]

Questions	Answers
두 동네 사람이 함께 모여 사는 동네는?	이촌동
따뜻한 물만 먹고사는 동네는?	온수동
땅 값이 가장 싼 동네는?	일원동 또는 삼전동
맛있는 음식만 먹고사는 동네는?	자양동
매일같이 제사만 지내는 동네는?	사당동
무신론자가 많은 동네는?	무교동
문을 두 개 이상 못내는 동네는?	이문동
미국의 카우보이가 서울에 오면 가장 먼저 찾아가는 동네는?	목동
미녀만 사는 동네는?	가희동
부모님들이 좋아하는 동네는?	효자동

[동네 시리즈]

Questions	Answers
붓으로 글씨를 쓰며 공부하는 동네는?	묵동
새로 생긴 동네는?	신설동
성인과 군자만 사는 동네는?	군자동
소금창고가 많은 동네는?	염창동
소방서가 꼭 있어야 하는 동네는?	방화동
수돗물만 먹고사는 동네는?	상수동
시청에서 가장 먼 곳에 있는 서울동네는?	만리동
실망스럽고 기쁜 나쁜 동네는?	제기동
실수투성이인 사람만 사는 동네는?	면목동
싸움이 없는 동네는?	낙원동

[동네 시리즈]

Questions	Answers
아기가 있는 사람은 살기가 힘든 동네는?	미아동
아이들만 사는 동네는?	동자동
양복점이 많은 동네?	신사동
언론인이 많이 사는 동네는?	기자촌
영원한 맞수인 동네는?	냉천동과 불광동
예의 바른 사람들이 모여 사는 동네는?	인사동
잘못을 많이 저질러 얼굴을 못 들고 다니는 사람들이 사는 동네는?	면목동
주로 의사들이 많이 사는 동네는?	청진동
천 가구만 사는 동네는?	천호동
치한이 없는 동네는?	신사동

[동네 시리즈]

Questions	Answers
학생들이 가장 좋아하는 동네는?	방학동

[둘리 시리즈]

Questions	Answers
둘리가 가장 좋아하는 부침개는?	일억년전
둘리가 가장 좋아하는 섬은?	저리봐도
둘리가 싫어하는 역은?	길동역
둘리가 입학한 고등학교는?	요리보고
둘리가 전학간 고등학교는?	조리보고
둘리가 졸업한 고등학교는?	빙하타고

[방귀 시리즈]

Questions	Answers
방귀를 11글자로 늘여서 말하면?	꽁보리밥의 이유 없는 반항
방귀를 1글자로 줄여서 말하면?	뽕
방귀를 2글자로 말하면?	방귀
방귀를 3글자로 늘여서 말하면?	똥트림
방귀를 4글자로 늘여서 말하면?	가죽피리
방귀를 5글자로 늘여서 말하면?	가죽피리 뽕
방귀를 6글자로 늘여서 말하면?	냄새나는 소리
방귀를 7글자로 늘여서 말하면?	쌍바위골의 비명
방귀를 8글자로 늘여서 말하면?	쌍바위골의 큰 하품
방귀를 9글자로 늘여서 말하면?	내적 갈등의 외적표현

Questions	Answers
방귀에 대한 심리학자의 표현은?	내적 갈등에 대한 외적 표현
방귀에 대한 씨름선수의 표현은?	밀어내기 한판
방귀에 대한 음악가의 표현은?	작은창자 작사, 큰창자 작곡, 항문이 노래하는 가죽피리는 왜 우는가?

[북한 전구 시리즈]

Questions	Answers
북한에선 **가로등**을 무엇이라 할까?	왕불알
북한에선 **백열전구**를 뭐라고 할까?	불알 (불이 켜지는 알맹이)
북한에선 형광등은 뭐라고 할까?	긴불알
북한에선 **꼬마전구**(스타트 전구)를 뭐라고 할까?	씨불알
북한에선 호텔 로비에 켜있는 **샹들리에**를 뭐라고 할까?	떼불알

[사오정 시리즈]

Questions	Answers
사오정 나라의 국기는?	보청기
사오정 나라의 뛰어난 말은?	잘안들리는고마
사오정 나라의 바다는?	다시말해
사오정 나라의 숲은?	안들림
사오정을 7자로 늘이면?	보라색 쭈글탱이
사오정의 생일은?	안들린데이
사오정의 출신 고등학교는?	뭐라고
사오정의 출신 대학교는?	뭔대
사오정의 출신 중학교는?	듣고있는중
사오정의 출신 초등학교는?	뭐라는교

[사오정 시리즈]

Questions	Answers
사오정이 깔고 자는 요는?	뭐라구요
사오정이 부르는 동요는?	뭐라고요
사오정이 사는 나라는?	귀뚜러나라(귀 뚫어 놔라)
사오정이 사는 도시는?	뭐땀시
사오정이 싫어하는 동물은?	뭐라고했쥐
사오정이 전학간 중학교는?	고민중
사오정이 즐겨먹는 아이스크림은?	다시말해바
사오정이 진행하는 쇼의 제목은?	뭐라굽쇼
사오정이 타고 다니는 나룻배은?	잘안들리는가배
사오정이 타는 배를 젓는 노는?	뭐라카노
사오정이 태어난 날과 시간은?	사월 오일 정오

[4자성어 시리즈]

Questions	Answers
개가 사람을 가르친다의 뜻을 가진 4자성어는?	개인지도
고생을 진탕하고 나면 감기 몸살이 온다의 뜻을 가진 4자성어는?	고진감래
구차하게 사는 한 평생의 뜻을 가진 4자성어는?	구사일생
군대에서는 계급이 일단 학력보다 우선이다의 뜻을 가진 4자성어는?	군계일학
글씨 못쓰는 사람들을 위해 대서소가 특히 필요하다의 뜻을 가진 4자성어는?	대서특필
남자가 존재하는 한 여자는 비참하다의 뜻을 가진 4자성어는?	남존여비
남자나 여자나 모두 등이 평평하다의 뜻을 가진 4자성어는?	남녀평등
노란 당근이 무게가 더 나간다의 뜻을 가진 4자성어는?	황당무계
노총각, 노처녀가 맞선 보러 갈 때 타는 버스의 뜻을 가진 4자성어는?	노선버스
도둑질을 잘하려면 포복을 잘해야한다의 뜻을 가진 4자성어는?	포복절도

[4자성어 시리즈]

Questions	Answers
동쪽문을 닫으면 서쪽문이 답답하다의 뜻을 가진 4자성어는?	동문서답
모든 일은 형(선배)을 통해서 한다의 뜻을 가진 4자성어는?	만사형통
박사와 학사는 밥을 많이 먹는다의 뜻을 가진 4자성어는?	박학다식
발기는 본래 색(色)의 근원이다의 뜻을 가진 4자성어는?	발본색원
불이 나면 보험금으로 오히려 더 부자가 된다의 뜻을 가진 4자성어는?	불로소득
붉은 길에 떨어져 있는 동전의 뜻을 가진 4자성어는?	홍길동전
비가 오는 날에는 환자가 없다의 뜻을 가진 4자성어는?	유비무환
사정과 형편에 따라 선택하고 고른다의 뜻을 가진 4자성어는?	사형선고
새처럼 옹졸하게 지랄하지 마라의 뜻을 가진 4자성어는?	새옹지마
술과 커피는 안 팝니다의 뜻을 가진 4자성어는?	주차금지

[4자성어 시리즈]

Questions	Answers
쓰리고를 했을 때에는 초단을 조심하라의 뜻을 가진 4자성어는?	삼고초려
아내와 남편의 부부싸움의 뜻을 가진 4자성어는?	아편전쟁
아버지가 전씨면, 아들도 전씨의 뜻을 가진 4자성어는?	부전자전
오리도 지랄하면 날 수 있다의 뜻을 가진 사자영어(?)는?	오리지날
옷을 홀딱 벗은 남자의 그림의 뜻을 가진 4자성어는?	전라남도(全裸男圖)
요강에 조용히 앉아 있는 숙녀의 뜻을 가진 4자성어는?	요조숙녀
요리조리 숙련된 여자의 뜻을 가진 4자성어는?	요조숙녀
원한과 앙심이 많은 부부의 뜻을 가진 4자성어는?	원앙부부
이가 아파 열 나면 병원 가서 치료한다의 뜻을 가진 4자성어는?	이열치열
임금님 앞에서는 침을 뱉어선 안 된다의 뜻을 가진 4자성어는?	임전무퇴

[4자성어 시리즈]

Questions	Answers
임신한 여자가 중이 되어 절에 들어간다의 뜻을 가진 4자성어는?	임신중절
자신 없는 일은 포기하고, 자신 있는 일은 기분 좋게 하라의 뜻을 가진 4자성어는?	자포자기
절간에 세 들어 사는 아름다운 처녀의 뜻을 가진 4자성어는?	절세미녀
조그만 일에도 강짜를 부리고 지랄하는 아내의 뜻을 가진 4자성어는?	조강지처
조기 족구회에 나가 족구하고 지랄하다 피를 본다의 뜻을 가진 4자성어는?	조족지혈
좌우지간에 불고기는 안심을 석쇠에 구워야 맛있다의 뜻을 가진 4자성어는?	좌불안석
죽치고 마주 앉아 고스톱 치는 친구의 뜻을 가진 4자성어는?	죽마고우
천 번 고약한 짓을 하면 손과 발이 마비된다의 뜻을 가진 4자성어는?	천고마비
천 번 봐도 재수 없고, 지금 봐도 변함없는 사람의 뜻을 가진 4자성어는?	천재지변
편식과 집착은 위암의 원인 된다의 뜻을 가진 4자성어는?	편집위원

[4자성어 시리즈]

Questions	Answers
하늘에 고약한 짓을 하면 온 몸이 마비된다의 뜻을 가진 4자성어는?	천고마비
한 명의 야당정치인과 두 명의 여당정치인의 뜻을 가진 4자성어는?	일석이조(한 명의 돌대가리와 두 명의 새대가리).
현저하게 엉덩이 모양이 양쪽으로 처진 사람의 뜻을 가진 4자성어는?	현모양처

[쇠 시리즈]

Questions	Answers
모진 풍파에도 끄떡없이 가정을 지키라는 강인한 쇠는?	무쇠
아내가 화를 내고 짜증을 부려도 그저 둥글둥글하는 쇠는?	굴렁쇠
아내의 단점이나 잘못은 절대 말하지 않는 철통 같은 쇠는?	자물쇠
아내의 마음이 닫혀있을 때 언제나 활짝 열어주는 쇠는?	만능열쇠
알아도 모른척하는 쇠는?	모르쇠
일하거나 돈을 벌 때 개미처럼 부지런한 쇠는?	마당쇠
잠자리에서 변함없이 강한 쇠는?	변강쇠
친구들과 밖에서 어울릴 때, 돈 한 푼 쓰지 않는 쇠는?	구두쇠

[식인종 시리즈]

Questions	Answers
식인종 마을에 잡혀온 백인을 보며 추장은 뭐라 했을까?	더 익혀!
식인종 마을에 잡혀온 흑인을 보며 추장은 뭐라 했을까?	이건 타도 너무 탔군!
식인종 아내가 자식을 낳고 남편에게 무엇이라고 할까?	식기 전에 드시죠?
식인종 아버지가 형제간에 발로 차며 싸우는 것을 보면 무슨 말을 할까?	먹는 거 발로 차면 안 돼!
식인종에게 기내식 메뉴판을 보여주면 무슨 말을 할까?	승객명단 주시오
식인종은 갓난아기를 무엇이라 할까?	햅쌀
식인종은 교도소를 무엇이라 할까?	불량식품 저장소
식인종은 기차를 무엇이라 할까?	김밥
식인종은 뚱뚱한 사람이 간장독에 빠진 걸 보면 무엇이라 할까?	돼지장조림이다
식인종은 목욕탕을 무엇이라 할까?	컵라면

[식인종 시리즈]

Questions	Answers
식인종은 비행기를 무엇이라 할까?	통조림
식인종은 사이비 종교를 무엇이라 할까?	빛 좋은 개살구
식인종은 아우슈비츠 가스실을 무엇이라 할까?	가스레인지
식인종은 엘리베이터를 무엇이라 할까?	자동판매기
식인종은 유엔 총회를 무엇이라 할까?	비빔밥
식인종은 음식점을 무엇이라 할까?	사료 판매점
식인종은 임산부를 무엇이라 할까?	고기만두
식인종이 공무원을 보면 무엇이라 할까?	정부미
식인종이 교도소 안에 있는 사람을 보면 무슨 말을 할까?	불량식품
식인종이 길가에 피를 흘리고 쓰러져 있는 사람을 보고 무엇이라고 할까?	웬 핫도그야

[식인종 시리즈]

Questions	Answers
식인종이 등에 업은 아기요금까지 내라는 버스 기사에게 뭐라 했을까?	도시락도 요금 받아?
식인종이 목욕탕의 탕 속에 있는 사람들을 보면 무슨 말을 할까?	누가 내 밥에 물 말았어?
식인종이 사람을 잡으면 가장 먼저 먹는 부분은?	코(잼이 있어서)
식인종이 신입생을 보면 무엇이라 할까?	햅쌀
식인종이 아파트를 보면 무엇이라 할까?	종합 선물세트
식인종이 자동차를 보면 무엇이라 할까?	통조림
식인종이 회사원을 보면 무엇이라 할까?	일반미

[아리송해 시리즈]

Questions	Answers
아리송해를 독일말로 하면?	애매모호
아리송해를 아프리카말로 하면?	긴가민가
아리송해를 일본말로 하면?	아리까리
아리송해를 중국말로 하면?	꺄우뚱
아리송해를 프랑스말로 하면?	알송달송

[엉덩이 시리즈]

Questions	Answers
엉덩이 나라에서 내리는 비는?	변비
엉덩이 나라에서 사는 고양이가 우는 소리는?	똥꾸뇨오옹~
엉덩이 나라에서 사는 뱀은?	설사
엉덩이 나라에서 사는 새는?	똥냄새
엉덩이 나라에서 사는 용은?	똥꾸뇽
엉덩이 나라에서 사는 쥐 이름은?	뿌지쥐, 똥누쥐, 똥싸쥐, 뭉개쥐
엉덩이 나라에서 흐르는 냇물은?	똥구린내. 똥찌른내
엉덩이 나라의 개 이름은?	똥개
엉덩이 나라의 개 짖는 소리는?	똥꾸 멍! 똥꾸 멍!
엉덩이 나라의 건강 호흡법은?	변기신공

[엉덩이 시리즈]

Questions	Answers
엉덩이 나라의 검은 망토와 가면을 쓴 정의의 사나이는?	쾌변조로
엉덩이 나라의 고유 전통 음료 이름은?	갈아 만든 똥
엉덩이 나라의 냇물이 모여서 흐르는 강은?	요강
엉덩이 나라의 왕비 이름은?	변비(妃)
엉덩이 나라의 일류학교는?	똥통대학교
엉덩이 나라의 중국집 이름은?	몽고반점
엉덩이 나라의 최고령 할아버지는?	뽀오~옹, 또오~옹(翁)
엉덩이 나라의 충신 이름은?	회충, 요충, 십이지장충, 편충
엉덩이 나라의 회계장부는?	차변은 없고 대변만 존재한다!

[여자 시리즈]

Questions	Answers
거리에서 큰소리로 번데기 사라고 외치는 여자는?	뻔뻔한 여자
날씨가 무더워질수록 남자들이 많이 찾는 여자는?	차가운 여자
눈뜨고 볼 수 없는 여자는?	꿈에 본 여자
배부르고 등 따신 여자는?	등에 아이를 업고 임신한 여자
보아도 보아도 통 알 수 없는 여자는?	보통 여자
색다른 남자와 결혼한 여자는?	국제 결혼한 여자
설사와 변비로 심하게 이중 고통을 받는 여자는?	변심한 여자
수십 년 동안 다방에서 일하는 여자를 부르는 말은?	다방면에서 뛰어난 여자
아이를 낳게 해달라고 백일기도 드리는 여자는?	애원한 여자
엉덩이가 남들보다 훨씬 큼지막한 여자는?	엉큼한 여자

[여자 시리즈]

Questions	Answers
여름에 가장 시원한 여자는?	바람난 여자
올림픽 양궁에서 금메달 딴 여자는?	활기찬 여자
장을 다 보고 집에 들어온 여자는?	볼 장 다 본 여자
장을 보고 카바레에서 춤추는 여자는?	볼 장 다 본 여자
정신병원 놔두고 치과병원으로 가는 여자는?	이상한 여자
추운 겨울인데도 짧은 치마를 입고 다니는 여자는?	철없는 여자

[유부남 시리즈]

Questions	Answers
아버지가 살아 계시는 남자란?	유부남①
유난히 부담 없는 남자란?	유부남②
유사시에 부부가 될 수 있는 남자란?	유부남③

[이름 시리즈]

Questions	Answers
60년대 일본에서 유명했던 흉악범은?	도끼로이마까
70년대 일본에서 유명했던 흉악범은?	깐이마 또까
80년대 일본에서 유명했던 흉악범은?	안깐이마 골라까
90년대 일본에서 유명했던 흉악범 아들은?	빠케쓰로피바다
90년대 일본에서 유명했던 흉악범은?	아문이마 또까
가장 빨리 잠이 드는 가수는?	이미자
고질라는 3형제 중 맏형이었다. 두 동생의 이름은?	중질라, 저질라
기형아 출생이 가장 많은 나라는?	네팔
남 때리기를 잘 하기로 소문난 축구 선수는?	펠레
데모를 가장 많이 하는 나라는?	우간다

[이름 시리즈]

Questions	Answers
러시아에서 피부가 가장 까만 사람은?	시커먼스키
러시아에서 불효막심한 사람은?	애미치네 호로스키
러시아에서 키가 가장 큰사람은?	스카이 푹찔러스키
러시아의 스키 국가대표 주장은?	젤잘타스키
물물교환센터의 주인 이름은?	박구자
미국 대통령 중 늘 바지가 흘러내린 사람은?	루즈벨트(lose belt)
미국에서 가장 많이 먹는 사람은?	다글거머거
미국에서 자전거를 제일 못 타는 사람은?	모타 사이클
베트남에서 가장 유명한 축구선수는?	펑차우
사우디아라비아의 열성적인 교육자는?	하나라도 알라

[이름 시리즈]

Questions	Answers
성경인물 중에서 딸을 가장 많이 낳는 여자는?	막딸라 마리아
세계 최고의 바람둥이는?	섹스피어
세상에서 가장 마른 사람은?	이쑤시개 뒤에 숨어
세상에서 가장 큰 총은?	왕건
소가죽을 입은 황금 벌레를 6글자로 하면?	우피 골드버그
스페인에서 가장 불효막심한 놈은?	아빠이빨 까부려쓰
아라비아에서 가장 무식한 사람은?	모하나 알리
아프리카 최고의 교통전문가는?	다칠~라
여행을 할 때 반드시 돈을 가지고 가야 한다고 주장한 중국학자는?	노자
영국에서 애 낳다가 죽은 여자의 이름은?	다이애나

[이름 시리즈]

Questions	Answers
오랜 봉사활동을 거쳐 빛을 본 사람은?	심봉사
우리나라에서 가장 엽기적인 미용실은?	버르장머리
우리나라에서 방귀를 가장 잘 뀌는 사람은?	가스명수
우리나라에서 잠을 가장 많이 자는 사람은?	고만자
우리나라에서 활을 가장 잘 쏘는 사람은?	활명수
우리나라의 고대 유인원이 모여 살던 곳은?	유인촌
우리나라의 최고의 술꾼은?	노상술
의식주중 살아가는데 식(食)이 가장 중요하다고 주장한 중국학자는?	묵자
이 세상에서 가장 유명한 무스 상표는?	노스트라다무스
이탈리아에서 가장 마른 사람은?	말라깨니아

[이름 시리즈]

Questions	Answers
이탈리아에서 가장 불효막심한 놈은?	애미까고 아비치니
인도 최고의 철학자는?	알간디 모르간디
인도에서 요가를 가장 잘하는 사람은?	꼰 다리 또 꽈
인도에서 요가를 가장 잘하는 사람의 스승은?	안 꼰 다리 골라꽈
일본 수도국장이름은?	무라가와 쓰지마
일본에서 가장 구두쇠인 사람은?	도나까와 쓰지마
일본에서 가장 낚시를 잘하는 사람의 조수는?	미끼사와
일본에서 가장 뚱뚱한 사람은?	산사이도 모까
일본에서 가장 마른 사람은?	비사이로 막가
일본에서 가장 마음이 약한 자매의 이름은?	우야꼬, 우짜꼬

[이름 시리즈]

Questions	Answers
일본에서 가장 방귀를 잘 뀌는 사람은?	아까뀌고 또뀌고
일본에서 가장 부자는?	도느로 미따까
일본에서 가장 유명한 기생은?	오자마자 꼬시자
일본에서 낚시를 가장 잘하는 사람은?	다나까
일본에서 돈이 남아돌아 고민인 사람의 이름은?	수표로 미따까
일본의 돌팔이 의사는?	아까정기 막 발라상
일본의 쩨쩨한 구두쇠는?	겐자히 아끼네
임꺽정이 타고 다니는 자동차는?	으랏차차
중국에서 가장 머리가 나쁜 사람은?	띵해
중국에서 활을 가장 잘 쏘는 사람은?	퉁쏴

[이름 시리즈]

Questions	Answers
중국의 가장 인정이 많았던 학자는?	주자
중국의 무식한 부부가 낳은 세 아들의 이름은?	영몰라, 통몰라, 왕창몰라
차만 타면 코 푸는 사람은?	차이코프스키
투수 박찬호가 가장 싫어하는 사람은?	강타
팥쥐의 깨진 독을 수리해 준 사람은?	독수리 오형제
프랑스에서 가장 무서운 선생님은?	애잘패
프랑스에서 가장 유명한 물장수는?	몽마르냐
프랑스에서 가장 유명한 산부인과 의사는?	애잘빼용
프랑스에서 가장 음탕한 여자는?	샤앙년
프랑스에서 가장 인심 좋은 식당 주인은?	다드숑

[이름 시리즈]

Questions	Answers
프랑스에서 가장 훌륭한 요리사는?	드숑
프랑스에서 대표적인 불효자는?	애밀졸라
프랑스에서 술을 가장 많이 마시는 사람은?	곤드레만드레
필리핀에서 가장 큰 백화점은?	막사라사라
한국 의상계에서 패션을 처음으로 창시한 분은?	의상대사

[전철역 시리즈]

Questions	Answers
23.5도 기울어져 있는 역은?	지축역
구겨진 옷이 내릴 때는 말끔히 펴지는 역은?	대림역
군인들이 싫어하는 역은?	작전역
그만 잊어버려서 미안하게 생각하는 역은?	아차산역
기초적인 바둑을 가르치는 학교가 있는 역은?	오목교역
길 잃어버린 아이들이 모여 있는 역은?	미아역
까치들이 모여 사는 산이 있는 역은?	까치산역
낚시꾼이 좋아하는 역은?	강변역
노사간 분쟁 시 만나야 하는 역은?	대화역
농민 운동가들이 모여드는 역은?	상록수역

[전철역 시리즈]

Questions	Answers
대학도 아닌 역이 대학 근처에서 대학인 척 하는 역은?	낙성대역
데모대가 싫어하는 역은?	대치역
등산객이 좋아하는 역은?	약수역
땅값이 가장 싼 역은?	일원역
마라톤 선수들이 가장 좋아하는 역은?	월계역
맹자, 공자, 노자 등 성인들이 사는 역은?	군자역
무녀들이 좋아하는 역은?	신당역
방송인이 좋아하는 역은?	중계역
범인들이 싫어하는 역은?	수색역
불장난 좋아하는 사람들이 가는 역은?	방화역

[전철역 시리즈]

Questions	Answers
불장난하다 사고 친 역은?	방화역
사냥꾼이 좋아하는 역은?	오리역
상대방의 의견을 꼭 들어주는 역은?	수락역
새로 나온 영화를 볼 수 있는 역은?	개봉역
새벽부터 빈 물통 든 사람들이 몰려드는 역은?	약수역
서울에서 공사비를 가장 저렴하게 지은 역은?	일원역
서울에서 가장 긴 역은?	길음역
성균관대학교에 응시했다가 떨어진 학생들이 가는 역은?	낙성대역
소, 양, 염소가 많은 역은?	목동역
소방관이 싫어하는 역은?	방화역

[전철역 시리즈]

Questions	Answers
수도를 틀어도 석유가 나오는 역은?	중동역
숙녀가 좋아하는 **레이디 퍼스트** 역은?	신사역
스포츠 경기 때마다 바빠지는 역은?	중계역
실수로 자주 내리게 되는 역은?	오류역
아가씨들이 가장 좋아하는 역은?	신사역
아기공룡 둘리가 싫어하는 역은?	길동역
앞에 구정물이 흐르는 역은?	압구정역
양력설을 지내는 역은?	신정역
양치기 소년의 주인공이 사는 역은?	목동역
어떤 여자라도 환영하는 역은?	남성역

[전철역 시리즈]

Questions	Answers
어린이가 싫어하는 역은?	미아역
어린이들이 가면 안 되는 역은?	미아역
여성들이 좋아하는 역은?	남성역
역 3개가 함께 있는 역은?	역삼역
역내 화장실에서 항상 뜨거운 물이 나오는 역은?	온수역
영화감독들이 초조하게 기다리는 역은?	개봉역
영화인이 좋아하는 역은?	개봉역
이산가족의 꿈을 실현하는 역은?	상봉역
일이 산더미처럼 쌓인 역은?	일산역
자수간첩이 좋아하는 역은?	광명역

[전철역 시리즈]

Questions	Answers
장사하는 사람들이 좋아하는 역은?	이문역
젖먹이 아이들이 가장 좋아하는 역은?	수유역
제비족이 좋아하는 역은?	강남역
죽은 이들을 기리기 위해 지은 역은?	사당역
중국인이 좋아하는 역은?	중화역
차를 몰고 가다가 기름이 떨어졌을 때 가는 역은?	길음역(기름역)
친구 따라 가는 역은?	강남역
컵라면을 먹고 싶은 사람들이 가고 싶은 역은?	온수역
타고 있으면 다리가 저린 역은?	오금역
표 검사뿐만 아니라 짐까지 속속들이 검사하는 역은?	수색역

[전철역 시리즈]

Questions	Answers
학교 가기 싫어하는 애들이 가장 좋아하는 역은?	방학역
학생들이 좋아하는 역은?	방학역
협상파가 좋아하는 역은?	대화역

[부모 직업별 성적 올리기 시리즈]

Questions	Answers
구두미화원 아들의 성적 올리는 방법은?	반짝
목욕탕사장 아들의 성적 올리는 방법은?	때를 기다림
백화점사장 아들의 성적 올리는 방법은?	파격적으로
소방관 아들의 성적 올리는 방법은?	불붙기 전에
성형외과의사 아들의 성적 올리는 방법은?	몰라보게
야채가겟집 아들의 성적 올리는 방법은?	쑥쑥
자동차 세일즈맨 아들의 성적 올리는 방법은?	차차
점쟁이 아들의 성적 올리는 방법은?	점점
총알 택시기사 아들의 성적 올리는 방법은?	따블로
한의사 아들의 성적 올리는 방법은?	한방에
합기도관장 아들의 성적 올리는 방법은?	기차게

[추운 시리즈]

Questions	Answers
가장 오랫동안 추운 말은?	춥지롱~
가장 추운 거리는?	춥당께로
가장 추운 고등학교는?	추운고
가장 추운 과일은?	추운감
가장 추운 날은?	춥데이
가장 추운 노래는?	추운가요
가장 추운 노인은?	춥노
가장 추운 당신은?	추워유
가장 추운 대학교는?	춥대
가장 추운 러시아 여자는?	추울쏘냐

[추운 시리즈]

Questions	Answers
가장 추운 북한의 아이는?	춥지에이요
가장 추운 섬은?	추울지라도
가장 추운 아줌마는?	춥네
가장 추운 왕비는?	춥지비
가장 추운 잡지는?	춥지
가장 추운 책은?	추워서
가장 추운 처녀는?	추운걸
가장 추운 총각은?	춥군
가장 추운 침구는?	추워요

[춤 시리즈]

Questions	Answers
가장 기분 좋은 춤은?	안성맞춤
가장 멋없는 춤은?	엉거주춤
가장 보기 싫은 춤은?	주춤주춤
가장 적게 움직이는 춤은?	주춤주춤
고고나 디스코보다 훨씬 더 황홀한 춤은?	입맞춤
사람들 모두가 좋아하는 춤은?	안성맞춤
사람의 목숨을 살릴 수 있는 춤은?	우선멈춤
양식을 먹을 때 추는 춤은?	칼춤
양식을 먹을 때 추는 춤은?	포크댄스
운전하는 사람들이 필수적으로 배워야 하는 춤은?	우선멈춤

[춤 시리즈]

Questions	Answers
자동차 세 대가 지나갈 때 추는 춤은?	차차차
춤 중에서 가장 황홀한 춤은?	입맞춤
항상 같은 표정으로 추는 춤은?	탈춤
화장을 짙게 한 여자가 추는 춤은?	탈춤

[코끼리를 냉장고에 넣는 방법]

Questions	Answers
경찰행정학과는?	닭을 고문하여 코끼리라는 자백을 받고 넣는다.
고고학과는?	얼음에 갇힌 맘모스 화석을 채취하여 얼음 구조물 자체가 고대 문명의 냉장고란 설을 발표한다.
기계설계학과는?	코끼리가 들어가는 냉장고를 만들어 넣는다.
기상학과는?	지구의 평균온도저하, 즉 지구 한랭화설로 지구 전체를 냉장고로 가정한다.
동물행동분석학과는?	타잔의 고함 소리가 나는 스피커를 냉장고 내부에 부착한다.
동양철학과는?	냉장고 속에 내가 들어간 뒤 냉장고 밖은 냉장고 안이고, 냉장고 안은 냉장고 밖이라 생각한다.
문화인류학과는?	코끼리를 죽인 뒤 굿을 해서 그 영혼으로 하여금 냉장고를 사당으로 믿게하여 머물게 한다.
물리학과는?	코끼리를 빛의 속도에 가깝게 하면 코끼리의 길이가 0에 수렴하는데, 냉장고에 들어갈 적당한 길이가 되면 넣는다.
법학과는?	코끼리 집을 **냉장고**라고 부르게하는 법을 제정한다.
생물학과는?	시험관 코끼리를 배양하여 넣는다.

[코끼리를 냉장고에 넣는 방법]

Questions	Answers
서양철학과는?	냉장고 밖에 있는 코끼리를 정(正)이라 하고 빈 냉장고를 반(頒)이라 한 뒤 변증법적 유물론에 합(合)으로 지향한다.
수의학과는?	암코끼리의 자궁을 소형 냉장고로 대체 수술한다.
수학과는?	코끼리를 미분하여 넣는다. 또는 반대로 냉장고를 적분한다.
식품공학과는?	코끼리를 햄으로 가공하여 넣는다.
심리학과는?	관찰자에게 최면을 걸어 코끼리가 냉장고에 들어갔다고 여기게 한다.
약학과는?	관찰자에게 닭이 코끼리로 보일 때까지 특수 약품을 투여하여 약발이 받으면 그때 닭을 냉장고에 넣는다.
연극영화과는?	스티븐 스필버그에게 시킨다.
원자핵공학과는?	입자가속기의 입구에 코끼리를 집어넣고 출구에 냉장고를 연결하여 가속기를 돌린다.
위상수학과는?	코끼리에게 냉장고를 먹인 뒤 코끼리의 입을 뒤집는다.
유아교육과는?	아이에게 강아지를 코끼리라고 가르친 뒤 냉장고에 넣게 한다.

[코끼리를 냉장고에 넣는 방법]

Questions	Answers
유전공학과는?	냉장고에 들어가는 코끼리를 만들어 넣는다
재료공학과는?	고무로 냉장고를 만든다.
천문학과는?	블랙홀을 냉장고 속에 넣고 코끼리를 넣는다.

[티코 시리즈]

Questions	Answers
빨간색 티코를 3글자로 말하면?	깍두기
티코가 고속도로를 달리다가 갑자기 멈춰 선 이유는?	도로 위의 껌을 밟았다
티코가 달리다가 갑자기 부르르 떨게 된 이유는?	핸드폰이 진동으로 되어 있어서
티코가 달리다가 갑자기 심하게 덜덜거리며 흔들린 이유는?	횡단보도 표시 페인트를 넘었다
티코가 잘 달리다가 왜 갑자기 급좌회전을 했을까?	좌회전 표시 화살표를 밟았다
티코가 정신없이 빨리 달리는 이유는?	쪽팔려서, 프라이드처럼 보이려고, 바람이 불어서
하안색 티코를 3글자로 말하면?	각설탕

[티코 점검 10계명]

① 앞바퀴 뒷바퀴를 조사해서 껌이 붙어 있으면 반드시 뗀다

② 티코를 뒤집어 건전지를 확인한다

③ 운전자 및 승객의 핸드폰은 반드시 소리로 맞춰둔다

④ 운행 예정코스를 자전거로 사전 답사한다

⑤ 점검 시 반경 100M이내에 사람이 있는지를 조사한다

⑥ 운행 중 반드시 풍선껌을 씹어 유사시 에어백으로 쓴다

⑦ 창을 열고 팔을 밖으로 뻗어서는 안 된다. 이륙할 위험이 있다

⑧ 70Kg 이상인 사람은 정중히 승차를 거절한다

⑨ 창을 열 땐 손놀림을 빠르고 부드럽게 하여 파워 윈도우로 위장한다.
　 이때 표정관리에 주의해야 한다

⑩ 티코 모욕 사례집을 읽어보고 만일의 사태에 대비해 인내심을 기른다

[펭귄 시리즈]

Questions	Answers
펭귄 두 마리를 넣고 끓인 탕은?	추어탕
펭귄 왕의 무덤은?	썰릉
펭귄이 다니는 고등학교는?	냉동고
펭귄이 다니는 고등학교는?	냉장고
펭귄이 다니는 대학교는?	빙하시대
펭귄이 다니는 중학교는?	냉동중
펭귄이 사는 바다는?	썰렁해
펭귄이 사는 숲은?	아이스크림
펭귄이 신고 다니는 신발은?	빙신
펭귄이 싫어하는 개는?	핫도그

[펭귄 시리즈]

Questions	Answers
펭귄이 일어서서 걸어가다가 다시 또 넘어져서 하는 말은?	괜히 일어났네!
펭귄이 좋아하는 남자는?	아이스맨
펭귄이 즐겨먹는 옥수수는?	에어콘
펭귄이 타고 다니는 자동차는?	알래스카
펭귄이 편입한 대학교는?	춥대

[하늘 시리즈]

Questions	Answers
하늘에 달이 없으면 어떻게 되나?	날 샜다
하늘에 별이 없으면 어떻게 되나?	별 볼일 없다
하늘에 해가 없으면 어떻게 되나?	못 말린다
하늘에서 우박이 내리면 어떻게 되나?	골 때린다

[호주 시리즈]

Questions	Answers
호주의 떡은?	호떡
호주의 돈은?	호주머니(money)
호주의 술은?	호주(酒)
호주의 쌀은?	호미(米)

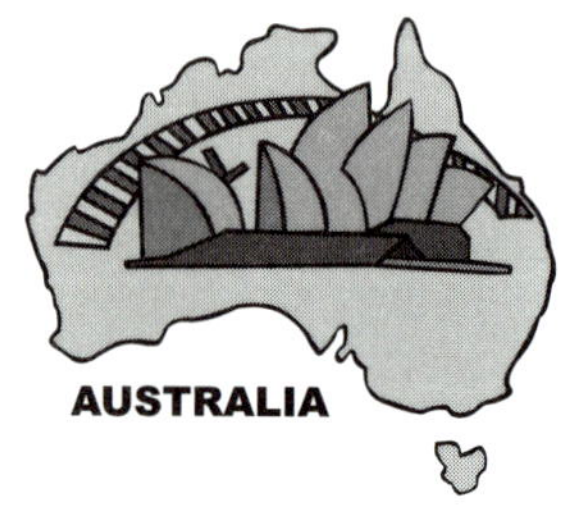

[홍도 시리즈]

Questions	Answers
홍도야 울지 마라를 1글자로 표현하면?	뚝!
홍도야 울지 마라를 1글자로 표현하면?	쉿!
홍도야 울지 마라를 3글자로 표현하면?	홍도 뚝!

한 자 퀴 즈

Quiz

다음은 한자(漢子) 퀴즈를 살펴보자. 실제
한문 교육의 방법으로 활용함 직하다. 흥
미도 있고 기억에도 도움이 될 것이다.

Questions	Answers
계집이 아들 안은 글자는 무슨 글자냐?	호(好: 좋을)
고기 22마리가 있는 글자는 무슨 글자냐?	해(海: 복)
그리면 둥글고 쓰면 모난 것은?	원(圓: 둥글)
근본 모르는 판재(板材) 두개는 무슨 글자냐?	천지(天地)
기유일(己酉日)에 혼례를 행하는 글자는 무슨 글자냐?	배(配: 짝)
까치가 **깍~깍~깍** 우는 글자는 무슨 글자냐?	각(各: 각각)
끊어 놓고 떼쓰는 글자는 무슨 글자냐?	내(乃: 이어)
나무 밑에 입이 달려 있는 글자는 무슨 글자냐?	행(杏: 살구)
나무 위에 서서 보는 글자는 무슨 글자냐?	친(親: 어버이)
나무 위에서 나팔 부는 글자는 무슨 글자냐?	상(桑: 뽕나무)
나무가 둘 있으면 수풀(林)이다. 다섯 있는 글자는 무슨 글자냐?	삼림(森林)
나무가 옥에 갇혀 있는 글자는 무슨 글자냐?	곤(困: 곤할)
나무보다도 높은 풀은 무슨 글자냐?	고(藁: 짚)
나무에 매달린 아들이란 글자는 무슨 글자냐?	이(李: 오얏)
나무와 나무가 나란히 서있는 글자는 무슨 글자냐?	림(林: 수풀)
남자가 사지를 쭉 벌리고 서있는 글자는 무슨 글자냐?	태(太: 클)
논에 막대기를 세운 글자는 무슨 글자냐?	신(申: 납)
눈 위에 댓잎 붙인 글자는 무슨 글자냐?	자(自: 스스로)

한자 Quiz

Questions	Answers
눈도 코도 귀도 손도 없는데, 입 하나에 발 넷이 있는 글자는 무슨 글자냐?	사(四)발
눈으로 보지 않고 입으로 보는 글자는 무슨 글자냐?	미(味: 맛)
돌 위에 명필 문장이 되는 글자는 무슨 글자냐?	벽(碧: 푸른)
돌담 무너지는 글자는 무슨 글자냐?	우(右: 오른)
두 개의 입을 하나의 꼬챙이로 꿰뚫은 글자는 무슨 글자냐?	관(串: 버릇)
땅에 한 일(一)자를 쓰면 무슨 글자냐?	왕(王: 임금)
말달리다 낙상한 글자는 무슨 글자냐?	상(裳: 치마. 치마상 馳馬傷)
머리는 작고 몸뚱이는 커다란 글자는 무슨 글자냐?	첨(尖: 뾰족한)
목도 없고 허리도 없고 손도 없고, 입 아래 발이 달린 글자는 무슨 글자냐?	지(只: 다만)
목인구(木人口), 토인구(土人口)로 된 글자는 무슨 글자냐?	장(檣: 담)
문 밖에서 찾는 글자는 무슨 글자냐?	오(五: 나. **나오**로서 나오라는 뜻이 됨)
물건 팔면서 반말하는 글자는 무슨 글자냐?	사(絲: 실)
물렁물렁한데 한 점을 붙이면 단단해지고, 거기서 한 점을 떼면 도로 물렁물렁해지는 글자는 무슨 글자냐?	빙(氷: 얼음)
바람에 새가 날아 와서 벌레를 다 먹어치우는 글자는 무슨 글자냐?	봉(鳳: 새)
발 모양내는 글자는 무슨 글자냐?	신(新: 새. 새 신을 신었으니)
방귀를 뽕, 또 뽕, 또 뽕 하는 글자는 무슨 글자냐?	상(桑: 뽕나무)
別有天地非人間에 黃白二姓이 동거하는 것은 무슨 글자냐?	계란(鷄卵 : 흰자 노른자가 같이 있으니)
부르기 전에 대답하는 글자는 무슨 글자냐?	예(豫: 미리)

Questions	Answers
사람을 옥 속에 가둔 글자는 무슨 글자냐?	수(囚: 가둘)
산 아래 새가 있는 글자는 무슨 글자냐?	최(崔: 높을)
산으로 둘러 있는 글자는 무슨 글자냐?	전(田: 밭)
산이 서 있는 글자는 무슨 글자냐?	단(端: 끝)
상사(喪事) 난 마을이란 글자는 무슨 글자냐?	곡성(谷城)
上下左右에 부수(部首)를 넣어도 되는 글자는 무슨 글자냐?	기(其: 터. 基, 期, 祺, 箕)
새 한 마리를 그려 선생님에게 보여 드렸더니, 두말없이 갑(甲)을 쓴 것은 무슨 글자냐?	오리(甲鳥)
서양에서는 서고, 동양에서는 누워 있는 글자는 무슨 글자냐?	일(一: 한)
소가 외나무다리를 건너가는 글자는 무슨 글자냐?	생(生: 날)
십 일 일에 곤장 메고 가는 사람이란 글자는 무슨 글자냐?	자(者: 놈)
아이들이 긴 막대에 흙덩이를 낀 글자는 무슨 글자냐?	효(孝: 효도)
아흔 아홉이란 글자는 무슨 글자냐?	백(白: 흰. 百에서 一을 빼면 白이 되니까)
앉으면 성(姓) 소가 되는 글자는 무슨 글자냐?	윤(尹: 맏. 아래 삐침을 없애면 소 축(丑)자가 되니까)
어떤 길손이 먼 길을 가다 말고 서서 하는 말이, **메산(山)자가 넉자로구나!** 한 것의 말뜻은?	출출(出出)하다. 시장하다는 뜻
여자가 갓 쓰고 있는 글자는 무슨 글자냐?	안(安: 편안할)
열에 댓잎 하나 붙은 글자는 무슨 글자냐?	천(千: 일천)
열이 욕설하는 글자는 무슨 글자냐?	십(十: 열)
열한 치 되는 집은 무슨 글자냐?	사(寺: 절)

한자 Quiz

Questions	Answers
열한시 오십구 분이 되는 글자는 무슨 글자냐?	토(土: 흙. 열둘에서 하나를 뺏으므로)
오늘도 저물고, 내일도 저무는 글자는 무슨 글자냐?	다(多: 많을)
이 실은 무슨 색이냐? 고 묻는 글자는 무슨 글자냐?	자주(紫)색. 이실 = 此絲)
일 년 사시절 중에 밤이 없는 날이란 글자는 무슨 글자냐?	十月十日(아침 조(朝) 자이니까)
입 속에 열 놈이 들어앉은 글자는 무슨 글자냐?	전(田: 밭)
입 속에 입이 또 있는 글자는 무슨 글자냐?	회(回: 돌아올)
입안에 십자가를 물고 있는 글자는 무슨 글자냐?	전(田: 밭)
입을 천 개나 가진 글자는 무슨 글자냐?	설(舌: 혀)
입이 넷 달린 개(犬)는 무슨 글자냐?	기(器: 그릇)
입이 아홉인데 하나는 다물고, 여덟은 늘 벌리고 있는 글자는 무슨 글자냐?	정(井: 우물)
입이 열 넷 있는 글자는 무슨 글자냐?	도(圖: 그림)
자꾸 때리는 글자는 무슨 글자냐?	차(且: 또)
작년 섣달에 산 잉크가 붉은 잉크일까 파란 잉크일까?	파란 잉크(十二月을 합치면 靑 자가 됨)
작은 달이 달아나는 글자는 무슨 글자냐?	조(趙: 조나)
절벽에 부채 단 글자는 무슨 글자냐?	문(門: 문)
貝자보다 더 작은 글자는 무슨 글자냐?	목(貝: 눈. 눈 아래에 다리가 달렸으니까)
집 안에서 야단하는 글자는 무슨 글자냐?	처(妻: 아내)
天脫冠而得點하고 乃失杖橫帶한 것은 무슨 글자냐?	개자식(犬子)

Questions	Answers
촌(村) 가운데 팥 있는 글자는 무슨 글자냐?	수(樹: 나무)
키가 작은 글자는 무슨 글자냐?	지(只: 다만. 입에 다리가 달렸으니까)
팔월에 제 아비가 말을 탄 글자는 무슨 글자냐?	등(騰: 달릴)
하늘 위에 대나무가 있다는데 밤낮 맞대고 웃는 글자는 무슨 글자냐?	소(笑: 웃음)
하늘 위에서 소몰이 하는 글자는 무슨 글자냐?	소(笑: 웃음. 대(竹)의 자음 주가 소를 모는 소리와 비슷함과, 笑의 天으로 보고 이렇게 비유함)
하늘보다 더 높은 글자는 무슨 글자냐?	부(夫: 지아비. 夫 = 하늘을 꿰뚫었으니)
한 말 들이 꽃이 있는 글자는 무슨 글자냐?	백합(百合)
한 소에 꼬리 둘 달린 글자는 무슨 글자냐?	실(失: 잃을. 人을 牛(소)의 꼬리에 비유)
한자 가운데 가장 키가 작은 글자는 무슨 글자냐?	혈(穴: 구멍. 穴 = 갓에 발이 달렸으므로)
해가 달에 안겨 있는 글자는 무슨 글자냐?	명(明: 밝을)

MEMO

북한 수수께끼

Quiz

우리의 소원은 통일 꿈에도 소원은 통일

이 정성 다해서 통일 통일을 이루자..

Answers	Questions
1년	기둥 하나, 가지가 열둘, 입사귀가 삼백 예순 다섯 있는 것은 무엇이냐?
9	거꾸로 서면 셋을 손해 보는 수자(숫자)는 무엇이냐?
가득찬 그릇	어떤 그릇을 채울 수 없느냐?
가랑잎	이 산, 저 산으로 편지 전하는 것은 무엇이냐?
가르마	솔밭 속에 거님길(산책로) 하나 난 것은 무엇이냐?
가방①	방은 방인데, 사람들이 들어가지 못하는 방은 무엇이냐?
가방②	방은 방인데, 잠을 잘 수 없는 방은 무엇이냐?
가위①	검고, 흰 소가 희고 검고 푸른 여러 색의 밭을 가는 것은 무엇이냐?
가위②	벌리면 네모지고 오므리면 세모지는 것은 무엇이냐?
가위③	이발(이빨)이 둘, 가락지가 둘이고 가운데에 못이 있는 것은 무엇이냐?
가재①	단단한 갑옷과 날카로운 발로 한평생 돌을 떠나지 않는 것은 무엇이냐?
가재②	물 속에서 자아하는 엿장수는 무엇이냐?
가재③	튼튼한 갑옷을 입고 쌍창을 가지고도 평생 바우(바위) 밑에 숨어사는 것은 무엇이냐?
가재미	두 눈이 오른쪽에 있는 것은 무엇이냐?
가지	젊어서 자수옷 입고 늙어서는 누른(누런) 옷 입는 것은 무엇이냐?
갈 경(耕)	우물가에 쟁기 놓은 글자가 무슨 글자냐?
갈대	올 때 보아도 **갈 때**라고 하는 것은 무엇이냐?
감방	방은 방인데, 사람들이 들어가길 꺼리는 방은 무엇이냐?

Answers	Questions
감초	이것이 없는 동약(한약)은 해 없는 하늘이다. 이것은 무엇이냐?
갓끈	행길에 그네 뛰며 가는 것이 무엇이냐?
강냉이(옥수수)	가죽 안에 털난 것은 무엇이냐?
강냉이①	가죽 벗기고, 수염 깍고(깎고), 살은 먹고 뼈는 버리는 것은 무엇이냐?
강냉이②	배를 가르고 털 뽑는 것은 무엇이냐?
강냉이③	뽑은 뒤 도레미화부름(계명창)을 하는 것은 무엇이냐?
강물①	겨울엔 걸어가고 여름엔 타고 가야 하는 것은 무엇이냐?
강물②	마라손(마라톤)하며 달려가는데, 발도 없고, 몸도 없고, 뼈도 없는 것은 무엇이냐?
강물③	수많은 돌뿌다귀(돌부리) 위를 노래하며 가는 것은 무엇이냐?
개구리①	발이 없고, 꼬리만 하나이었다가, 발이 넷인 것이 무엇이냐?
개구리②	벼룩처럼 뛰고, 사람처럼 헤염(헤엄)치는 것은 무엇이냐?
개구리③	알 삼천 개를 낳아서 천 개는 제가 먹고, 천 개는 뱀을 주고, 천 개는 새끼 치는 것은 무엇이냐?
개구리④	여름밤에 거의없이(틀림없이) 우는 불효자는 무엇이냐?
개구리⑤	이마 우에(위에) 눈 박힌 것은 무엇이냐?
개구리⑥	태어날 땐 공, 아기 땐 배뚱뚱이, 커서는 가슴헤염(평영) 치는 것은 무엇이냐?
개미	세상에서 제일 부지런한 것은 무엇이냐?
개①	앞에서는 나발을 불고 뒤에서는 상모를 흔드는 것은 무엇이냐?
개②	울바자(울타리) 너머에 손님이 나타나기만 하면 제일 먼저 인사하는 것은 무엇이냐?

Answers	Questions
거미①	공중에 그물을 쳐 놓고 먹을 것을 구하는 것은 무엇이냐?
거미②	공중에서 줄타기 교예(곡예)를 하면서 먹고사는 것은 무엇이냐?
거미③	기어 다니는 놈이 날아다니는 놈을 잡아먹는 것은 무엇이냐?
거미④	물고기 잡이는 아닌데 그물을 치는 것은 무엇이냐?
거미⑤	하늘에 그물질하는 것은 무엇이냐?
거북	바다 속에 살고 네 발가진 것은 무엇이냐?
거울, 사진, 선보기	이 세상 사람이 생긴 게 모두 꼭같다면(똑같다면) 아무 소용이 없이 될 삼형제는 무엇이냐?
거울①	사람이 남쪽을 향하여 앉으면 북쪽을 향하여 앉고, 성을 내면 같이 성을 내고, 웃으면 따라서 웃는 것은 무엇이냐?
거울②	한 물건인데, 사람마다 각각 다르게 보이는 것은 무엇이냐?
거울③	혀는 없어도 진실을 말하는 것은 무엇이냐?
거울④	흉내는 다 내는데, 소리는 내지 못하는 것은 무엇이냐?
거짓말	말은 말인데, 타지 못하는 말은 무엇이냐?
걱정거리	사람들이 다니기를 싫어하는 거리는 무엇이냐?
건강	살아가는데 꼭 필요하고 제일 귀중한 것은 무엇이냐?
건늠길(건널목)	옆에서 오면 앞으로 못 가고, 앞으로 가면 옆에서 못 가는 것은 무엇이냐?
걸레①	닦으면 닦을수록 더러워지는 것은 무엇이냐?
걸레②	훔치면 훔칠수록 더러워지는 게 무엇이냐?
검불	불은 불인데, 밝지도 않고 뜨겁지도 않은 것은 무엇이냐?

Answers	Questions
게①	물 속에서 갈퀴질하는 것은 무엇이냐?
게②	뼈에 털이 난 것은 무엇이냐?
게③	뼛속에 살이 있는 것은 무엇이냐?
게④	뼛속으로 살이 찌는 것은 무엇이냐?
게⑤	솥을 거꾸로 걸고 밥을 지어먹는 것은 무엇이냐?
게⑥	큰 발이 둘, 작은 발이 여덟이고, 뼈다귀 지고, 보습을 안고 가는 것이 무엇이냐?
게굴(구멍)	물 속에 있는 도시가 무엇이냐?
고기 그물	혼자 물 속에 들어가서, 나올 때는 식솔들을 데리고 오는 것은 무엇이냐?
고드름①	자랄 때는 거꾸로 자라고, 죽을 때에는 눈물을 흘리면서 죽는 것은 무엇이냐?
고드름②	지붕에서 내려오는 얼음보숭이(아이스크림)는 무엇이냐?
고슴도치①	바느질은 하지 않는데 바늘 없이는 못 사는 것은 무엇이냐?
고슴도치②	호랑이도 벌벌 떠는 밤송이와 사촌간인 것은 무엇이냐?
고집	집은 집인데, 살지 못하는 집은 무엇이냐?
고추①	붉은 주머니에 금돈이 든 것은 무엇이냐?
고추②	품속에 엽전 든 것은 무엇이냐?
고추③	젊어서는 푸른 치마를 두르고, 늙어서는 다홍치마를 두르는 것은 무엇이냐?
고추장	강보리밥(꽁보리밥)에 좋은 붉은 죽은 무엇이냐?
공	모두가 아주 사랑하는데 끝없이 때리고 차는 것은 무엇이냐?

Answers	Questions
공기①	고뿌(컵)에 있는 물을 쏟으면, 고뿌 안에 무엇이 남겠는가?
공기②	눈에 보이지도 않고 날개도 없이 날아다니는 것인데, 우리가 살아가는데 없어서는 안 되는 것은 무엇이냐?
공기③	아무리 많이 마셔도 배부르지 않는 것은 무엇이냐?
공기④	아무리 많이 먹어도 배부르지 않는 것은 무엇이냐?
관	만드는 사람도 자기가 쓸 것이 아니고, 사러 가는 사람도 자기가 쓸 것이 아니고, 돈을 내는 사람도 자기가 쓸 것이 아니고, 정작 쓸 사람은 알지 못하는 것은 무엇이냐?
구름①	볶음머리(파마)하고 눈물 흘리는 것은 무엇이냐?
구름②	해님(햇님)보다 세지만, 바람보다는 약하고, 발이 없어도 가는 것은 무엇이냐?
구멍	깍(깎)을수록 커지는 것은 무엇이냐?
국수①	나무문과 철문을 지나 더운물과 찬물로 몸을 씻는 것은 무엇이냐?
국수②	바다에 흰 뱀이 가득한 것은 무엇이냐?
국수③	발을 내리 드리우고 저가락(젓가락)에 타고 앉아 있는 것은 무엇이냐?
굴비	비는 비인데, 먹는 비는?
굼뱅이	놓으면 둥글납짝하고, 들면 동이가 되는 것은 무엇이냐?
권투선수	매일 때릴 궁냥(궁리)만 하는 사람은 누구냐?
귀	속에 부스럭돈(거스름돈/ 부스럭 소리)이 든 것은 무엇이냐?
그림의 떡	보고도 먹지 못하는 것은 무엇이냐?
그림자①	암만 잡아도 잡히지 않는 것이 무엇이냐?
그림자②	검어도 검고, 희어도 검고, 붉어도 검은 것은 무엇이냐?

Answers	Questions
그림자③	내 마음대로 움직이게 할 수는 있어도 들어 올릴 수 없는 것은 무엇이냐?
그림자④	볼 수는 있으나 쓸 수 없는 것은 무엇이냐?
그림자⑤	아침과 저녁에는 길어지고, 낮에는 짧아지는 것은 무엇이냐?
그림자⑥	오색 옷을 입어도 다 검은 것은 무엇이냐?
그림자⑦	오색이 검게 되는 것이 무엇이냐?
그림자⑧	이 세상의 모든 좋은 옷을 입든, 나쁜 옷을 입든 똑같아 보이는 것은 무엇이냐?
그림자⑨	해가 보이면 누워 있다가 능쪽(음지)에서 죽어버리는 것은 무엇이냐?
그물코	코는 코라도 냄새를 못 맡는 코는 무엇이냐?
그거께, 어제, 오늘, 래일(내일), 모레	날자(날짜)와 날의 이름을 대지말고 다섯 날을 대라?
글씨	까맣고 네모진 것이 날 때부터 모두 벙어리인데, 한 줄로 서자마자 말하기 시작하는 것은 무엇이냐?
기름병	벽에 젖통 달려 있는 것이 무엇이냐?
기차	지네가 과따치며(몹시 떠들며)천리를 가는 것은 무엇이냐?
길①	한자리에서 움직이지 않으면서, 이 마을에서 저 마을로 가는 것은 무엇이냐?
길②	꼬부리면 도리어 길어지고, 펴면 짧아지는 것은 무엇이냐?
길③	온 세상 다 가도 끝을 찾지 못하는 것은 무엇이냐?
깃발	발은 발인데, 하늘에서 춤추는 것은 무엇이냐?
꽃①	소리 없이 볼웃음(미소) 짓는 것은 무엇이냐?
꽃②	소리 없이 웃는 것이 무엇이냐?

Answers	Questions
꽈리①	목을 베고 오장육부까지 다 빼내야 소리 나는 것은 무엇이냐?
꽈리②	옷을 벗겨도 목을 잘라도 가만히 있고 오장창자를 꺼내야 소리를 지르는 것은 무엇이냐?
꾀꼬리	하늘을 나는 꼬리는 무엇이냐?
꾀병	병중에 얄미운 병은 무엇이냐?
꿀밤	강떼(생떼)를 써야 얻어먹는 것은 무엇이냐?
꿈	눈감고만 볼 수 있는 것은 무엇이냐?
꿈속 려행(여행)	하루에 천리를 갔다 와도 피곤하지 않는 것은 무엇이냐?
나	가시어머니(장모)의 남편의 딸의 아들의 아바이(아버지)는 누구냐?
나무	아주 더울 적에는 옷을 잔뜩 입고, 추울 때에는 옷을 벗는 것은 무엇이냐?
나이①	늙은이는 울면서 먹고 어린이는 웃으면서 먹는 것은 무엇이냐?
나이②	소리 없이 안 보이게 누구에게나 다가오는 것은 무엇이냐?
나이③	어망결에(얼떨결에) 누구나 먹는 것은 무엇이냐?
낙지	허리에 눈 박힌 것은 무엇이냐?
낫	온 벌판의 풀을 다 베어 먹고도 배불러 하지 않는 것은 무엇이냐?
낮	저녁에 죽었다가 아침에 살아나는 것은 무엇이냐?
내리는 비	비는 비나, 쓸지 못하는 비는 무엇이냐?
년력(달력)	한 해만 쓰고 버려야 하는 것은 무었이냐?
노을	빨가빨갛게(새빨갛게) 불타도 연기가 나지 않는 것은 무엇이냐?

Answers	Questions
논의 피	뽑을수록 우리 몸에 좋은 피는 무엇이냐?
누에①	방귀만 먹고 자라는 것은 무엇이냐?(뽕잎의 뽕자를 방귀소리로 간주)
누에②	죽었다 다시 사는 것은 무엇이냐?
눈(目)	두 형제가 고개를 사이에 두고 살면서, 일생동안 서로 보지 못하는 것은 무엇이냐?
눈(雪)	흰 보자기를 땅 우에(위에) 깔았다가, 봄이 오면 몽땅 사라지는 것은 무엇이냐?
눈과 눈 사이	가깝고도 먼 것은 무엇이냐?
눈까풀①	잠나라(꿈나라)에 갔다가 나오려면 어디로 나와야 하냐?
눈까풀②	천지만물을 다 덮는 것은 무엇이냐?
눈사람	더운 것을 싫어하고 추운 것만 좋아하는 사람은 무엇이냐?
다듬이돌	근더쿠(까닭) 없이 두 몽둥이로 매만 맞고 사는 것은 무엇이냐?
다른 반쪽	사과 반쪽과 제일 비슷한 것은 무엇이냐?
다리미①	떼레비 통로(텔레비전 채널)같은 것을 돌리면, 몸이 뜨거워져서 주름살을 펴주는 것은 무엇이냐?
다리미②	차면 일을 못하고 뜨거워야 일하는 것은 무엇이냐?
단잠	피곤할 때 제일 그리운 것, 곽밥(도시락)보다 더 맛있는 것은 무엇이냐?
달①	밝으면 안 보이고, 어두워야 보이는 것은 무엇이냐?
달②	어떤 때는 지짐(부침개) 한 장, 어떤 때는 지짐 반 장, 어떤 때는 이쪽, 어떤 때는 저쪽인 것은 무엇이냐?
달③	열다섯 살까지 자라서 설흔(서른) 살에 죽고, 또다시 태어나는 것은 무엇이냐?
달④	한 달에 한번씩 몸까는(살빼는) 밤손님은 무엇이냐?

Answers	Questions
달⑤	하늘 우에(위에) 걸린 등불이지만 동남풍에도 꺼지지 않는 것은 무엇이냐?
달팽이	팽이는 팽이라도 돌지 못하는 팽이는 무엇이냐?
닭	벼슬을 머리에 이고 다니는 동물은 무엇이냐?
닭알(달걀)①	독 하나에 하얀 기름크림(로션)과 노란 기름크림을 담은 것은 무엇이냐?
닭알②	뼈 속에 물, 물 속에 금이 있는 것은 무엇이냐?
닭알③	은 항아리, 놋 항아리, 틈 없는 항아리가 무엇이냐?
닭알④	단간방(단칸방)에 백서방과 황서방이 같이 사는 것은 무엇이냐?
닭알⑤	출입할 곳이 없는 한 칸 집에, 황 백 양씨가 사는 것이 무엇이냐?
닭알⑥	털 있는 것이 맨 몸뚱아리만 있는 것을 낳고, 맨 몸뚱아리만 있는 것이 털 있는 것을 낳는 것이 무엇이냐?
닭알⑦	한 독에 두 가지 반찬 든 것은 무엇이냐?
닭알⑧	한 독에 두 가지 장 담근 것이 무엇이냐?
닭알⑨	한 통에 두 가지 물든 것이 무엇이냐?
담배연기	들어올 때는 한 구멍으로 들어와서, 나갈 때는 세 구멍으로 나가는 것은 무엇이냐?
담뱃대	철교를 건너고 나무다리를 건너서, 또 철교에 솥 건 것이 무엇이냐?
당기소	**미소**의 반대말은 무엇이냐?
닻	필요할 때는 물 속에 던지고 필요 없을 때는 우로(위로) 올리는 것은 무엇이냐?
대나무	젊어서는 약하고 늙을수록 튼튼해지는 것은 무엇이냐?
대들보	베개는 하난데 여러 놈이 베고 자는 것은 무엇이냐?

Answers	Questions
대패①	밥은 아래로 먹고 먹은 것을 우(위)로 내보내는 것은 무엇이냐?
대패②	유람뻐스(관광버스)가 길을 매끈하게 깎고 흙으로 내뱉는 것은 무엇이냐?
대포	조용하고 얌전하고 육중하지만, 한 번 성이 나면 모든 것을 산산쪼각(산산조각) 만드는 것은 무엇이냐?
더미구름(뭉게구름)	하늘에서 날아가는 염소와 토끼는 무엇이냐?
도끼	마당에선 절하고 집에 들어오면 누워 있는 것은 무엇이냐?
도마뱀	발 네 개로 다니는 뱀은 무엇이냐?
도적	밤손님이 무엇이냐?
도토리①	팔다리 없이, 모자 쓰고 꼬리에 털이 난 것은 무엇이냐?
도토리②	궁둥이에 중발머리(단발머리) 한 것은 무엇이냐?
도토리③	배꼽에 털 난 것은 무엇이냐?
도토리 깍지	함은 함이나 넣지 못 하는 함은 무엇이냐?
독	먹지 않아도 배부른 것은 무엇이냐?
동서남북①	어디를 가도 네 개 있는 것이 무엇이냐?
동서남북②	집집에도 넷씩 있으면서, 온 세상을 통틀어도 또 넷밖에 없는 것은 무엇이냐?
돼지	항상 꿀만 찾아도 꿀 한 번 못 얻어먹는 것은 무엇이냐?
두레박	올라갈 적에는 한 짐, 내려갈 적에는 반 짐이 무엇이냐?
두발 다 들면 넘어질까 봐	학이란 새는 어째서 한발을 들고 있느냐?
두레박	죄 없이 목메인 것은 무엇이냐?

Answers	Questions
등대	밤마다 바다에 앉아 눈만 껌뻑이는 것은 무엇이냐?
등잔불①	머리 위에 눈 있는 것은 무엇이냐?
등잔불②	뱀이 옹달샘에서 빨간 꽃을 물고 있는 것은 무엇이냐?
딱따구리	나무군(나무꾼)도 아니고 목수도 아니지만 숲 속에서 첫째가는 일군(꾼)은 무엇이냐?
딸아기	시원 섭섭이가 무엇이냐?
땅①	물을 제일 많이 마시는 것은 무엇이냐?
땅②	세상 만물의 에미(어머니)는 무엇이냐?
땅③	세상에서 제일 기름진 것은 무엇이냐?
떡메	메(밥의 궁중용어)는 메인데, 먹지 못하는 메는 무엇이냐?
떼목(뗏목)	배도 아니고 매생이(쪽배)도 아닌데, 노도 없고 돛도 없이 가라앉지 않고 떠가는 것은 무엇이냐?
똥나무	복 받는 나무가 무슨 나무냐?
뜀박질	적에게 꽁무니를 보여야 이기는 것은 무엇이냐?
뜨락또르(트렉터)①	기름만 먹고 밭갈이하는 소와 같은 것은 무엇이냐?
뜨락또르②	하루 종일 밤새워 갈아도 피로를 모르는 것은 무엇이냐?
라지오(라디오)①	얼굴은 보이지 않고 목소리만 들리는 것은 무엇이냐?
라지오②	산 넘고, 강 건너 먼 곳의 소리도 그대로 전해주는 것은 무엇이냐?
라지오③	음악가이고, 가수이고, 이야기군(꾼)인데, 방안에 사람이 없는 것은 무엇이냐?
랭동고(냉장고)	사철 겨울만 있는 집은 무엇이냐?

Answers	Questions
레코드	빙글빙글 돌아야 노래가 나오는 것은 무엇이냐?
리봉(리본)	검은 솔밭에 꽃이 붙은 것은 무엇이냐?
리정표(이정표)	저는 보지도 듣지도 못하지만, 남에게는 길을 가리켜 주는 벙어리, 귀머거리는 무엇이냐?
마늘	발가벗기고 부엌에서 몽둥이 맞는 것은 무엇이냐?
마시는 차	끓여도 **차다**고 하는 것은 무엇이냐?
만년필	일할 때에는 모자를 벗고, 일 안 할 때에는 모자를 쓰는 것은 무엇이냐?
말(言)	오뉴월에도 서리 치게 할 수 있고, 오동지달(음력 11월 초순)에도 따뜻하게 만들 수 있는 것은 무엇이냐?
말소리	나올 때는 입으로 나오고, 들어갈 때는 귀로 들어가는 것은 무엇이냐?
망건 쓰는 것	열 놈이 올라가서 그물 치고, 제 목 세우는 것이 무엇이냐?
맷돌	위로 먹고, 옆으로 나오는 것이 무엇이냐?
머리 빨기(감기)	눈코 뜰 새 없이 바쁜 일은 무엇이냐?
머리①	령리(영리)한 항아리에 구멍이 일곱 있는 것은 무엇이냐?
머리②	쓰면 쓸수록 좋아지는 것은 무엇이냐?
머리칼①	안 심고 비 안 내려도 어거리풍년(대풍년)은 무엇이냐?
머리칼②	칼은 칼인데, 못 베는 칼은 무엇이냐?
먹는 밤	낮에 보아도 밤인 것은 무엇이냐?
먹새(먹기만 좋아하고 게으른 사람)	새 중에서 제일 무서운 새는 무엇이냐?
먼지(날아다니니까)	새알꼽재기(좁쌀)보다 작은 새는 무엇이냐?

Answers	Questions
먼지가 들어갈 까봐	쓰레기통을 덮어놓는 이유는 무엇이냐?
명함	함은 함이나, 넣지 못하는 함은 무엇이냐?
모기①	목소리가 가늘고 코는 길며, 그것을 죽이면 내 피를 흘리는 것은 무엇이냐?
모기②	짐승도 새도 아닌데 코는 바늘 같고, 날 때는 소리 내고, 앉으면 소리 없는 것은 무엇이냐?
목구멍	붉은 대문 지나고, 흰 돌담 넘어서, 미끄럼 고개는 무엇이냐?
목욕	부루(상추)가 다 자란 후, 가장 먼저 하는 일은 무엇이냐?
목침	침은 침인데, 놓지 못하는 침은 무엇이냐?
못	못 사온다고 하고 사오는 것은 무엇이냐?
무너질 붕(崩)	산 밑에서 개 부르는 글자가 무슨 자냐?
무릎	오그리면 한 움큼 되어도, 뻗으면 한 움큼도 못되는 것은 무엇이냐?
무지개, 번개, 안개	하늘에 있는 세 마리의 개는 무슨 개냐?
무지개①	곱고 고운 지개(게)가 강을 건너 걸쳐 있는 것은 무엇이냐?
무지개②	이 산에서 저 산으로 어김다리(육교) 놓는 것은 무엇이냐?
무지개③	일곱 쌍둥이가 하나의 이름을 가진 것은 무엇이냐?
문	두 날개로 하루에도 수없이 사람을 삼켰다, 토했다 하는 것은 무엇이냐?
문맹자(까막눈)	보기는 잘 보는데 소경은 무엇이냐?
문맹자의 눈(까막눈)	세상에서 제일 불쌍한 눈은 무엇이냐?
문①	사람이 드나들 적마다 열 냥, 닷 냥(열었다 닫았다) 하는 것이 무엇이냐?

Answers	Questions
문②	안고 나가고 지고 들어가는 것이 무엇이냐?
물 속의 달	물 속에 있는 탐부린(탬버린)은 무엇이냐?
물①	끊어도 끊어지지 않는 것은 무엇이냐?
물②	바깥에서는 밝고 안에서는 어두운 것이 무엇이냐?
물③	칼로 베어도 칼을 떼면 도로 붙는 것은 무엇이냐?
물고기①	꼬리는 있지만 짐승은 아니고, 날개는 있지만 새는 아닌 것은 무엇이냐?
물고기②	땅 우로(위로) 다니지 않고, 무잠이(잠수부)로 살다가 밥상 우에 벌렁 눕는 것은 무엇이냐?
물방아	먼 산에 절하는 것은 무엇이냐?
물통	나갈 때는 텅 비고 들어올 때는 차오는 것은 무엇이냐?
미나리	나리는 나리라도 먹는 나리는 무엇이냐?
미친토끼	토끼는 토끼인데, 호랑이한테 덤비는 토끼는 무엇이냐?
밑빠진 그릇	어떤 그릇을 채울 수 없느냐?
바느질	뱀이 실을 물고 수많은 고개를 넘어가는 것은 무엇이냐?
바늘①	가늘고 길쭉하고 뾰족하고 귀는 하나인데, 온 세상 사람들을 입혀주는 것은 무엇이냐?
바늘②	가늘고 작은 것이 온 세상을 신기고, 입히는 것은 무엇이냐?
바늘③	온 세상 사람들을 입혀주면서, 저만은 벌거벗고 다니는 것은 무엇이냐?
바늘④	귀에 가는 줄 꿰고 숱한 굴속을 뚫고 다니며 일하는 것은 무엇이냐?
바늘⑤	온 몸에 귀 하나만 달린 것은 무엇이냐?

Answers	Questions
바늘과 실	귀가 가는 데로 꼬리도 부적부적(부득부득)가는 것은 무엇이냐?
바람①	손 없이 나무를 흔드는 것이 무엇이냐?
바람②	손도 발도 없이 나들문(출입문)을 여는 것은 무엇이냐?
바람③	이것이 휘파람을 불며 몰아대면 그 뒤를 따라 모두들 절을 하는 것은 무엇이냐?
바지	한 길로 들어갔다가 두 길로 나오는 것은 무엇이냐?
박쥐	쥐는 쥐라도 나는 쥐는 무엇이냐?
반지	시작도 끝도 없는 것은 무엇이냐?
발목	나무는 두 그루인데, 복숭아가 네 송이 열린 것은 무엇이냐?
발바닥	걸을 땐 엎드리고, 잠잘 땐 일어서는 것은 무엇이냐?
발 씻는 일	누구나 발 벗고 나서야 하는 일은 무엇이냐?
밤(栗)①	따끔이 아들 매끈이, 매끈이 아들 털털이, 털털이 아들 달달이는 무엇이냐?
밤(栗)②	찔끔이 안에 반반이, 반반이 안에 떨떨이, 떨떨이 안에 오독오독한 것은 무엇이냐?
밤(夜)	추우면 길어지고 더우면 짧아지는 것은 무엇이냐?
밤 하늘의 별	수정반에 금을 뿌려 놓은 것이 무엇이냐?
밥상①	들어갈 때는 짐이 무겁고, 나갈 때는 가벼운 것은 무엇이냐?
밥상②	조석으로 세수하는 것이 무엇이냐?
방귀	코의 원쑤(원수)는 무엇이냐?
방죽(뚝)	죽은 죽인데, 못 먹는 죽은 무엇이냐?

Answers	Questions
방호박(함경북도 사투리)	호박은 호박인데, 못 먹는 호박은 무엇이야?(절구의 뜻)
밭 전(田)	사방으로 고루 비치는 글자가 무슨 자냐?
배(船)①	길로 가지 않고 채찍으로 쫓지도 않는데 앞으로만 달리는 것은 무엇이냐?
배(船)②	숲 속에서 태어났으나, 물에서 사는 것은 무엇이냐?
배(船)③	죽은 나무가 헤염(헤엄)쳐 가는 것은 무엇이냐?
배꼽(100+100)①	몸 한 곳에 **이백**이라는 이름을 가진 것은 무엇이냐?
배꼽②	사막 가운데 구레(웅덩이)는 무엇이냐?
뱀	풀밭에 똬리(머리에 짐을 일 때 받치는 고리모양의 물건)와 같은 것은 무엇이냐?
버드나무	구부러져도 **벋었다** 하는 것은 무엇이냐?
버들강아지	강아지는 강아지인데, 짖지 못하는 강아지는 무엇이냐?
버선 속 발가락	한 구멍에 5형제가 같이 있는 것이 무엇이냐?
버섯①	누구에게나 옷 벗으라고 명령하는 것은 무엇이냐?
버섯②	비도 오지 않는데 우산 쓰고 있는 것은 무엇이냐?
버섯③	짝다리(외다리) 위에 모자를 썼으나 머리가 없는 것은 무엇이냐?
번개	세상에서 제일 빠른 개가 무슨 개냐?
벌집	집은 집인데, 기웃거리면 혼나는 집은 무엇이냐?
벼이삭	나이 들면 들수록 겸손해서 머리를 숙이는 것은 무엇이냐?
별①	검푸른 천장에 무덕불(모닥불)이 여기저기 핀 것은 무엇이냐?

Answers	Questions
별②	밝으면 안 보이고, 어두워야 보이는 것은 무엇이냐?
별달기	별을 따는 일보다 어려운 일은 무엇이냐?
별총총 어둠침침	하늘에는 총이 둘, 땅에는 침이 둘 있는 것은 무엇이냐?
병	입으로 먹고 입으로 뱉는 것은 무엇이냐?
병, 자루, 주머니	입으로 먹고 입으로 똥 누는 것이 무엇이냐?
보름달	보름동안 자라고 보름동안 줄어드는 것은 무엇이냐?
보리①	정수리에 수염 하나 난 것은 무엇이냐?
보리②	언제나 만나자고 하는 풀이 무엇이냐?
봉투	한 차례 먹고 입 봉해버리는 것은 무엇이냐?
부삽	들어갈 적에는 짐을 안 싣고, 나올 적에는 짐을 싣고 나오는 것은 무엇이냐?
부지깽이	아침저녁 주둥이를 태우면서도 얻어먹지 못하는 것은 무엇이냐?
부채	바람쟁이(바람둥이)인데, 바람이 있으면 고요하고 바람이 없으면 움직이는 것은 무엇이냐?
부추	울타리 밑에 산발하고 있는 것이 무엇이냐?
북(北)	북은 북인데, 소리 안 나는 북은 무엇이냐?
북	죽은 소가 우는 것은 무엇이냐?
불	우(위)로 올라가기만 하고, 내려가지 않는 것은 무엇이냐?
불꽃①	꽃은 꽃인데, 타는 꽃은 무엇이냐?
불꽃②	꽃은 꽃인데, 어두워야 잘 보이는 것은 무엇이냐?

Answers	Questions
불꽃③	향기 없는 꽃은 무슨 꽃이냐?
불벌레(반딧불)①	불은 불이나 뜨겁지 않은 것이 무엇이냐?
불벌레②	연기 없는 불은 무엇이냐?
불벌레③	푸른 등불 갈음옷(나들이 옷) 입고 여름밤에 나들이 가는 것은 무엇이냐?
붓①	거꾸로 서서 다니는 것은 무엇이냐?
붓②	물 속에서는 흩어지고, 물 밖에서는 모아지는 것이 무엇이냐?
비	하늘에서 내려와 땅속으로 사라지는 것은 무엇이냐?
비단에 있는 문	문은 문이나 출입하지 못하는 문은 무엇이냐?
비둘기	날마다 구구단만 외워도 일생 동안 한 번도 산수를 하지 못하는 것은 무엇이냐?
비웃음	비 올 때 웃는 웃음은 무엇이냐?
비줄기(빗주기)	천하에서 제일 긴 줄기는 무엇이냐?
비행기	공중에서 두팔 매달려 가는 것은 무었이냐?
빨래①	가두녀성(가정주부)에게 얻어맞고, 또 비틀거리는 것은 무엇이냐?
빨래②	언제나 두들겨 맞고 난 다음에는 꼭 주리틀리는 것은 무엇이냐?
빨래줄①	낮엔 오색 옷을 다 입어도, 밤엔 벗어버리는 것은 무엇이냐?
빨래줄②	젖은 것을 좋아하고, 마른 것은 싫어하는 것이 무엇이냐?
뽕나무	날마다 방귀 뀌는 나무는 무엇이냐?
사과	내가 잘못했을 때 먹어야 하는 과일은 무엇이냐?

Answers	Questions
사람①	아침에는 네 발, 낮에는 두 발, 저녁에는 세 발로 걷는 것은 무엇이냐?
사람②	초순에는 네 발로 걷고, 보름에는 두 발로 걷고, 그믐에는 세 발로 걷는 것은 무엇이냐?
사람의 다리	두 형제가 한평생 한 길을 가면서, 서로 앞서려고 하면서도 앞서지 못하는 것은 무엇이냐?
사람의 말	제일 달기도 하고, 제일 쓰기도 한 것은 무엇이냐?
사람의 배	배는 배인데, 타지도 못하고 먹지도 못하는 배는 무엇이냐?
사발과 종지	아비는 자식의 집에 못 들어가도, 자식은 아비 집에 들어가는 것이 무엇이냐?
사시나무①	아무도 놀래우지(놀라게 하지) 않았는데, 온 몸을 떠는 것은 무엇이냐?
사시나무②	여름에도 추워서 떠는 것은 무엇이냐?
사자	혼자 있어도 넷이라고 하는 것은 무엇이냐?
사진①	한번 웃으면 언제나 웃고, 한번 울면 언제나 울고 있는 것은 무엇이냐?
사진②	죽은 사람을 만나볼 수 있는 것은 무엇이냐?
사진기의 렌즈	밝은 데서는 오므리고, 어두운 데서는 벌려주는 것은 무엇이냐?
산사태 난 것	찬물에 데어서 벗어진 것이 무엇이냐?
산소	먼 산에 동이 엎어놓은 것은 무엇이냐?
산울림	배우지도 않았는데, 모든 나라말을 다하는 것은 무엇이냐?
산천	천지간에 제일 머리가 높고 창자가 깊은 것은 무엇이냐?
살똥말똥	파리를 잡았다. 그 파리는 무슨 똥을 누겠느냐?
삶은 닭알(달걀)	돌 속에 백옥이 있고, 백옥 속에 황금이 있는 것은 무엇이냐?

Answers	Questions
상추쌈	빨간 짐, 하얀 짐을 싼 푸른 보자기가 아리랑 고개를 넘어가는 것은 무엇이냐?
새	눈물 없이 늘 우는 것은 무엇이냐?
새벽	하루에 하나씩 생기는 벽은 무엇이냐?
새우	할아비도 꼽새(곱사등이), 아비도 꼽새, 자식, 손자도 대대로 꼽새는 무엇이냐?
색동옷	무지개보다 더 고운 옷은 무엇이냐?
생선	죽은 것을 살았다 하는 것은 무엇이냐?
샤쯔(셔츠)	한 구멍으로 들어가서 세 구멍으로 나오는 것은 무엇이냐?
서리	이 중에 무슨 이가 그중 크냐?
성냥①	부딪쳐야만 꽃이 피는 것은 무엇이냐?
성냥②	흰 몸뚱이에 까만 머리를 가진 수많은 쌍둥이들이 한 집에 살고 있다가, 차례차례 하나씩 나가서 불을 놓고 죽어버리는 것은 무엇이냐?(북한 성냥머리는 까맣다)
세월①	가담가담(가끔) 빠르다가 가담가담 느리기도 한 것은 무엇이냐?
세월②	발도 날개도 없이 천천히 가는데, 대미쳐(곧바로) 쫓아가도 따를 수 없는 것은 무엇이냐?
세월③	오지 말라 해도 꼭 오고, 가지 말라 해도 꼭 가면서 사정하나 보아주지 않는 것은 무엇이냐?
소	다 커서도 침을 질질 흘리는 동물은 무엇이냐?
소금	물에서 태어났지만 물에만 들어가면 죽는 것은 무엇이냐?
소나무	한평생 푸른 옷만 입고 있는 것은 무엇이냐?
소라	비비 틀린 움집에 문이 한 짝 난 것은 무엇이냐?
손가락①	다섯 형제가 나이는 같은데 키는 다른 것은 무엇이냐?

Answers	Questions
손가락②	한 어머니에 아들이 다섯 있는 것은 무엇이냐?
손뼉	불피코(기필코) 때려야 기쁜 것은 무엇이냐?
손수건	닦으면 닦을수록 더러워지는 것은 무엇이냐?
손톱①	세 고개 넘어 조개 엎어놓은 것은 무엇이냐?
손톱②	세 고개를 넘어 흰 돌 한 개가 있는 것은 무엇이냐?
솔방울	방울은 방울인데, 소리 나지 않는 방울은 무엇이냐?
솥①	속에서는 끓고 밖에서는 타면서 사람들을 배부르게 하는 것은 무엇이냐?
솥②	아침저녁 볼기짝 그을리고 사는 것이 무엇이냐?
솥뚜껑①	쥐면 한 움큼, 안으면 한 아름 되는 것은 무엇이냐?
솥뚜껑②	형의 갓은 아우가 써도, 아우의 갓은 형이 못 쓰는 것이 무엇이냐?
솥뚜껑③	등 우에(위에) 배꼽 달린 것은 무엇이냐?
수레바퀴	동생 둘은 앞에서, 형 둘은 뒤에서 달려가는데 서로서로 따라 잡지 못하는 것은 무엇이냐?
수박①	공처럼 둥글고 과일단물(주스)처럼 달며, 피처럼 빨간 것은 무엇이냐?
수박②	붉고 희고 검고 푸르고 둥근 것은 무엇이냐?
수박③	옷은 파랗고 심장은 빨가며, 찬단물(냉주스)처럼 시원하고 외모는 공같은 것은 무엇이냐?
수박④	퍼런집 안에 하얀집, 하얀집 안에 빨간집, 빨간집 안에 시꺼먼 것이 오골오골(우굴우굴)한 것은 무엇이냐?
수양버들	밤낮 머리를 풀고 있는 것은 무엇이냐?
수탉①	두 번씩이나 태어나서 이름도 없으면서, 시간을 아는 것은 무엇이냐?

Answers	Questions
수탉②	시계는 아니지만 시간을 가리키는 것은 무엇이냐?
숟가락①	들 때는 짐이 무겁고, 내릴 때는 가벼운 것은 무엇이냐?
숟가락②	묘준(조준)하지 않고도 눈을 감은 채 구멍으로 집어넣을 수 있는 것은 무엇이냐?
숟가락③	하루 세 끼 들면날면(들락날락) 해도 밥 한 번 못 얻어먹는 것은 무엇이냐?
숟가락④	하루 세 끼 맛만 보고, 먹지는 못하는 것은 무엇이냐?
숯	불에서 생겨났으나 불 때문에 없어지는 것은 무엇이냐?
시계①	똑똑 두드리고 돌아가며 한 평생 뛰지 않고 가고 가는데, 사람이 아닌 것은 무엇이냐?
시계②	하루 세 끼 밥을 먹지 않아도 날마다 웃는 것이 무엇이냐?
시계③	발 없이 한평생 걸어가는데, 사람이 언제나 그것을 지켜보는 것은 무엇이냐?
시계④	발은 없으나 가고, 입은 없으나 알려주는데, 잘 때와 일어날 때는 언제인지 알 수 없는 것은 무엇이냐?
시계⑤	배꼽을 비틀어 놓고 밥을 주었다고 하는 것은 무엇이냐?
시계⑥	언제나 가면서도 제자리에서 뜨지 않는 것은 무엇이냐?
시계⑦	일생동안 셈세기 해도 열둘밖에 세지 못하는 것은 무엇이냐?
시계바늘	형이 열두 걸음 가면 동생은 한 걸음밖에 못 가는 것은 무엇이냐?
시루	입은 하나라도 밑구멍은 큰 것과 작은 것 열 개인데, 언제나 입 벌리고 있는 것은 무엇이냐?
신문	오늘 낳는 데 생일은 내일인 것이 무엇이냐?
신발①	비었을 땐 서 있고 가득 차면 걸어가는 것은 무엇이냐?
신발②	짐만 지면 가고 짐을 지지 않으면 언제나 가만히 있는 것은 무엇이냐?

Answers	Questions
신호등	한평생 눈딱총을 놓고(눈총을 주고), 서 있기만 하는 것은 무엇이냐?
실퉁구리(실패)	꼬리를 쥐고서 바닥에서 들어올릴 수 없는 것은 무엇이냐?
심장	시계는 아닌데 툭탁거리는 것은 무엇이냐?
심지①	실뱀이 붉은 알을 품고, 온 강물을 다 삼켜버리는 것은 무엇이냐?
심지②	지렁이가 온 강물 다 먹는 것은 무엇이냐?
심지③	한 바다에 붉은 새가 앉아서 물을 마시는 것은 무엇이냐?
쌀	옷 입고 나갔다가 옷 벗고 들어오는 것은 무엇이냐?
쌀자루①	나갈 적엔 훌쭉하고, 들어올 적엔 배부른 것은 무엇이냐?
쌀자루②	먹으면 훌쭉하고, 안 먹으면 불룩한 것은 무엇이냐?
쌀자루③	안 먹어야 배부른 것은 무엇이냐?
쌀팔아 석유산다	쌀로 석유를 만들려면 어떻게 해야 하냐?
썰매	여름엔 잠자다가 겨울엔 달리는 것은 무엇이냐?
씨뿌리기	땅에 던져도 아깝지 않은 것은 무엇이냐?
씨앗	온 몸뚱이에 눈이 하나밖에 없는 것은 무엇이냐?
아궁이①	남산, 북산 초목을 다 먹고도 배가 차지 않아 하는 것은 무엇이냐?
아궁이②	입 벌리고 이 산, 저 산 잡아먹는 것이 무엇이냐?
아내 처(妻)	집에서 야단난 글자가 무엇이냐?
아는 체	체는 체인데, 못 쓰는 체는 무엇이냐?

Answers	Questions
아래층에 사는 사람	어떤 사람이 자기 우로(위로) 다니는 것을 허용하겠느냐?
아주머니	주머니는 주머니인데, 차지 못하는 주머니는 무엇이냐?
아카시아 꽃	나무에서 나는 얼음보숭이(아이스크림)는 무엇이냐?
안개	개중에 무슨 개가 제일 크냐?
안경①	몸은 올라가고 두 발은 귀에 걸고 있는 것은 무엇이냐?
안경②	자기 눈은 없지만 보는 것을 도와주는 것은 무엇이냐?
양말	온 종일 방거두매(방청소) 해도, 좋은 소리 못 듣는 것은 무엇이냐?
양말 신기	열 사람은 잡아당기고, 다섯은 들어가는 것은 무엇이냐?
어두운 밤	밤은 밤인데, 못 먹는 밤은 무엇이냐?
어른 추워	**길다**의 반대말은 **짧다**이다. 그러면 **아이 추워**의 반대말은 무엇이냐?
얼음 구멍	벽체(壁體)에 둥근 창문을 냈는데 낮에는 유리가 깨지고 밤사이에 유리가 끼워지는 것은(얼어붙음) 무엇이냐?
얼음①	맑고 흰 돌이 되었다가, 물이 되어 없어지는 것은 무엇이냐?
얼음②	물은 물인데, 물 우에(위에) 떠다니는 것은 무엇이냐?
얼음③	불에 타지 않고, 물 속에 가라앉지 않는 것은 무엇이냐?
얼음④	온갖 추위를 다 견디는 세상에 제일 지독한 것은 무엇이냐?
얼쿠어서(얼려서)	물을 체에 담아 가지고 가자면(가려면) 어떻게 해야 하나?
엄지손가락	다섯 형제 중 맏형이면서도, 키가 가장 작은 것은 무엇이냐?
연	배꼽을 떼서 정수리에 붙이고, 하늘로 올라가는 것은 무엇이냐?

Answers	Questions
연기①	날개도 계단도 없이 하늘로 올라가는 것은 무엇이냐?
연기②	머리를 풀고 하늘로 올라가는 것은 무엇이냐?
연기③	비가와도 젖지 않는 것은 무엇이냐?
연필알(연필심)	깎을수록 길어지는 것은 무엇이냐?
열쇠로 자물쇠 여는 것	여서방이 장서방 똥구멍을 찔러서, 오장육부가 나오는 것이 무엇이냐?
염소①	수염 달고 태어나도 놀라는 사람 없는 것은 무엇이냐?
염소②	수염을 깍지 않고 엄마만 찾는 것은 무엇이냐?
오금	몸에서 제일 값나가는 것은 무엇이냐?
오리(동물)①	물 속에서 미역 감았지만 젖지 않고 말라 있는 것은 무엇이냐?
오리②	종일 걸어도 오리, 삼십분 걸어도 오리, 서도 오리, 앉아도 오리라고 하는 것은 무엇이냐?
오이①	젊어서는 연두치마, 늙어서는 베치마 입는 것은 무엇이냐?
오이②	젊어서는 푸른 옷을 입고 늙어서는 누른(누런) 옷을 입는 것은 무엇이냐?
옥수수	자루 밑에 아이를 업고 선 것이 무엇이냐?
온도계의 수은주	더우면 키가 커지고, 추우면 키가 작아지는 것은 무엇이냐?
옷걸이	낮에는 짐을 부리고, 밤에는 짐을 싣는 것은 무엇이냐?
옷걸이	덧머리(가발) 쓰고 방안에서 줄지어 서 있는 것은 무엇이냐?
옷①	몸까면(살 빼면)커지는 것은 무엇이냐?
옷②	크면 클수록 작아지는 것은 무엇이냐?

Answers	Questions
우산①	궂은 날엔 사람들 머리우에(위에) 놀러나가고, 맑은 날에는 구석에 붙박혀 있는 것은 무엇이냐?
우산②	말랐을 땐 길쭉하고, 젖었을 땐 하늘을 덮는 것은 무엇이냐?
우산③	머리는 없는데 모자를 쓰고, 다리는 하나인데, 신은 신지 않는 것은 무엇이냐?
우산④	비 올 때만 펴지고 해가 지면 가드라드는(오그라드는) 것은 무엇이냐?
우산⑤	줄은 한 줄이고 우(위)에는 치마폭을 덮었는데, 물이 흘러도 아무렇지 않은 것은 무엇이냐?
우편통(우체통)①	붉은 통에서 종이만 먹는 것이 무엇이냐?
우편통②	종이밥 먹고 종이 똥만 누는 것은 무엇이냐?
우표	사기는 자기가 사고, 반드시 남에게 보내주고야 마는 것은 무엇이냐?
웃음 꽃	사시장철(사계절) 피어있는 꽃은 무엇이냐?
원숭이	날개는 없는데 나뭇가지(나뭇가지)사이를 날아다니는 것은 무엇이냐?
위(胃)	땅속 건늠굴길(지하도)을 지나는 풍선은 무엇이냐?
은행나무	돈을 가장 많이 가지고 있는 나무는 무엇이냐?
음식맛	먹지 않으면 볼 수 없는 것은 무엇이냐?
음전기와 양전기	만나기만 하면 서로 다투는 두 형제는 무엇이냐?
응가	똥의 성씨 무엇이냐?
의자①	네 발을 가지고도 걷지 못하는 것은 무엇이냐?
의자②	등은 있는데 누워 있지 않고, 발은 넷인데, 걷지 않고, 언제나 서서 모두에게 앉으라고 하는 것은 무엇이냐?
이름①	모든 것에 붙어있는 것은 무엇이냐?

Answers	Questions
이름②	제건 제 것인데, 남이 더 많이 쓰는 것은 무엇이냐?
이별	별 중에 가장 슬픈 별은 무엇이냐?
이불①	낮엔 올라가고 밤에는 락자없이(영락없이) 내려오는 것은 무엇이냐?
이불②	불은 불인데, 밝지도 않고 뜨겁지도 않은 것은 무엇이냐?
이불③	불이지만 켜지 못하는 것은 무엇이냐?
이빨	흰 돌이 우물 안에 있는 것이 무엇이냐?
이슬①	밤에는 땅에서 잠자다가 아침엔 달아나는 것은 무엇이냐?
이슬②	퍼내도 퍼내도 마르지 않는 것은 무엇이냐?
이와 이(잇)몸	단단한 것이 먼저 결딴나고(부서지고), 부드러운 것이 더 오래 견디는 것은 무엇이냐?
이편저편과 아랫묵(목)	편 두 그릇, 묵 두 그릇이란 무엇이냐?
인형	사람은 사람인데, 먹지도, 말하지도, 생각하지도 못하는 것은 무엇이냐?
잃어버린 시간	돈을 아무리 주어도 살 수 없는 것은 무엇이냐?
잃을 실(失)	한 소에 꼬리 둘 있는 것이 무슨 글자냐?
입과 목구멍	쪼르로기(지퍼)를 열면 벼랑길은 무엇이냐?
입천장	누워도 보이지 않는 천장은 무엇이냐?
자기처지에 만족하는 사람	세상에서 제일 큰 부자는 누구냐?
자라	커도 자라라, 작아도 자라라고 하는 것은 무엇이냐?
자루①	먹어야만 서고 안 먹으면 서지 못하는 것은 무엇이냐?

Answers	Questions
자루②	입으로 먹고, 입으로 토하는 것은 무엇이냐?
자물쇠①	밑구멍을 돌리면 주둥이로 창자가 나오는 것은 무엇이냐?
자물쇠②	밑을 치밀면 혀가 나오는 것은 무엇이냐?
자물쇠③	손발 없이 집을 지키는 것은 무엇이냐?
작두①	열 사람이 서고, 다섯 사람이 목을 베는 것은 무엇이냐?
작두②	옆으로 먹고 옆으로 내놓는 것은 무엇이냐?
작은 그릇과 큰 그릇	아들은 아버지 방에 들어가도, 아버지는 아들 방에 들어가지 못하는 것은 무엇이냐?
잘난 체	체는 체인데, 못 쓰는 체는 무엇이냐?
잠	누워서 려행(여행)가는 것은 무엇이냐?
잠꼬대	아무리 말하지 말라고 해도 하고, 아무리 말하라고 해도 안 하는 미시리(얼간이)는 무엇이냐?
잠자리①	가을에만 날 수 있는 직승기(헬리콥터)는 무엇이냐?
잠자리②	날마다 잠잘 궁냥(궁리)만 하는 것은 무엇이냐?
잠자리③	자리는 자리인데, 깔지 못하는 자리는 무엇이냐?
장갑①	다섯 놈이 끄어당기고(끌어당기고), 다섯 놈이 들어가는 것은 무엇이냐?
장갑②	살도 없고 뼈도 없지만 그래도 열 손가락 다 있는 것은 무엇이냐?
장갑③	손가락은 열인데, 손톱이 없는 것은 무엇이냐?
장수하늘소	소는 소인데, 날아다니는 소는 무엇이냐?
쟁기질하는 것	양끝은 살고 가운데는 죽은 것이 무엇이냐?

Answers	Questions
저가락(젓가락)①	사방으로 돌아다니면서 남만 걷어 먹이고, 저는 먹지 못하는 것은 무엇이냐?
저가락②	쌍둥이가 힘을 합쳐야 일할 수 있는 것은 무엇이냐?
저가락③	아침저녁 두 발을 동동 구르면서, 밥도 못 얻어먹는 것은 무엇이냐?
저금	찾으면 작아지고, 안 찾으면 커지는 것은 무엇이냐?
저승길	한번 가면 못 오는 길은 무엇이냐?
전기	걷지도 않고 삽시간에 만 리를 가는 것은 무엇이냐?
전기불	불을 불인데, 물 속에서도 꺼지지 않는 불은 무엇이냐?
전등①	낮에는 죽고, 밤에만 사는 것은 무엇이냐?
전등②	흰 접시에 닭알(달걀)을 품고, 거꾸로 매달려 웃는 것은 무엇이냐?
전등③	빨간 꽃 한 송이로 온 방안을 채우는 것은 무엇이냐?
전등불	불은 불인데, 불어도 죽지 않는 불은 무엇이냐?
전화①	둘이 말하고 둘이 듣는 것은 무엇이냐?
전화②	혀없이 말하고 귀없이 잘 듣는 것은 무엇이냐?
절구	하늘보고 아가리 벌린 것은 무엇이냐?
절구공이(절굿공이)	하늘보고 손가락총질(삿대질)하는 것은 무엇이냐?
절구질	하늘보고 욕하는 것이 무엇이냐?
젊음과 늙음	가지고 싶어도 살 수 없고, 쓸 데 없어도 팔 수 없는 것은 무엇이냐?
정미기계	입고 들어온 옷을 벗겨서 내보내는 일만 하는 것은 무엇이냐?

Answers	Questions
족제비①	기는 제비는 무엇이냐?
족제비②	제비는 제비인데, 날지 못하는 제비는 무엇이냐?
족제비와 솔개	제비는 기고 개는 나는 것이 무엇이냐?
종이와 연필	잊음증(건망증)을 미리 막는 오레미(올케)와 시누이는 무엇이냐?
주머니	입으로 먹고 입으로 토하는 것은 무엇이냐?
주먹①	**가위 주먹**(가위바위보) 중에서 가장 먼저 태어난 것은 무엇이냐?(먼저 주먹을 쥐고 시작하기에)
주먹②	다섯 놈이 가드라들면(오그라들면) 무서운 것은 무엇이냐?
주산알(주판알)	나무를 타고 오르내리면서 셈 세기 하는 것은 무엇이냐?
주인 없을 때	참외 서리를 하기에 가장 좋은 때는 언제냐?
주전자	우(위)로 먹고 주둥이로 뱉는 것은 무엇이냐?
줄다리기	물레걸음(뒷걸음질)을 해야 이기는 것은 무엇이냐?
증기 기관차	굴뚝 달고 혼자서 많은 것을 끄는 것은 무엇이냐?
지게	게는 게인데, 먹지 못하는 게는 무엇이냐?
지구	먼 옛날이나 지금이나 쉼 없이(쉬지 않고), 돌고 도는 것은 무엇이냐?
지도①	길은 있지만 다닐 수 없고, 땅은 있지만 살 수 없고, 풀밭은 있지만 벨 수 없고, 구레(웅덩이)는 있지만 물은 없는 것은 무엇이냐?
지도②	사람 없는 나라, 집 없는 도시, 나무 없는 숲, 물 없는 바다는 무엇이냐?
지식	쓰면 쓸수록 많아지는 것은 무엇이냐?
지우개	제 살을 긁히면서 남의 병을 고쳐주는 것은 무엇이냐?

Answers	Questions
지우개연필	다리가 잘못하면 머리가 고쳐주는 것은 무엇이냐?
지팽이(지팡이)	땅 보고 손가락총질(삿대질) 하는 것은 무엇이냐?
진리	강철보다 강한 것은 무엇이냐?
참빗	전후, 좌우, 상하의 구별 없는 것은 무엇이냐?
책①	말없이도 고삿고삿(구석구석) 가르쳐 주고, 손이 없어도 걸음걸음 이끌어 주는 것은 무엇이냐?
책②	보수를 받지 않고 밤낮으로 배워주는(가르쳐주는) 것은 무엇이냐?
책③	네 형제가 한 모자 밑에 서 있는 것은 무엇이냐?
책상	옷은 아닌데 펄럭이고, 사람은 아닌데 말하는 것은 무엇이냐?
천장	앉으면 높고, 서면 낮은 것은 무엇이냐?
철길	언제나 나란히 서서 일하지만, 어느 한 순간도 다정하게 손잡고 말해보지 못하는 것은 무엇이냐?
철도	베개를 수없이 많이 베고 누워 있는 것은 무엇이냐?
체로 떡가루 치는 것	자그마한 하늘에서 눈 퍼붓는 것은 무엇이냐?
초	제 살을 다 빨아먹고 자빠지는 것은 무엇이냐?
초불(촛불)①	불을 켜면 죽을 때까지 눈물을 흘리는 것은 무엇이냐?
초불②	속이 타면서 말 못하고, 눈물만 흘리다가 죽는 것은 무엇이냐?
초불③	아래위로 흰옷을 입고 빨간 모자 쓰고, 눈물을 흘리는 것이 무엇이냐?
초불④	빨간 머리에 흰옷을 입고 흰 눈물을 뚝뚝 떨어뜨리는 것이 무엇이냐?
총①	검은 구렁이가 방귀 뀌는 것은 무엇이냐?

Answers	Questions
총②	먼 산을 보고 악쓰는 것은 무엇이냐?
총③	아들은 건너가도, 아버지는 못 건너가는 것은 무엇이냐?
총④	알 낳고 방귀 끼는 몽둥이는 무엇이냐?
총⑤	옆으로 먹고 가운데로 토하는 것은 무엇이냐?
총알①	몽둥이에서 나온 알이 뒤도 안 돌아보고 가는 것은 무엇이냐?
총알②	알을 낳는 몽둥이가 가도 가도 뒤 안 돌아보고 가는 것은 무엇이냐?
추시계①	날마다 흔들흔들 놀고만 있으면서도, 누구보다 제일 부지런하다고 칭찬받는 것은 무엇이냐?
추시계②	우(위)에서는 산수 공부, 아래서는 그네를 뛰는 것은 무엇이냐?
추위①	여름엔 달아나고, 겨울엔 달려오는 것은 무엇이냐?
추위②	자신은 뛰지 않으면서 사람들을 뛰게 하는 것은 무엇이냐?
치는 북	사방 중 어디로 향하든지 북이라고 하는 것은 무엇이냐?
코①	샘물 둘이 나란히 있고 그 사이에 간벽(칸막이)이 하나 있는 것은 무엇이냐?
코②	풀기만 하고 감을 수 없는 것은 무엇이냐?
코딱지	코가 크면 이것도 크다는데, 이것은 무엇이냐?
코바늘	눈도 귀도 팔다리도 없는 갈람한(갸름한) 몸에 코 하나만 있는 것은 무엇이냐?
콩나물①	고음기호(높은음자리표)와 같이 사는 동무는 무엇이냐?
콩나물②	키 큰 놈 모자를 쓰면 머리가 하나이고, 벗으면 둘인 것은 무엇이냐?
크레용	색이 다른 여럿과 함께 한 집에 들어가 살다가 하나씩 나와서 일하는 것은 무엇이냐?

Answers	Questions
큰 그릇과 작은 그릇	아우는 형의 집에 들어가도, 형은 아우의 집에 못 들어가는 것이 무엇이냐?
키	먼 산을 향하여 부채질하는 것은 무엇이냐?
타는 배	배는 배라도 못 먹는 배가 무엇이냐?
타는 장작	죽으면서도 좋다고 고아대며(떠들며) 꼬리치는 것은 무엇이냐?
턱	료해(이해)하면 절구 찧는 것은 무엇이냐?
털외투	겨울엔 덮여 주고, 봄에는 버림받고, 여름엔 사라졌다가 가을엔 되살아나는 것은 무엇이냐?
토끼	눈을 뜨고 잠자는 것은 무엇이냐?
틀니	이발(이빨) 중에서 가장 나중에 나는 이발은 무엇이냐?
티눈	눈은 눈인데, 보지 못하는 눈은 무엇이냐?
파	푸른 새 위에 백로가 집 진 것이 무엇이냐?
팔월 한가위	위는 하나인데, 조선 사람이 한 시에 먹는 것이 무엇이냐?
편지①	날개 없이 날아서 혀 없이 말하는 것은 무엇이냐?
편지②	먼 곳에서 말없이 말할 수 있고, 듣지도 보지도 못하지만 듣고 본 것을 다 알려주는 것은 무엇이냐?
편지③	몸도 없고 생각도 없지만, 천리를 넘어가 그 곳에서 말하는 것은 무엇이냐?
편지④	손도 발도 없이 사방으로 다니는 것은 무엇이냐?
풍금	바람만 먹고 노래하는 것은 무엇이냐?
피뢰침	벼락만 잡아먹고 사는 것은 무엇이냐?
피리	속 빈 기둥에 발딱코(들창코) 구멍이 아홉 개 뚫린 것은 무엇이냐?

Answers	Questions
하늘 천(天)	위에 한 줄 있고 아래에 한 줄 있는 사이에 사람 있는 것이 무슨 글자냐?
하루살이	태어난 날이 제삿날(제삿날)인 것은 무엇이냐?
학의 오른쪽 다리	학의 왼쪽다리와 꼭같이(똑같이) 생긴 것은 무엇이냐?
항아리①	먹어도 배부르고, 안 먹어도 배부른 것은 무엇이냐?
항아리②	흙 속에서 태어나 불 속에서 단련되어 집집으로 가는 것은 무엇이냐?
해(日)①	실물은 둥근데 글자로 쓰면 그렇지 못한 것은 무엇이냐?
해②	늘 둥근데 길어졌다, 짧아졌다 하는 것은 무엇이냐?
해바라기①	외짝사랑(짝사랑)만 하고 키는 기린 같은데, 얼굴은 곰보인 것은 무엇이냐?
해바라기②	해님(햇님) 비슷한데 해님 따라 머리를 돌리는 것은 무엇이냐?
해바라기③	해의 딱친구(단짝 친구)는 무엇이냐?
허공	아무리 차도 튀지 않는 공은 무엇이냐?
허수아비①	날마다 꽝포(허풍)만 떨고 서있는 아바이(아버지)는 무엇이냐?
허수아비②	사람과 먹고 닮은(빼어 닮은) 외다리는 무엇이냐?
허수아비③	아들도 딸도 없이 밭을 지키는 홀아비가 무엇이냐?
혀①	돌 많은 언덕에 날개가 하나 있는 것은 무엇이냐?
혀②	어두운 굴속에서 예술헤엄(수중발레) 치는 것은 무엇이냐?
호두(호두 껍데기를 말함)	먹으면 먹을수록 더 많이 남는 것은 무엇이냐?
호박	손도 발도 없이 처마우로(위로) 기어오는 것은 무엇이냐?

Answers	Questions
호흡	낮이고 밤이고 한 가지 일을 하는 것은 무엇이냐?
홍당무①	남새(채소) 중에서 가장 수줍어하는 것은 무엇이냐?
홍당무②	우는(위는) 파랗고, 아래는 빨간데 땅속으로 자라는 것은 무엇이냐?
화로	손님이 오면 한가운데 나 앉아 있는 것은 무엇이냐?
화살	벌은 아니지만 윙윙거리며, 날개는 움직이지 않지만 날아가는 것은 무엇이냐?
활과 살	새끼는 가는데 아비는 못 가는 것이 무엇이냐?
횃대	밤이나 낮이나 잔뜩 짊어진 것이 무엇이냐?
흥부	새 발의 피로 부자가 된 사람은 누구냐?
흰 백(白)	백에서 하나 뺀 글자가 무슨 자냐?
흰 붓	태어났을 때는 수염이 허옇고, 목욕하면 수염이 깜해지는(까매지는) 것은 무엇이냐?
흰 수탉	소복입고 붉은 관을 쓴 것은 무엇이냐?

남한 수수께끼

Quiz

남한의 수수께끼와 북한의 수수께끼를 망라(網羅)하여, 정제 과정을 거친 내용이기에 남한과 북한의 수수께끼를 섭렵(涉獵)할 수 있다. 그리고 수수께끼는 조상들이 남겨준 슬기가 듬뿍 담겨져 있고, 단순한 말장난이 아닌 세상을 살아가는 다양한 모습과 지혜가 담겨져 있다.

Answers	Questions
0, 1, 8 ①	거꾸로 서나 바로 서나 본전인(똑같은) 숫자는?
0, 1, 8 ②	위아래가 구분 없는 숫자는?
0 ①	9 X 8 X 7 X 6 X 5 X 4 X 3 X 2 X 1 X 0 = ?(0을 곱하면 0)
0 ②	열에는 한 개, 백에는 두 개, 천에는 세 개가 있는 것은?
0 ③	전화번호 숫자를 전부 곱하면?(0을 곱하면 0)
0명	신데렐라에 나오는 난쟁이는 모두 몇 명일까?
1, 2, 3	덧셈을 하거나 곱셈을 하거나 답이 똑같은 숫자 3개는?(1+2+3=6, 1*2*3=6)
100원 짜리 동전으로 2개 냈다	500원을 가지고 가게에 가서 150원짜리 아이스크림을 한 개 샀는데, 거스름돈이 50원 이었다. 어떻게 된 걸까?
1	세로로 놓아도, 가로로 놓아도 뜻이 변하지 않는 것은?
1년	기둥 하나에 가지는 12개 잎이 365개 인 것은?
12월 31부터 다음 해 1월 1일까지	멀다면 멀고 가깝다면 가까운 것은?
1줄	레코드판의 줄은 모두 몇 줄인가?
11병	빈 병 10개를 주면 콜라 1병을 주는데 빈 병 100개를 주면 콜라 몇 병을 마실 수 있을까?(10병마시고 또 1병 받음)
11쪽	동화책을 10쪽부터 20쪽까지 읽었다. 몇 쪽을 읽었을까?
25개	사과 100개를 가지고 산에 올라갈 때 반을 먹고, 내려올 때 반을 먹으면 몇 개가 남을까?
2등 선수	달리기에서 1등하는 사람이 가장 무서워하는 사람은?
2월	1년 12달 중에서 밥을 가장 조금 먹는 달은?
2월 29일	4년 만에 한 번 생일이 돌아오는 사람의 생일은?

Answers	Questions
30	산봉우리 두 개 위에 해가 떠있는 숫자는?
365일	1년 12달 중 달이 둥근 것은 모두 며칠?
3개①	아버지 둘과 아들 둘이 도시락을 한 개 씩 먹을 때 최소 몇 개가 필요할까?(할아버지 아버지 아들)
3개②	양초 10개가 타고 있는데 바람이 불어 3개가 꺼졌다. 그 후 바람을 막아 촛불이 꺼지지 않게 했다면, 마지막까지 남아 있는 양초는 모두 몇 개?(7개는 모두 타버렸으니까)
3대	비행기가 날아가는데 두 대 앞에 한 대, 두 대 뒤에 한 대, 두 대 사이에 한 대면 전부 몇 대?
3사람	아버지와 아들과 형제 그리고 삼촌, 조카가 있으면 전부 몇 사람?(아버지와 삼촌과 자기)
44+44+4+4+4=100	4를 7개 사용하여 100을 만들려면?
4마리	고양이 4마리가 4분 동안 쥐 4마리를 잡는다면, 10분 동안 10 마리를 잡으려면 고양이 몇 마리가 있어야 하나?(4마리로도 충분하므로)
4형제	형이 셋 아우가 셋이면 몇 형제인가?
5분①	다섯 사람이 사과 다섯 개를 먹는데 5분 걸린다. 한 사람이 사과하나 먹는데 몇 분 걸리나?
5분②	달걀을 1개 삶는데 5분이 걸린다면, 5개를 삶을 때 걸리는 시간은?
5살과 7살	두 아이가 가는데 웬 노인이 아이들의 나이를 물으니까 한 아이 대답이 "내가 저 애에게 한 살 주면 두 배가 되고, 저 애가 나에게 한 살 주면 동갑이에요"하고 대답했다. 그럼 각각 몇 살씩일까?
6	거꾸로 서면 2분의 1을 이익 보는 숫자는?
6시	바늘이 얼굴을 반으로 가르면 어떻게 될까?
7군데	우리 몸의 등은 몇 군데나 있을까? (등 ,콧잔등 ,손등 2군데 ,발등 2군데, 무등)
8①	3자 2개로 33말고 만들 수 있는 숫자는?
8②	동그라미 2개로 만들 수 있는 숫자는?
8남매	남자 형제만 치면 7명인데, 제각기 아래로 누이동생 한 사람을 가지고 있다면 모두 몇 남매일까?(막내 누이동생 한 명이 있음)

Answers	Questions
8분 음표(♪)	머리 하나, 기둥 하나에 꼬리도 하나인 것은?
9①	거꾸로 서면 더 작아지는 것은?
9②	거꾸로 세우면 3분의 1을 손해 보는 숫자는?
9마리	개 6마리, 고양이 3마리, 쥐 2마리를 한 곳에 모아 놓으면 모두 몇 마리?
$9 \times 9 + 9 + 9 + 9 \div 9 = 100$	9를 6번 사용하여 100을 만들려면?
$99 + 9 \div 9$	숫자 9를 4번 사용하여 100을 만드는 방법은?
CD, 레코드판①	빙글빙글 돌면서 입도 없이 노래를 부르는 것은?
CD, 레코드판②	일할 때는 혼자 누워 빙글빙글 돌고, 쉴 때는 친구들과 모여 있는 것은?
가랑비	가랑잎으로 만든 비는?
가래침	침은 침이나 놓을 수도 없고, 삼킬 수도 없는 침은?
가르마①	깊은 산 속에 길 하나 난 것은?
가르마②	새까만 숲에 곧은 오솔길이 하나 있는 것은?
가마(머리)①	가마는 가마인데, 탈 수 없는 가마는?
가마②	떠돌아다니면서 움직이는 집은?
가마③	여러 사람이 힘을 모아 길거리로 가지고 다니는 집은?
가마④	한 사람이 들어가면 움직이는 집은?
가마솥	검은 암탉이 흰 알을 품고 있는 것은?
가물가물	물은 물인데, 잘 보이지 않고 정신을 혼미하게 만드는 물은?

Answers	Questions
가발	발은 발인데, 머리 꼭대기에 달린 발은?
가방①	매일 학교에는 따라가지만 공부는 하지 않는 것은?
가방②	방은 방인데, 가지고 다닐 수 있는 방은?
가방③	방은 방인데, 사람이 들어갈 수 없는 방은?
가수	돈을 벌려면 여기저기 불려 다니며 불러야 하는 사람은?
가슴	가슴, 허리, 엉덩이 가운데 사람을 먹여 살릴 수 있는 것은?
가시덤불①	불은 불인데, 가시가 돋친 불은?
가시덤불②	불은 불인데, 뜨겁지 않고 따가운 불은?
가시덤불③	불은 불인데, 연기가 안 나는 불은?
가야금	서서 쉬고, 누워서 일하는 것은?
가오리①	가지 않으면서도 간다는 것은?
가오리②	오리는 오리인데, 날지 못하는 오리는?
가오리③	오리는 오리인데, 물 속에서만 사는 오리는?
가요	요는 요인데, 깔지 못하는 요는?
가위①	벌리면 네 가닥, 오므리면 한 가닥이 되는 것은?
가위②	열면 사각이고, 닫으면 삼각인 것은?
가위③	일을 하려면 입을 벌렸다 닫았다 하는 것은?
가위 바위 보①	다섯 개와 두 개가 싸웠는데 두 개가 이기는 것은?

Answers	Questions
가위 바위 보②	손가락으로 싸우는 놀이는?
가재	[새우] 참고
가지	간다간다 하면서도 늘 제자리에 있는 것은?
각설이타령	먹고 살기 위해 부르는 노래는?
간담	담은 담인데, 사람들의 몸을 서늘하게 하는 담은?
간장	사람의 몸에 붙어 있는 조미료는?
간첩	첩 중에서 가장 포악한 첩은?
간호사	아프지 말라고 엉덩이를 찰싹찰싹 때리는 사람은?
갈대	갈 때 보아도 올 때 보아도 늘 갈 때라고 하는 것은?
갈비	비는 비인데, 먹을 수 있는 비는?
감	젊어서는 초록 옷을 입고, 늙어서는 빨간 옷을 입는 것은?
감기	들었는데도 팔은 안 무겁고 머리만 무거운 것은?
감방①	방은 방인데, 사람들이 들어가기 싫어하는 방은?
감방②	방은 방인데, 죄를 지은 사람들만 들어가는 방은?
감자	눈만 있으면 새끼를 칠 수 있는 것은?
감초	약방에 빠질 수 없는 것은?
갓끈	그네 뛰면서 길을 가는 것은?
갓 쓴 전등	비가 안 와도, 낮이나 밤이나 우산을 쓰고 있는 것은?

Answers	Questions
강냉이(뻥튀기)	뜨거운 동굴 속에 들어갔다 나오면 몇 배로 살찌는 것은?
강물①	낮이나 밤이나 쉬지 않고 가는 것은?
강물②	노자 돈 없이 밤낮 여행을 하는 것은?
강물③	내려가기만 하고 올라가지는 못하는 것은?
강물④	만리(萬里)를 가도 뒤돌아보지 않는 것은?
강물⑤	쉬지도 않고 먹지도 않고 계속 가기만 하는 것은?
강물⑥	여름에는 들어가고 싶고 겨울에는 들어가고 싶지 않는 곳은?
강물⑦	한번 가면 다시는 돌아올 줄 모르는 것은?
강	여름에는 들어가도 겨울에는 못 들어가는 것은?
강에 놓인 다리	몸통 하나에 다리가 많이 달린 것은?
같다	무쇠 한 근이 더 무거울까, 솜 한 근이 더 무거울까?
개구리①	눈이 뒤통수에 박힌 것은?
개구리②	어려서는 꼬리로 헤엄치고 커서는 다리로 헤엄치는 것은?
개구리③	어릴 때는 물 속을 헤엄쳐 다니다가 어른이 되면 땅 위를 뛰어 다니는 것은?
개구리④	어릴 때 울지 않고 어른이 되서 우는 것은?
개구리⑤	커가면서, 다리가 생기고 꼬리가 없어지는 것은?
개나리	나리는 나리인데, 아무도 굽실거리지 않는 나리는?
개도둑	**개조심!**이라는 표시를 가장 좋아하는 사람은?

Answers	Questions
개①	손님이 오면 제일 먼저 달려가 인사하는 것은?
개②	앞에서는 나팔 불고 뒤에서는 춤추는 것은?
개③	우리 집에서 나를 왕이라고 부르는 것은?
개미의 먹이	개미의 목구멍 보다 작은 것은?
거꾸로 보니까	1 + 8 = 6 은 왜 맞는 답일까?
거문고(가야금)	서서 쉬고, 앉아서 일하는 것은?
거미①	공중에 그물만 쳐 놓고 놀고먹는 것은?
거미②	들짐승이 날짐승을 잡으려고 그물을 치는 것은?
거미③	벌레 잡는 그물을 만드는 벌레는?
거미④	하늘에 그물 치고 고기 잡는 것은?
거북①	등에 갈라진 솥뚜껑을 지고 느릿느릿 걷는 것은?
거북②	바다 속에 살면서도 네 발 가진 동물은?
거북③	북은 북인데, 소리가 나지 않는 북은?
거북이	바닷물에서 사는 네발 가진 동물은?
거스름돈	물건을 사고도 받는 돈은?
거울①	같은 물건인데, 보는 사람마다 다르게 보이는 것은?
거울②	내가 서쪽을 향하면 동쪽을, 내가 동쪽을 향하면 서쪽을 향하는 것은?
거울③	말은 못하는데 흉내를 잘 내는 것은?

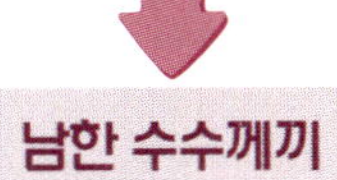

Answers	Questions
거울④	바로 보나, 거꾸로 보나, 옆으로 보나 바로 보이는 것은?
거울⑤	사람이 웃으면 따라 웃고, 사람이 울면 따라 우는 것은?
거울⑥	세상에서 흉내를 가장 잘 내는 것은?
거울⑦	세상의 어떤 것이든 금방 똑같이 그리는 것은?
거울⑧	오른손을 들면 왼손을 들고, 왼손을 들면 오른 손을 드는 것은?
거울⑨	평생 거짓말을 안 하는 것은?
거짓말①	거지가 말을 타고 가는 것은?
거짓말②	누구든지 타서는 안 되는 말은?
거짓말③	말은 말인데, 말하면 안 되는 말은?
거짓말④	아무리 정성 들여 해도 칭찬을 받지 못하는 것은?
거짓말⑤	아무리 최선을 다해도 늘 혼나는 것은?
거짓말⑥	하면 할수록 늘어나는 것은?
걱정거리	거리는 거리인데, 사람들이 다니기를 꺼려하는 거리는?
건널목	지나갈 때는 못 가게하고, 안 지나갈 때는 가게 하는 곳은?
건널목 차단기	지나갈 때는 내리고, 지나가지 않을 때는 올리는 것은?
건배	어른들이 술자리에서 내밀어야 하는 배는?
건전지	약은 아닌데 약이라고 하는 것은?
걸레①	깨끗해질수록 더러워지는 것은?

Answers	Questions
걸레②	닦으면 닦을수록 더러워지는 것은?
걸레③	자기 몸을 더럽히면서 남을 깨끗이 해 주는 것은?
걸레질	훔치면 훔칠 수록 칭찬을 받는 것은?
검불①	불은 불인데, 뜨겁지도 밝지도 않은 불은?
검불②	불은 불인데, 켜지 못하는 불은?
검색	인터넷에서만 볼 수 있는 색은?
검은 머리카락과 흰 머리카락	줄어들면서 느는 것은?
검정 구두	까맣게 칠하고도 깨끗하다 하는 것은?
게①	두 눈으로 하늘을 가리키며 옆으로 가는 것은?
게②	몸뚱이에 눈과 입은 있으나 머리가 없는 것은?
게③	몸은 둥글넓적한데 머리 위로 눈이 달린 것은?
게④	물 속에 사는 엿장수는?
게⑤	물 속에서 갈퀴질하는 것은?
게⑥	양손에 가위를 들고, 뽀글뽀글 거품을 내면서 옆으로 기어다니는 것은?
게⑦	옆으로는 다녀도 앞과 뒤로는 다닐 수 없는 것은?
게⑧	오는 놈인지 가는 놈인지 모르는 것은?
게 눈	건드리면 없어지고 가만 두면 다시 생기는 것은?
게양대의 국기	잡아 당길수록 하늘을 향해 올라가는 것은?

Answers	Questions
결점	찾아내면 찾아낼수록 좋지 않은 것은?
결혼	둘이서는 할 수 있고, 혼자서는 할 수 없는 것은?
경기	풀리면 풀릴수록 좋은 것은?
경마	약은 아픈 몸에 쓴다. 좋은 말은 어디에 쓸까?
경마장①	아무리 말리고 말려도 언제나 말다툼이 끊이지 않는 곳은?
경마장②	처음부터 끝까지 말다툼만 하는 곳은?
경매	높은 곳으로 떨어지는 것은?
계란①	겉은 고체, 속은 액체인 것은?
계란②	겉은 흰색, 속은 노란색인 것은?
계란③	고체를 깨면 액체가 되고, 그 액체를 다시 가열하면 고체가 되는 것은?
계란④	구멍이 없는 독에 물이 두 가지 들어 있는 것은?
계란⑤	깨지면 못쓰고, 깨지 않으면 쓸 수 없는 것은?
계란⑥	눈, 코, 입, 팔, 다리도 없이 몸뚱이만으로 살아가는 것은?
계란⑦	삶으면 삶을수록 단단해 지는 것은?
계란⑧	세상에 두 번 태어나는 것은?
계란⑨	아래도 없고, 위도 없고, 배와 등이 같은 것은?
계란⑩	온 몸이 얇은 뼈 속에 들어 있는 것은?
계란⑪	털 있는 것이 털 없는 것을 낳고, 털 없는 것이 털 있는 것을 낳는 것은?

Answers	Questions
계란과 닭	털 있는 것이 털 없는 것을 낳고, 털 없는 것이 털 있는 것을 낳는 것은?
계수나무	달나라에서 유일하게 자라는 식물은?
계절(춘하추동)	만져보면 마디는 없으나, 보면 분명 열 두 마디요, 머리와 꼬리는 대단히 차고 중간은 대단히 더운 것은?
고개	덩치는 커도 물지도 짓지도 못하는 개는?
고드름①	땅을 보며 밑으로 자라는 것은?
고드름②	위로 자라지 않고 아래로 자라는 뿔은?
고드름③	추우면 길어지고 따뜻하면 짧아지는 것은?
고드름④	추울수록 길어지는 것은?
고드름⑤	키가 거꾸로 자라는 것은?
고드름⑥	키가 클수록 땅에 가까워지는 것은?
고등어	공부를 가장 많이 한 물고기는?
고래①	등에 분수를 짊어지고 바다 속을 헤엄치는 것은?
고래②	바다 속에 있는 동물 중에 새끼에게 젖을 먹이는 동물은?
고래③	바다에서 제일 큰 동물은?
고무	무는 무인데, 늘었다 줄었다 하는 것은?
고무줄	길고 짧은 것을 대보아도 전혀 모르는 것은?
고물①	물은 물인데, 아주 오래된 물은?
고물②	엿장수들이 좋아하는 물은?

Answers	Questions
고물장수①	**병든 자여, 내게로 오라!**고 외치는 사람은?
고물장수②	헌병을 잡아가는 사람은?
고비	세상에서 가장 어려운 비는?
고삐	죽은 것이 산 것을 끌고 다니는 것은?
고생보따리	보따리 가운데 사람들이 가장 싫어하는 보따리는?
고슴도치①	몸에 수천 개의 가시가 박혔는데도 아픔을 못 느끼는 것은?
고슴도치②	바늘 옷을 입고 땅 위를 기어 다니는 것은?
고슴도치③	제 자식이면 무조건 예쁘다고 하는 것은?
고압선	붙으면 죽고 떨어지면 사는 것은?
고양이	깜깜해야 잘 보이는 것은?
고집①	집은 집인데, 돈으로 살 수 없고 들어가 살수도 없는 집은?
고집②	집은 집인데, 목수가 짓지도 못하고 고치지도 못하는 집은?
고추①	늙으면 붉은 치마를 입는 것은?
고추②	젊어서는 파란 옷을 입고, 늙어서는 빨간 옷을 입는 것은?
고추③	젊었을 때는 은돈이 든 파란주머니요, 늙어서는 금돈이 든 빨간 주머니는?
고추잠자리①	자리는 자리인데, 앉을 수 없는 자리는?
고추잠자리②	자리는 자리인데, 날아다니는 자리는?
고통	통은 통인데, 사람들이 가장 갖기 싫어하는 통은?

Answers	Questions
곤충	눈물을 흘리지 않고 우는 것은?
골무	무는 무인데, 못 먹는 무는?
골방	무시무시한 해골들이 모여서 자는 방은?
골인테이프①	가위나 칼로 끊지 않고 가슴으로 끊는 것은?
골인테이프②	조금이라도 빨리 뛰어가서 잘라야 칭찬 받는 것은?
골탕①	남이 먹으면 맛있고 내가 먹으면 맛없는 탕은?
골탕②	내가 먹으면 화나지만 남이 먹으면 고소해서 맛있는 탕은?
공①	늘 때리면 때리는 대로 맞고 사는 것은?
공②	때릴수록 높이 뛰는 것은?
공③	앞, 뒤, 위, 아래 어디서 보아도 똑같은 것은?
공기①	가장 귀한 것인데도 가장 흔한 것은?
공기②	바로 눈 앞에 있는데도 볼 수 없는 것은?
공기③	배부를 때나 배고플 때나 쉬지 않고 먹어야 하는 것은?
공기④	아무리 마셔도 배탈이 나지 않는 것은?
공기⑤	아무리 먹어도 배부르지 않고, 먹지 않으면 죽는 것은?
공기⑥	해가 비춰도 그림자가 없는 것은?
공염불	불은 불인데, 입만 아픈 불은?
공책①	책은 책인데, 글자가 하나도 없는 책은?

Answers	Questions
공책②	책은 책인데, 읽을 수 없는 책은?
공포	포는 포인데, 겁쟁이들에게만 쏘는 포는?
곶감①	마른 나뭇가지에 열매가 주렁주렁 열린 것은?
곶감②	죽은 나무에 열매가 열리고, 그 열매에 꽃이 피어 있는 것은?
과일	자랄수록 탐스럽고 몸이 고와지는 것은?
과자①	자는 자인데, 먹을 수 있는 자는?
과자②	자는 자인데, 잴 수 없는 자는?
과학	학이면서도 날지 못하는 것은?
관(棺)	만든 사람은 쓰지 못하고, 쓰는 사람은 보지 못하는 것은?
관상쟁이	사람의 얼굴만 들여다보고 살아가는 사람은?
괘종시계	위에서는 계산하고 아래서는 왔다갔다 그네를 뛰는 것은?
괘종시계추	동물도 아닌데 불알이 있는 것은?
괴담	담은 담인데, 사람들이 무서워하는 담은?
괴물	물은 물인데, 사람들이 무서워하는 물은?
교각	다리는 다리지만 걷지 못하는 것은?
교도소	손님이 없을수록 좋은 곳은?
교양	양은 양인데, 많이 배운 사람에게 많은 양은?
교통경찰①	네거리에서 춤추는 사람은?

Answers	Questions
교통경찰②	한 손으로 차를 세울 수 있는 사람은?
구구단	일단은 외울 필요가 없는 것은?
구급차	자동차는 자동차인데, 타고 가는 것이 아니라 실려 가는 자동차는?
구기자나무	뭐든지 구겨 버리려고 하는 나무는?
구더기	나는 동물의 새끼인데도 날지 못하는 것은?
구두①	낮에는 사람의 발을 물고, 밤에는 커다란 입을 벌려 하품만 하는 것은?
구두②	잘못도 없이 항상 밟히는 것은?
구두닦이	매일 남의 구두만 내려다보는 사람은?
구두쇠①	가장 무거운 신발을 신은 사람은?
구두쇠②	쇠는 쇠인데, 못 쓰는 쇠는?
구두약①	약도 아닌데, 약이라고 하는 것은?
구두약②	약은 약인데, 못 먹는 약은?
구둣솔	털이 등에 나지 않고 배에 난 것은?
구들장	장은 장인데, 등에 지는 장은?
구름①	날개도 없이 날아가는 것은?
구름②	더울 때는 눈물 흘리고 추울 때는 꽃을 내리는 것은?
구름③	두꺼우면 물이 새고, 얇으면 물이 안 새는 것은?
구름④	막을수록 새는 것은?

Answers	Questions
구름⑤	크게도 되고 작게도 되면서, 하늘에 여러 가지 그림을 그려 놓는 것은?
구름⑥	하늘에서 정처 없이 떠돌아다니는 솜은?
구름과 달	있으면 안 보이고 없어야 보이는 것은?
구름과 별	있으면 안 보이고 없어야 보이는 것은?
구름과 해	있으면 안 보이고 없어야 보이는 것은?
구멍	깎으면 깎을수록, 뚫으면 뚫을수록, 파면 팔수록 커지는 것은?
구박①	박은 박인데, 못살게 구는 박은?
구박②	박은 박인데, 받으면 기분 나쁘고 슬픈 박은?
국수①	나무꾼과 철문을 지나 더운물과 찬물로 몸을 씻는 것은?
국수②	들어갈 때는 한 입으로 들어가고, 나올 때는 여러 입으로 나오는 것은?
국수틀	입은 하나인데, 똥구멍이 여럿인 것은?
국자①	자는 자인데, 먹을 것에 쓰이는 자는?
국자②	자는 자인데, 잴 수 없는 자는?
군인	바가지를 쓰고 있는 사람은?
굴(먹는 것)	굴은 굴인데, 들어가지 못하는 굴은?
굴뚝①	아래로 먹고 위로 나오는 것은?
굴뚝②	지붕 위에서 하늘을 쳐다보고 담배를 피우는 것은?
굴렁쇠	달리면 바로 서고 안 달리면 쓰러지는 것은?

Answers	Questions
굴비①	거꾸로 서면 비굴해지는 생선은?
굴비②	비는 비인데, 먹는 비는?
굽신굽신	간사하고 아부 잘하는 사람이 허리 굽혀 찾는 신은?
권총	아래로 먹고 위로 토하는 것은?
권투선수①	누워있는 것을 가장 싫어하는 사람은?
권투선수②	때리는 일이 직업인 사람은?
권투선수③	맞을 짓만 골라서 하는 사람은?
권투선수④	아무리 매를 맞아도 엄살을 부릴 수 없는 사람은?
권투선수⑤	주먹을 쓰면 쓸수록 돈을 버는 사람은?
귀	바늘과 토끼에는 있으나 금붕어에는 없는 것은?
귀신①	신은 신인데, 귀로 만든 신은?
귀신②	신은 신인데, 신지 못하는 신은?
귀얄(솔)	배에만 털 난 것은?
귀이개	굴속에 들어가서 밥 퍼 내오는 주걱은?
귓구멍	멍은 멍인데, 누구나 가지고 있는 멍은?
귤①	보름달 안에 반달이 여러 개 있는 것은?
귤②	위에서 보면 보름달 쪼개서 보면 초승달인 것은?
그네①	밀면 밀수록 높은 데로 가고, 다리가 없지만 긴 팔이 있는 의자는?

Answers	Questions
그네②	아무리 얼러도 앞뒤로만 왔다 갔다 하는 것은?
그네③	허공에서 앞뒤로 왔다 갔다 하며 사람을 태워 주는 것은?
그릇①	동생은 언니 집에 들어가도 언니는 동생 집에 못 들어가는 것은?
그릇②	밥만 먹고 나면 목욕을 하는 것은?
그릇③	밥만 먹고 나면 항상 목욕하는 것은?
그림의 꽃	꽃은 꽃인데, 사시사철 지지 않고 항상 그대로 피어 있는 꽃은?
그림의 떡	떡은 떡인데, 볼 수 는 있어도 먹을 수 없는 떡은?
그림자①	가만히 있어도 아무도 붙잡을 수 없는 것은?
그림자②	낮이나 밤이나 검은 옷 입고 매일 따라 다니는 것은?
그림자③	누구도 따라오지 못하게 막을 수 없는 것은?
그림자④	말이 달아날 때 말과 함께 달아나는 것은?
그림자⑤	매일 검정색 옷만 입는 것은?
그림자⑥	모든 색을 다 까만색으로 바꾸어 버리는 것은?
그림자⑦	물에 넣어도 젖지 않고, 불에 넣어도 타지 않는 검둥이는?
그림자⑧	밝을 때는 죽자 살자 쫓아다니다가 어둡기만 하면 감쪽같이 없어지는 것은?
그림자⑨	새 옷을 입어도 검고, 헌 옷을 입어도 검게 보이는 것은?
그림자⑩	아무리 떼려 해도 떨어지지 않는 것은?
그림자⑪	아무리 빨리 뛰어도 따라오는 것은?

Answers	Questions
그림자⑫	아침에는 키다리, 낮에는 난쟁이, 저녁에는 다시 키다리가 되는 것은?
그림자⑬	양심이 있는 사람이나 없는 사람이나 똑같이 시커먼 것은?
그림자⑭	오색찬란한 옷을 입고도 검게 보이는 것은?
그림자⑮	일년 365일 항상 검정 옷만 입고 있는 것은?
그물①	물은 물인데, 물고기들이 싫어하는 물은?
그물②	큰 물고기는 들어가는 데 작은 물고기는 못 들어가는 물은?
그물코	코는 코인데, 숨도 쉬지 못하고 냄새도 못 맡는 코는?
극비	스파이들이 좋아하는 비는?
글씨	머리에 쓰지 않았는데도 썼다고 하는 것은?
금붕어①	눈뜨고 잠을 자는 것은?
금붕어②	물고기 중에서 값어치가 제일 많이 나가는 것은?
급식	집에서는 무슨 수를 써도 절대로 먹을 수 없는 점심은?
기러기	앞뒤가 똑같은 새는?
기록①	깨뜨려야 좋은 것은?
기록②	깨면 깰수록 칭찬 받는 것은?
기수①	언제나 말과 행동을 같이 하는 사람은?
기수②	항상 최선을 다해 말을 빠르게 해야 하는 사람은?
기온	낮에는 올라가고 밤에는 내려오는 것은?

Answers	Questions
기절초풍	기절할 때 부는 바람은?
기차①	길이 있어야만 갈 수 있고, 길이 있어도 갈 수 없는 것은?
기차②	눕힌 사다리 위를 왔다 갔다 하며 달리는 것은?
기차(철마)③	쇠로 만든 말은?
기차④	아무리 빨리 달려도 결코 앞차를 앞지르지 못하는 것은?
기차⑤	앞뒤가 없는 차는?
기차⑥	앞으로 가도 앞이요 뒤로 가도 앞인 것은?
기차⑦	언제나 똑같은 길을 왔다 갔다 하는 것은?
기차(증기)⑧	커다란 검은 구렁이가 담배를 피우며 힘차게 달려가는 것은?
기차표	[차표] 참고
기찻길	쌍둥이가 나란히 베개 베고 있는 것은?
길①	세상에서 제일 긴 것은?
길②	한없이 길고 구불구불한데, 펼 수도 없고 오그릴 수도 없는 것은?
김①	검은 종이처럼 생겼는데 먹을 수 있는 것은?
김②	아래로는 못 가고 위로만 가는 것은?
김③	입이나 코에서 나오는 것인데, 추울 때는 보이고 더울 때는 안 보이는 것은?
김장배추	머리를 풀고 독 속으로 들어가는 것은?
김치찌개	한국인들에게 특히 사랑받는 개는?

Answers	Questions
깃발①	발은 발인데, 바람 따라 춤추는 발은?
깃발②	발은 발인데, 하늘에서 춤추는 발은?
까닭	닭은 닭인데, 아무리 요리를 해도 먹지 못하는 닭은?
까마귀와 까치	일년에 한 번, 은하수에 다리 놓는 새는?
까만 구두	까만 것을 칠해야 깨끗해지는 것은?
까불까불	장난꾸러기 어린이들이 좋아하는 불은?
깐 마늘	발가벗고 부엌에서 몽둥이 맞는 것은?
깔대기	뚜껑도 바닥도 없지만, 뭔가를 담을 때 쓰는 것은?
깡통	속이 빌수록 때릴 때 요란한 소리가 나는 것은?
껌①	발가벗고 동굴 속으로 들어가는 것은?
껌②	발가벗긴 채 짓 씹히다가 마침내 버림받는 비참한 운명을 가진 것은?
꽃①	누가 보든지 늘 소리 없이 방긋방긋 웃는 것은?
꽃②	아무나 보고 웃는 것은?
꽃다발	발은 발인데, 향기 나고 예쁜 발은?
꽃병①	날마다 다른 꽃이 피어있는 것은?
꽃병②	물을 마시고 나면 꽃을 먹는 것은?
꽃병③	병중에서 가장 아름다운 병은?
꽈리①	[고추] 참고

Answers	Questions
꽈리②	깨물어 주어야 노래를 하는 것은?
꽈리③	속을 다 비워주고 깨물면 노래를 부르는 것은?
꽈리④	여름에 울타리 밑에 켜 놓은 빨간 등불은?
꽈배기 장사	돈을 벌기 위해 비비꼬는 사람은?
꽹과리①	때리면 때릴수록 소리치는 것은?
꽹과리②	매 맞고 울기 위해 태어난 것은?
꾀꼬리①	꼬리는 꼬리인데, 소리 내는 꼬리는?
꾀꼬리②	꼬리는 꼬리인데, 아름다운 목소리로 노래하는 꼬리는?
꾀꼬리③	꼬리는 꼬리인데, 하늘을 나는 꼬리는?
꾀병①	병은 병인데, 아무리 앓아도 아프지 않은 병은?
꾀병②	병중에 얄미운 병은?
꾀병③	제아무리 유명한 의사라도 못 고치는 병은?
꾸물꾸물	게으른 사람들이 좋아하는 물은?
꾸불꾸불	직선으로 타지 않고 곡선으로 타오르는 불은?
꿀떡①	가장 맛있게 먹는 떡은?
꿀떡②	그림의 떡을 먹을 때 내는 소리는?
꿀벌	꽃이면 다 좋아하는 곤충은?
꿈나라	자기 혼자서 마음대로 갈 수 있는 나라는?

Answers	Questions
꿈①	눈감으면 보이고 눈을 뜨면 보이지 않는 것은?
꿈②	눈을 감아도 볼 수 있는 것은?
꿈③	시력이 좋은 사람도 눈뜨고는 못 보는 것은?
꿈④	안 보려고 해도 보아야 하고, 보려고 해도 볼 수 없는 것은?
꿈⑤	어릴 때는 꾸고, 젊어서는 간직하고, 늙어서는 깨뜨리는 것은?
꿈⑥	여럿이 같이 볼 수 없고, 혼자서만 보는 것은?
꿈⑦	잠을 자야 볼 수 있는 것은?
꿈속의 여행①	돈 없이 제자리에서 여행하는 것은?
꿈속의 여행②	하루에 천리를 갔다 와도 지치지 않는 여행은?
꿈자리①	자리는 자리인데, 깔지 못하는 자리는?
꿈자리②	눈을 감은 사람들만 앉을 수 있는 자리는?
끄떡끄떡①	고개를 흔들면서 먹는 떡은?
끄떡끄떡②	찬성만 하는 뇌물성 떡은?
나그네	그네는 그네인데, 타지 못하는 것은?
나무①	날마다 초록 손을 흔들며 춤추는 것은?
나무②	더울 때는 옷을 잔뜩 입고 추울 때는 옷을 벗어버리는 것은?
나무③	바람이 불면 좋아서 춤을 추는 것은?
나무④	여름에는 파란 옷, 가을에는 빨간 옷, 겨울에는 훌훌 벗어버리는 것은?

Answers	Questions
나무배	죽은 나무가 물 위를 달리는 것은?
나무베기	아버지는 죽어 가고 있는데 자식들은 춤추는 것은?
나무젓가락	먹기 전에는 한 개였는데, 먹은 후에는 두 개가 되는 것은?
나물①	물은 물인데, 꼭 씹어서 먹어야 하는 물은?
나물②	물은 물인데, 마실 수 없는 물은?
나뭇가지	가지는 가지인데, 못 먹는 가지는?
나비①	아기일 때는 기어 다니고, 엄마가 되면 날아가는 것은?
나비②	집을 짓고 잠을 잔 후 집을 헐고 다른 모양이 되어 나오는 것은?
나쁜 짓①	아무리 정성 들여 해도 칭찬을 받지 못하는 것은?
나쁜 짓②	아무리 최선을 다해도 늘 혼나는 것은?
나이, 욕, 더위	아무리 먹어도 배가 부르지 않은 것 세 가지는?
나이①	늘어나기만 하고 줄어들지 않는 것은?
나이②	많아지기는 하지만 절대로 적어지지 않는 것은?
나이③	많이 먹으면 죽는 줄 알면서도 어쩔 수 없이 먹는 것은?
나이④	많이 먹으면 힘이 빠지는 것은?
나이⑤	먹고 싶어도 더 먹을 수 없고, 먹기 싫어도 먹어야 하는 것은?
나이⑥	먹으면 먹을수록 싫어지는 것은?
나이⑦	먹지 않았는데 먹었다고 하는 것은?

Answers	Questions
나이⑧	배가 불러도 먹어야 하고 배가 고파도 먹어야 하는 것은?
나이⑨	부자나 가난한 사람이나 똑같이 먹는 것은?
나이⑩	세상 모든 사람들이 일 년에 한 번 설날에 먹는 것은?
나이⑪	아무리 먹어도 배부르지 않고, 많이 먹으면 죽는 것은?
나이⑫	열에서 하나를 먹으니, 아홉이 아니라 열 하나가 되는 것은?
나팔①	입으로는 공기만 먹고 엉덩이로 노래를 부르는 것은?
나팔②	팔은 팔인데, 구부릴 수 없는 팔은?
나팔③	팔은 팔인데, 소리를 내는 팔은?
나팔꽃①	꽃은 꽃인데, 소리내어 나팔 부는 꽃은?
나팔꽃②	아침 점심 저녁에 따라 각각 얼굴이 다른 꽃은?
낙엽①	가을 소식을 전하는 나뭇잎은?
낙엽②	하늘에서 편지를 가지고 오는 것은?
낙지①	다리에 발이 달리지 않고 머리에 발이 달린 것은?
낙지②	허리에 눈이 박힌 것은?
낙타①	등에 산봉우리 짊어지고 웃으며 먼 길 가는 것은?
낙타②	조상 때부터 곱사등인 것이 사막을 여행하는 것은?
낙하산①	산은 산인데, 메고 있다가 타고 내려오는 산은?
낙하산②	산은 산인데, 떨어지는 산은?

Answers	Questions
낚시바늘과 줄	바늘과 실이 있어도 옷을 꿰매지 못하는 것은?
난로	추울 때 얼굴을 붉히면 붉힐수록 사람이 좋아하는 것은?
날치	바다에 살면서 날아다니는 고기는?
남편	편은 편인데, 나누어지지 않는 편은?
낭비	집 한 채를 통째로 떠내려가게 하는 비는?
낮	추우면 짧아지고 더우면 길어지는 것은?
낮과 밤	한쪽이 길어진 만큼 다른 한쪽이 짧아지는 것은?
낮잠①	낮에는 할 수 있지만, 밤에는 할 수 없는 것은?
낮잠②	아무리 재주가 좋은 사람이라도 낮이 아니면 할 수 없는 것은?
내일	영원히 오지 않는 날은?
냄비	비가 아무리 와도 흐르지 않는 비는?
냄비뚜껑①	등위에 시꺼먼 배꼽이 달려 있는 것은?
냄비뚜껑②	등위에 혹 달린 것은?
냄비뚜껑③	머리 한가운데 뿔이 하나 솟아 있는 것은?
냄비뚜껑④	형의 갓은 동생이 써도, 동생의 갓은 형이 쓸 수 없는 것은?
냇물	[강물] 참고
냉장고①	문을 열면 불이 켜지고 문을 닫으면 불이 꺼지는 것은?
냉장고②	배로 먹고 배로 내놓는 것은?

Answers	Questions
냉장고③	사시사철 언제나 겨울인 것은?
냉장고④	여름이나 겨울이나 일층은 춥고 이층은 꽁꽁 어는 집은?
냉장고⑤	자기 뱃속에 먹을 것을 가득 채우고 조금도 먹지 않고 남만주는 것은?
넉살	창피함도 모르고, 염치도 없고, 비위도 좋은 사람의 나이는?
널	베개를 허리에 벤 것은?
널뛰기①	구르면 구를수록 높이 올라가는 것은?
널뛰기②	뛰어 오르면 내려오고 내려오면 뛰어 오르는 것은?
네 근(가슴이 두근두근)	두려움에 떨고 있는 사람의 가슴의 무게는?
네 바퀴 마차	앞에 가는 동생을 형이 못 쫓아가는 것은?
넥타이	목을 조이는 것인데도 기쁘게 받는 선물은?
넥타이 장사	남의 목을 조여야 돈을 버는 사람은?
노래	눈에는 보이지 않는데 분명히 마디가 있는 것은?
노새	새는 새인데, 걷기만 하고 날지 못하는 새는?
노파	파는 파인데, 먹지 못하는 파는?
녹차(홍차…)①	차는 차인데, 못 타는 차는?
녹차(홍차…)②	차는 차인데, 바퀴가 없는 차는?
논개	개는 개인데, 나라에 공헌을 한 개는?
논의 피	뽑으면 뽑을수록 사람에게 좋은 피는?

Answers	Questions
놀부	새 발의 피 때문에 피 본 사람은?
뇌물①	머릿속에서 흐르는 더러운 물은?
뇌물②	물은 물인데, 먹으면 나쁜 사람이 되는 물은?
뇌물③	물은 물인데, 정직한 사람들이 싫어하는 물은?
누드모델	의상비가 전혀 안 드는 직업은?
누에①	나뭇잎 먹고 하얀 통 속에 들어갔다가 날개 달고 나오는 것은?
누에②	방귀만 먹고사는 것은?(뽕만 먹고사니까)
눈①	감을 줄은 알면서도 풀 줄은 모르는 것은?
눈②	나란히 있으면서도 서로 볼 수 없는 것은?
눈③	사람과 쌀에는 있지만 지렁이한테는 없는 것은?
눈④	자기는 볼 수 없지만, 다른 것은 모두 다 볼 수 있는 것은?
눈⑤	털과 털, 살과 살이 닿으면 천지가 어두워지는 것은?
눈(雪)①	강산 초목에 흰옷을 입히는 것은?
눈(雪)②	눈 중에 제일 큰 눈은?
눈감기	잠자기 전에 반드시 해야 하는 일은?
눈금	금은 금인데, 보기만 해야 하는 금은?
눈 깜짝할 새	새 중에서 제일 빠른 새는?
눈꺼풀①	바로 눈앞에 있는데도 볼 수 없는 것은?

Answers	Questions
눈꺼풀②	쉴 새 없이 부딪쳐도 소리도 안 나고 다치지도 않는 것은?
눈꺼풀③	아주 작은 녀석이 순식간에 온 세상을 덮어버리는 것은?
눈꺼풀④	졸리면 자꾸 내려오는데, 천하장사도 들지 못하는 것은?
눈꽃	겨울에만 피는 꽃은?
눈덩이	굴리면 굴릴수록 점점 더 커지는 것은?
눈동자	자는 자인데, 볼 수 있는 자는?
눈물	기쁠 때나 슬플 때나 아플 때나 매울 때나 모두 나오는 것은?
눈보라	빛깔은 흰색인데, 보라라고 하는 것은?
눈사람①	따뜻하게 감싸줘서는 안 될 사람은?
눈사람②	사람은 사람인데, 눈 오는 겨울에만 볼 수있는 사람은?
눈사람③	사람은 사람인데, 따뜻하면 녹아버리는 것은?
눈사람④	속이 하얀 사람은?
눈사람⑤	추울 때는 살이 통통하게 찌지만, 날이 따뜻해지면 몸이 말라 가는 것은?
눈사람⑥	추위에 강하고 더위에 약한 사람은?
눈사람⑦	해가 반짝 나면 서러워서 눈물을 뚝뚝 흘리는 사람은?
눈사람⑧	햇볕만 쬐면 죽는 사람은?
눈싸움①	감지 말아야 이기는 것은?
눈(目)싸움②	싸우려면 먼저 뭉쳐야 하는 싸움은?

Answers	Questions
눈(目)싸움③	싸우지 않는데도 싸운다고 하면서 눈을 크게 뜨고 있는 것은?
눈썰매	올라갈 때는 힘들지만 내려올 때는 재미있는 것은?
눈썹①	가까이 있어도 보이지 않는 것은?
눈썹②	바로 눈앞에 있으면서도 볼 수 없는 것은?
눈총	총은 총인데, 맞으면 죽지 않고 기분만 나빠지는 총은?
능금	금은 금인데, 먹을 수 있는 금은?
늦잠 잔 날	1년 중 밤이 제일 긴 날은?
다듬이질	작은 녀석 둘이 큰놈을 때리는 것은?
다듬이질하는 옷	매 맞을수록 고와지는 것은?
다듬잇돌①	두들겨 맞는 것이 일인 돌은?
다듬잇돌②	두들겨 맞아야 좋아서 노래 부르는 것은?
다듬잇돌③	아무리 때려도 멍들지 않는 것은?
다리(橋)	다리는 다리인데, 걷지 못하는 다리는?
다리	언제나 같이 다니지만 나란히 걷지 않는 것은?
다리미①	검은 암탉이 붉은 알을 품고 길을 오르락내리락 하는 것은?(옛날 다리미는 벌건 숯불을 다리미 안에다 넣고 천을 다리미질을 했기에)
다리미②	뜨거운 몸에 긴 꼬리를 달고 주름을 펴주지만 얼굴의 주름은 펼 수 없는 것은?
다리미③	옷 위에서 미끄럼 타면서 구김살을 먹고사는 것은?
다리미④	이리저리 비비며 주름살을 펴 주는 뜨거운 손바닥은?

Answers	Questions
다리미⑤	차가우면 일을 못하고 뜨거워야 일을 하는 것은?
다리에 나는 쥐	쥐는 쥐인데, 고양이도 옴짝달싹 못하는 쥐는?
단잠①	먹지 않아도 달다고 하는 것은?
단잠②	먹지 못하는 것인데, 맛이 단 것은?
단추①	얼굴에 있는 모든 구멍이 실로 모두 매워지는 것은?
단추②	옷에 난 구멍 속으로 부지런히 얼굴을 내밀었다 감추었다 하는 것은?
단풍	가을 산을 벌겋게 불붙게 하는 것은?
단풍나무	여름에는 푸른 옷, 가을에는 빨간 옷, 겨울에는 발가벗는 것은?
단풍잎	아기 때는 초록 옷을 입지만, 늙으면 빨간 옷 갈아입고 떨어지는 것은?
달①	강물에 둥근 접시가 떠 있는 것은?
달②	다리 없이 하늘을 오르내리는 것은?
달③	다리도 없으면서 날마다 세상 구경을 다니는 것은?
달④	밤에는 살고 낮에는 죽는 것은?
달⑤	밤에만 외출하고, 나올 때마다 모습이 변하는 것은?
달⑥	보름 동안 커지고 보름 동안 작아지는 것은?
달⑦	세상에 하나밖에 없는 밤에만 피는 꽃은?
달⑧	세상에서 제일 큰 등불은?
달⑨	아무것도 먹지 않으면서 뚱보가 되었다 홀쭉이가 되었다 하는 것은?

Answers	Questions
달⑩	열다섯 살까지 자라고 서른 살에 죽는 것은?
달⑪	차면 기울어지고, 기울어지면 또 차는 것은?
달⑫	차면 찰수록 환하게 웃는 것은?
달⑬	한 달에 두 번 반쪽이 되는 것은?
달⑭	한 살에서부터 열다섯까지 자라고 열다섯부터 점점 작아지는 것은?
달⑮	해가 지면 피고 해가 뜨면 지는 꽃은?
달걀	[계란] 참고
달과 별	낮에는 꼭꼭 숨어 있다가 밤에 슬금슬금 나오는 것은?
달력①	딱 한달 만 살고 죽는 것은?
달력②	일요일이 되면 빨간 옷을 입는 것은?
달리기①	남을 등지고 도망가야 이기는 것은?
달리기②	적에게 꽁무니를 보여야 이기는 것은?
달리기③	쫓겨 가야 이기는 것은?
달맞이 꽃	해가 지면 피고 해가 뜨면 지는 꽃은?
달팽이①	뒤틀린 항아리에 고기 한 점 붙은 것은?
달팽이②	등에 집을 지고 다니면서 비 오는 날에 잘 나오는 것은?
달팽이③	비틀어진 집 속에 혼자만 사는 것은?
달팽이④	빙빙 돌아 문이 하나 난 집은?

Answers	Questions
달팽이⑤	입은 비스듬하고 그 속에 살덩이가 든 것은?
달팽이⑥	자기 집을 등에 지고 이사하는 것은?
달팽이⑦	팽이는 팽이인데, 돌지는 않고 기어 다니는 팽이는?
달팽이⑧	팽이는 팽이인데, 때리면 죽는 팽이는?
달팽이⑨	팽이는 팽이인데, 아무리 때려도 돌지 않는 팽이는?
달팽이 눈	건드리면 없어지고 가만 두면 다시 생기는 것은?
달팽이 집	집은 집인데, 등에 업혀 다니는 집은?
닭①	갓 쓰고 때때옷 입은 것은?
닭②	닭이 먼저 생겼나 달걀이 먼저 생겼나?(닭의 알이라고는 해도 알의 닭이라고는 안 하므로)
닭③	벼슬을 머리에 이고 다니는 동물은?
닭④	붉은 갓을 쓰고 얼룩 옷을 입은 것은?
닭⑤	알 낳고 우는 것은?
닭⑥	어릴 때는 매지 않으면서, 나이 들면 머리에 빨간 리본을 매고 다니는 것은?
닭⑦	자기 몸을 자기가 때리고 소리 높여 우는 것은?
담배①	계속 토하면서 먹는 것은?
담배②	네모난 집에서 하얀 옷을 입고 나와 자기 몸에 불을 붙이는 것은?
담배③	**맛있다 맛있다** 하면서도 바로 뱉어내는 것은?
담배④	배는 배인데, 아이들은 먹으면 안 되는 배는?

Answers	Questions
담배⑤	빨면 빨수록 작아지는 것은?
담배⑥	외나무다리를 건너가 불 때는 것은?
담배⑦	입으로 먹고 코로 내보내는 것은?
담배⑧	입으로 불 때고 입으로 연기 내는 것은?
담배꽁초	몸을 버리고 결국 짓밟히는 것은?
담배 연기①	들어갈 때는 한 구멍, 나갈 때는 세 구멍인 것은?
담배 연기②	아궁이는 하나인데, 굴뚝이 셋인 것은?
담배 연기③	입으로 먹고 세 구멍으로 내보내는 것은?
담뱃대①	머리와 꼬리는 쇠이고, 몸통은 대나무인 것은?
담뱃대②	불은 앞산에서 났는데 연기는 뒷산에서 나는 것은?
담뱃대③	쇠가마와 대나무 구들과 쇠굴뚝이 있는 것은?
담뱃대④	아궁이에서 불 때고 굴뚝에서 먹는 것은?
담뱃재	한쪽이 길어진 만큼 다른 한쪽은 짧아지는 것은?
답	**문제가 없으면 나도 없다**고 하는 것은?
당나귀①	귀는 귀인데, 걸어 다니거나 달리는 귀는?
당나귀②	귀는 귀인데, 듣지 못하는 귀는?
당나귀③	귀는 귀인데, 발 달린 귀는?
당나귀④	귀는 귀인데, 소리를 내는 귀는?

Answers	Questions
대감①	감은 감인데, 못 먹는 감은?
대감②	세계에서 제일 큰 감은?
대나무①	어려서는 푸른 옷을 입고 있다가 자라면 푸른 옷을 벗는 것은?
대나무②	작아도 크다고 하는 나무는?
대나무③	젊어서는 부드럽고 약하나, 늙을수록 강하고 단단해지는 것은?
대나무④	키만 멀쑥하게 크고 속이 없는 것은?
대나무⑤	한 해 동안 몇 길씩 자라는 것은?
대들보	베개는 하나인데, 여럿이 베고 자는 것은?
대문짝	낮에는 열 냥, 밤에는 닷 냥은?(대문을 열고, 닫는다는 말소리에서)
대소변보기	앞에서는 물 뿌리고 뒤에서는 성 쌓는 것은?
대장장이	언제나 땅땅거리며 사는 사람은?
대추	젊어서는 파란 옷을 입고 늙어서는 빨간 옷을 입는 것은?
대패①	배로 먹고 등으로 내놓은 것은?
대패②	아래로 먹고 위로 내놓는 것은?
대팻밥	밥은 밥인데, 먹을 수 없는 밥은?
대포①	뒤로 밥을 먹고 앞으로 내뱉는 것은?
대포②	뒤에서 들어와 앞으로 나가는 것은?
대포③	전쟁터에서 꼭 필요한 술은?

Answers	Questions
대포알	알은 알인데, 사람을 죽이는 커다란 알은?
더위, 나이, 욕	아무리 먹어도 배가 부르지 않은 것 세 가지는?
더위①	여름에 먹는 것으로, 아무리 먹어도 배가 부르지 않는 것은?
더위②	여름에 먹는 것 중에서 먹으면 먹을수록 힘이 빠지는 것은?
덩실덩실	실은 실인데, 춤을 추면서 뽑아내야 잘 뽑아지는 실은?
도깨비①	비는 비인데, 사람을 홀리는 비는?
도깨비②	비중에서 가장 무서운 비는?
도넛	몸뚱이 하나에 커다란 입 하나 있다고 자랑하는 것은?
도넛의 구멍	커지면 커질수록 먹을 것이 작아지는 것은?
도둑①	남의 물건을 자기 물건 보듯 하는 사람은?
도둑②	밤에만 몰래 다니는 손님은?
도둑질	도둑이 가장 하기 어려운 일은?
도둑집의 개	도둑이 들어가는 데도 꼬리치며 반기는 개는?
도르래와 두레박	올라가면 올라간 만큼 내려오고 내려오면 내려온 만큼 올라가는 것은?
도리깨질①	먼 산을 보고 손짓하는 것은?
도리깨질②	아버지 하나, 아들 셋인데, 먼 산을 향해 자꾸 절하는 것은?
도마①	날마다 칼로 상처를 내어도 말 한마디 없이 참는 것은?
도마②	배에 물건을 올려놓고 칼로 마구 잘라도 괜찮은 것은?

Answers	Questions
도마뱀	뱀은 뱀인데, 다리가 네 개 달린 뱀은?
도시락①	텅 비어야 배부르고, 꽉 차면 배고픈 것은?
도시락②	학교 갈 때는 무거운데, 집에 올 때는 가벼운 것은?
도시락장수	자기는 도시락을 싸들고 다녀도 남이 도시락 싸들고 다니면 말리는 사람은?
도장①	누를수록 뚜렷해지는 것은?
도장②	빨간 밥 먹고 빨간 똥 누는 것은?
도장 파는 사람	남의 이름을 거꾸로만 쓰는 사람은?
도토리①	배꼽에 털 난 것은?
도토리②	엉덩이에 모자 쓰고 배꼽에 털 난 것은?
도토리③	팔도 다리도 없으면서 모자를 쓰고 꼬리에 털 난 것은?
독	[항아리] 참고
독감	한번 먹으면 며칠씩 끙끙 앓게 하는 감은?
독심술	꼭 나쁘지만은 않은 심술은?
돈①	개도 안 갖는 것인데, 사람에게 없으면 살수가 없는 것은?
돈(지폐)②	네모지고 납작하지만 세상을 잘 돌아다니는 것은?
돈③	몸뚱이 하나로 세상을 돌아다니는데, 가는 곳마다 환영받는 것은?
돈④	발도 날개도 없지만 온 세상을 숨어서 돌아다니는 것은?
돈(지폐)⑤	사각형이 분명한데 원이라고 하는 것은?

Answers	Questions
돈⑥	손발도 없으면서 우리 몸에 붙어 다니는 것은?
돈⑦	숫자 가운데 1, 5, 0 만 쓰는 것은?
돈⑧	세상을 돌고 도는 종이는?
돈가스	**돼지가 뀐 방귀**를 3글자로 표현하면?
돋보기①	몸 전체가 눈이고 다리가 하나 있는데, 작은 것을 크게 만드는 것은?
돋보기②	무엇이든 크게 보이는 것은?
돌아이	가장 무거운 아이는?
돌파리①	파리는 파리인데, 날지 못하는 파리는?
돌파리②	파리는 파리인데, 제일 무거운 파리는?
돌파리와 해파리	날개가 없는 파리 두 마리는 누구와 누구일까?
돗자리	노 서방이 왕 서방을 꼼짝 못하게 묶어 놓는 것은?(노끈과 왕골)
동굴	굴은 굴인데, 먹지 못하는 굴은?
동물	물은 물인데, 새끼를 낳는 물은?
동물원에 간다	남극 펭귄과 북국 펭귄이 함께 살 수 있는 방법은?
동상①	상은 상인데, 공원이나 거리에서 볼 수 있는 상은?
동상②	상은 상인데, 제일 큰 상은?
동서남북①	북은 북인데, 아무리 두드려도 소리가 나지 않는 북은?
동서남북②	세상에서 가장 큰북은?

Answers	Questions
동서남북③	어느 곳에 가도 하나씩밖에 없는 것은?
동서남북④	어디를 가도 항상 넷으로 구분하는 것은?
동서남북⑤	집집마다 네 개씩 있고, 지구 전체를 합쳐도 네 개인 것은?
동서남북⑥	집집마다 한 개씩 갖고 있는 북은?
동요	요는 요인데, 깔고 잘 수 없는 요는?
동장군(겨울추위)	장군은 장군인데, 싸우지 못하는 장군은?
동전	세상에서 가장 많이 굴러다니는 것은?
동치미	굵은 다리 여인이 찬물에 발 담근 것은?
돛단배	바람이 불어야만 앞으로 나아갈 수 있는 배는?
돼지①	날마다 먹고 자고 놀기만 하는 것은?
돼지②	항상 꿀을 찾기는 하지만 한 번도 꿀을 먹지 못하는 것은?
돼지 장조림	**돼지가 간장독에 빠졌다**를 5글자로 표현하면?
돼지 저금통①	흔들어서 묵직한 소리가 나면 즐겁고 소리가 나지 않으면 섭섭한 것은?
돼지 저금통②	먹을수록 몸무게만 늘고, 배도 부르지 않고 똥도 누지 않는 것은?
두 마리	나뭇가지에 산비둘기 열 마리가 앉은 것을 포수가 총을 쏘아 두 마리가 맞아 떨어졌다. 몇 마리가 남았나?(죽어서 날아가지 못하므로)
두 사람	남자 뒤에 여자가 섰고, 여자 뒤에 남자가 섰으면 모두 몇 사람인가?(서로 등을 맞대고 있음)
두 집	두 집이 있는데, 두 집이 이사를 가면 몇 집이 남는가?
두더지	삽이나 곡괭이가 없어도 땅을 잘 파는 것은?

Answers	Questions
두동강	늘 두 갈래로 흐르는 강은?
두레박①	갈 때는 속이 비고 올 때는 속이 차는 것은?
두레박②	내려갈 때는 가볍고 올라올 때는 무거운 것은?
두레박③	떠날 때는 춤추고 돌아 올 때는 눈물 흘리는 것은?
두레박④	박은 박인데, 우물 속에서 헤엄치는 박은?
두레박⑤	빈 몸으로 내려가서 한 짐 지고 눈물 흘리며 올라오는 것은?
두레박⑥	웃고 들어가 울고 나오는 것은?
두레박⑦	재주넘고 배 채우는 것은?
두발 자전거	달리면 서있고 멈추면 쓰러지는 것은?
두통거리	거리는 거리인데, 머리 아픈 사람들이 많이 모여 사는 거리는?
뒤로 돌아 뛴다	앞쪽에 생긴 자기의 그림자는 아무리 빨리 달려도 앞지를 수 없다. 이 그림자를 앞지르려면?
뒤주(옛날 쌀통)	몸은 하나요, 입은 반이요, 귀는 여덟이요, 발은 넷인 것은?
뒤죽박죽	죽은 죽인데, 먹을 수 없는 죽은?
뒷간	하늘 아래 가장 무서운 집은?
뒷바퀴	아무리 빨리 달려도 앞에 있는 친구를 앞지르지 못하는 것은?
등대①	바닷가에 서서 밤마다 커다란 눈을 깜빡이는 것은?
등대②	흰옷을 입은 키다리가 바닷가에 서서 불을 밝혀주는 것은?
등을 긁을 때 하는 소리	**아냐 아냐, 거기 거기, 옳지!** 하는 것은?

Answers	Questions
등잔밑	먼 곳은 밝은데 가까운 곳은 어두운 것은?
등잔불①	꽃 한 송이가 방안에 가득한 것은?
등잔불②	낮에는 죽고 밤에는 사는 것은?
등잔불③	뱀이 옹달샘에서 빨간 꽃을 물고 있는 것은?
디딜방아	건너 산을 보고 절하는 것은?
따끈따끈①	추운 겨울날 사람들이 가장 좋아하는 끈은?
따끈따끈②	추운 겨울이면 **호! 호!** 거리면서 찾는 끈은?
따끈따끈③	추울수록 사람들이 찾아 헤매는 끈은?
딱따구리	구리는 구리인데, 날아다니는 구리는?
딱딱이	몸은 없고 입만 하나 있는데 윗니 아랫니를 마주치며 노래하는 것은?
딸기	빨간 얼굴에 주근깨와 여드름투성이인 것은?
딸 시집보내기	**시원섭섭하다**고 하는 것은?
땀	뜰에 나가 열심히 구덩이를 파면 무엇이 나올까?
땀방울	방울은 방울인데, 흔들어도 소리 나지 않는 방울은?
땅①	상인보다 농부가 더 잘 팔 수 있는 것은?
땅②	소머리가 동쪽을 향하면, 꼬리는 어느쪽을 향할까?
땅굴	굴은 굴인데, 못 먹는 굴은?
땅사기꾼	땅 중에서 얼렁뚱땅을 좋아하는 사람은?

Answers	Questions
땅콩	작은 방에서 쌍둥이 형제가 함께 살고 있는 것은?
때밀이①	때때로 힘들고 고달파도, 때로 돈 버는 사람은?
때밀이②	목욕탕에서 유일하게 옷을 입고 있는 사람은?
땔감①	불에 태우려고 모아놓은 감은?
땔감②	불 피우는 사람들이 좋아하는 감은?
땡	노래 잘하는 사람들이 제일 싫어하는 소리는?
떠난 곳	갈수록 멀어지는 곳은?
떡국	떡으로 끓이는 국은?
떡방아	매 맞을수록 고와지는 것은?
떡시루	입은 하나인데, 똥구멍은 여럿 있는 것은?
떼돈	돈은 돈인데, 가장 더러운 돈은?
뗏장	장은 장인데, 떼 놓고도 못 먹는 장은?(잔디)
똥개	똥을 먹고 똥 싸는 것은?
똥①	누구나 손대지 않고 쌀 수 있는 것은?
똥②	한 번 나오면 다시 들어갈 수 없는 것은?
똥집	세상에서 제일 더러운 집은?
뚱딴지	그릇은 그릇인데, 아무것도 담을 수 없는 그릇은?(단지는 그릇이라는 뜻)
뚱뚱보	먹는 것만 좋아하고 운동을 싫어하는 사람이 되는 것은?

Answers	Questions
뜨개바늘	눈도 코도 입도 손도 발도 없이 몸통뿐인 것은?
뜨개질①	몸은 하나인데, 코만 많은 것은?
뜨개질②	짜다가 잘못되면, 코를 풀고 다시 짜야 하는 것은?
뜨개질③	코는 코인데, 숨도 쉬지 못하고, 냄새도 못 맡는 코는?
뜨개질④	코로 만든 옷은?
라디오	어떤 소리든 다 내는 상자는?
라디오	노래도 하고 이야기도 하는데 아무도 없는 것은?
라이터	물레방아를 돌리면 불이 켜지는 것은?
레코드판①	둥근 얼굴에 주름살로 노래를 부르는 것은?
레코드판②	둥근 얼굴을 바늘로 긁어야 노래를 부르는 것은?
레코드판③	혼자 외길을 빙글빙글 돌면서 입도 없이 노래 부르는 것은?
로켓①	아기를 업고 하늘로 치솟는 것은?
로켓②	큰 소리로 방귀를 뀌고 하늘로 올라가는 것은?
마네킹①	언제나 새 옷만 입는 것은?
마네킹②	얼굴은 예쁜데 속이 텅 빈 것은?
마늘①	발가벗고 부엌에서 몽둥이로 얻어터지는 것은?
마늘(육쪽)②	발가 벗기면 6형제가 나타나는 것은?
마늘장수	쪽 팔려야 사는 사람은?

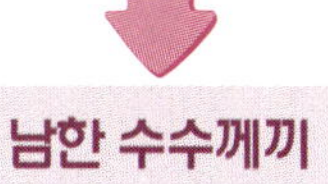

Answers	Questions
마니산	찾아오는 등산객이 별로 없어도 늘 많다고 하는 산은?
마부	돈이 많은 사람은 거부, 말이 많은 사람은?
마술①	마시지도 않고 보기만 했는데도 정신이 없어지는 술은?
마술②	사람을 현혹시키는 술은?
마술③	술은 술인데, 마실 수 없는 술은?
마술④	술은 술인데, 묘기를 부리는 술은?
마스크①	귀에 걸면 귀걸이, 코에 걸면 코걸이, 입에 걸면?
마스크②	사람의 입과 코를 타고 앉아서 추위나 먼지 따위를 막아주는 것은?
마음①	눈으로도 볼 수 없고 손으로 만질 수 없는 것은?
마음②	망원경으로 봐도, 현미경으로 봐도 보이지 않는 것은?
마이크	아무리 서투른 노래를 불러도 말없이 듣고 있는 불쌍한 외다리는?
만년필①	1에서 1을 빼면 2가 되는 것은?
만년필②	검은 물을 줘야 즐거워서 흰 벌판을 달리며 일하는 것은?
만년필③	모자 벗고 거꾸로 서서 하얀 종이에 까만 눈물을 흘리는 것은?
만년필④	아래로 먹고 아래로 토하는 것은?
만년필⑤	일할 때는 모자를 벗고, 안 할 때는 모자를 쓰는 것은?
만년필⑥	하루를 살아도 만년을 살았다고 하는 것은?
만년필 뚜껑	쓸 때는 필요 없고 안 쓸 때는 필요한 것은?

Answers	Questions
만두피①	피는 피인데, 세상에서 제일 싼 피는?
만두피②	피는 피인데, 하얀피는?
만두피③	피는 피인데, 헌혈을 할 수 없는 피는?
만우절	수많은 정신병 환자들이 1년에 꼭 한 번 제정신으로 돌아오는 날은?
만원	지구의 값은 얼마일까?
만유인력	원숭이가 나무에서 떨어지는 이유는?
말탄 사람	타고 있는데도 화상을 입지 않는 사람은?
말(言)①	귀로 먹고 입으로 내뱉는 것은?
말(言)②	손도 발도 없이 온 세상을 다 돌아다니는 것은?
말(馬)③	서서 잠을 자는 동물은?
말똥①	길에 곶감 떨어진 것은?
말똥②	엎어놓아도 말똥말똥, 바로 놓아도 말똥말똥 한 것은?
말뚝	매를 맞으면 제자리에 서 있고 안 맞으면 굴러다니는 것은?
말문	문은 문인데, 말하는 문은?
말소리	나올 때는 입으로 나오고 들어갈 때는 귀로 들어가는 것은?
말의 다리	우각은 소의 뿔, 양각의 양의 뿔, 녹각은 사슴의 뿔이다. 그렇다면 마각은?
말장난	경마장에서 하는 장난은?
말총(꼬리)	총은 총인데, 못 쏘는 총은?

Answers	Questions
말편자	기둥 넷에 주추가 서른 두 개가 있는 것은?
맛①	눈으로 보는 것이 아니라 입으로 보는 것은?
맛②	먹지 않으면 볼 수 없는 것은?
맛③	산 정상에서 보는 것은 경치다. 그러면 밥 먹을 때 보는 것은 무엇일까?
망건	사람 열이 올라가서 울타리를 만드는 것은?
망아지	태어나자마자 걸을 수 있는 것은?
망원경	한 쪽으로 보면 작아 보이고, 반대쪽으로 보면 크게 보이는 것은?
망치①	머리를 두들겨야 제 구실을 하는 것은?
망치②	머리 하나에 긴 다리 하나인데, 늘 머리로 박치기하는 것은?
망치③	치고도 못 쳤다고 하는 것은?
매미①	슬피 울면서도 눈물 한 방울도 흘리지 않는 것은?
매미②	시끄럽게 우는데 노래한다고 하는 것은?
매미③	여름 내내 나무를 붙들고 우는 것은?
매부의 장인 (자기 아버지니까)	제 장인이 소중한가, 매부의 장인이 소중한가?
맥(한의사)	눈으로 보지 않고 손으로 보는 것은?
맷돌①	땅은 가만히 있는데 하늘을 빙빙 돌며 으르렁거리는 것은?
맷돌②	서로 몸을 비비면서 일을 하는 것은?
맷돌③	아무리 가도 제자리걸음만 하는 것은?

Answers	Questions
맷돌④	위로 먹고 옆구리로 내놓는 것은?
맹물	미련한 사람들이 즐겨 먹는 물은?
머리①	**돈다**고는 하는데 가만히 있는 것은?
머리②	몸살감기에 걸린 사람이 체중이 줄었는데도 무겁다고 하는 것은?
머리③	쓰면 쓸수록 좋아지는 것은?
머리 빗	많은 이를 가지고 있지만 아무것도 먹을 수 없는 것은?
머리감을 때	정말 눈코 뜰 새 없이 바쁠 때는?
머리카락①	나이테도 없고 마디도 없고 가지도 없으나 키가 자라는 것은?
머리카락②	씨앗도 안 뿌렸는데 저절로 나서 자라는 것은?
머리카락③	처음엔 검었는데, 나이를 먹을수록 하얗게 변하는 것은?
머리칼①	사람 몸에 늘 가지고 다니는 흉기는?
머리칼②	칼은 칼인데, 물건을 자를 수없고 오히려 자기가 잘리는 칼은?
머리칼③	칼은 칼인데, 자르는 데 사용할 수 없는 것은?
먹구름	두꺼울수록 물이 잘 새는 것은?
먹는 밤(栗)	낮에 보아도 밤인 것은?
먹는 일	남보다 위대한 사람은 어떤 일을 잘 하나?
먹물	물은 물인데, 글씨를 잘 쓰는 물은?
먹새	새 가운데 가장 무서운 새는?

Answers	Questions
먼지	발이 없어도 두들기면 일어나는 것은?
먼지떨이①	다리는 하나인데, 머리털이 수없이 많은 것은?
먼지떨이②	머리카락으로 열심히 먼지를 털며 청소하는 것은?
멍멍	개가 웃을 때는 어떻게 웃을까?
멍텅구리①	구리는 구리인데, 엿장수도 안 집어 가는 구리는?
멍텅구리②	구리 중에서 가장 쓸모없는 구리는?
메밀국수	끓는 물에 목욕하고 찬물에 목욕하고 갈대밭에 누운 것은?
메아리①	배운 적도 없으면서 어느 나라말이나 다 따라하는 것은?
메아리②	산에 숨어살면서 남의 소리를 흉내 내는 것은?
메주	썩어야 먹는 것은?
멜빵	아무리 배가 고파도 먹지 못하고, 몸에 걸고 다녀야 하는 빵은?
면도사①	사람의 목덜미에 칼을 대야만 돈을 버는 사람은?
면도사②	하루에 면도를 수십 번씩 하는 사람은?
명함①	내 것이지만 나보다 남에게 필요한 것은?
명함②	내 돈으로 사 가지고 남에게 그냥 주는 것은?
명함③	종이 한 장에 집도 싣고 직장도 싣고 전화까지 싣고 다니는 것은?
명함④	함중에서 제일 작은 함은?
모가 자라는 것	남아도 늘 모자란다고 하는 것은?

Answers	Questions
모기	사람에게 올 때는 언제나 사이렌을 불면서 찾아오는 것은?
모기장①	더운 여름날 방안에서 치고 자는 텐트는?
모기장②	사람이 들어갈 수는 있어도 벌레는 못 들어가는 것은?
모기장③	옆으로 들어가고 옆으로 나가는 것은?
모기장④	작은 것은 못 들어가고, 큰 것만 들어가는 것은?
모기장⑤	지붕과 기둥, 벽은 있는 집인데, 구멍이 수없이 뚫린 집은?
모기장⑥	천장은 있는데 바닥이 없고, 들여다보이는데 유리창이 없고, 여름에만 쓰고, 사람이 들어가 잘 수 있는 것은?
모내기①	먹고살기 위해서 하는 내기는?
모내기②	해마다 봄만 되면 농촌에서 하는 내기는?
모모	외할머니를 2글자로 표현하면?
모자	커다란 입으로 머리를 먹는 것은?
모자(母子)①	모자는 모자인데, 머리에 쓸 수 없는 모자는?
모자(母子)②	아무리 오래된 모자라도 버릴 수 없는 것은?
모자③	쓰기는 분명히 썼는데 읽을 수 없는 것은?
모자④	쓰기는 쓰는 것인데, 연필이 아닌 것은?
모자⑤	외출할 때 제일 높은 자리를 차지하는 것은?
모자⑥	제일 높은 곳에 앉아서 돌아다니는 것은?
모자걸이①	모자를 벗어야 모자를 쓰는 것은?

Answers	Questions
모자걸이②	집 안에서 항상 모자를 쓰고 있는 것은?
목구멍	고개를 넘으면 곧바로 낭떠러지인 것은?
목발	걸어 다니는 나무는?
목수①	나무로 밥을 만드는 사람은?
목수②	못쓰는 일만 찾아다니는 사람은?
목욕탕①	깨끗한 친구를 사귀려면 어디로 가야 하나?
목욕탕②	더럽게 하고 찾아와서 욕을 하고 가도 언제나 깨끗하게 보내주는 곳은?
목욕탕③	들어갈 때는 다리가 먼저 들어가고, 나올 때는 머리가 먼저 나오는 것은?
목욕탕④	발가벗어야만 들어갈 수 있는 곳은?
목욕탕(사우나)⑤	우리나라에서 김이 제일 많이 나는 곳은?
목침①	침은 침인데, 나무로 만든 침은?
목침②	침은 침인데, 머리에 놓고 자는 침은?
목침③	침은 침인데, 뾰족하지 않은 침은?
목화①	꽃 중에 제일 실용적인 꽃은?
목화②	꽃이 필 때에는 아래로 향하고, 열매 열릴 때에는 위로 향하는 꽃은?
목화③	열매가 먼저 열리고 꽃이 뒤에 피는 것은?
목화④	한 해에 꽃이 두 번 피는 것은?
몸살	살은 살인데, 아픈 살은?

Answers	Questions
못①	들어가려면 머리를 맞아야 하고, 나오려면 머리를 뽑혀야 하는 것은?
못②	들어갈 때는 머리를 두들겨 맞고, 나올 때는 머리를 끄덕이는 것은?
못③	때리면 때릴수록 깊숙이 숨어 들어가는 것은?
못④	머리를 얻어맞아야 말을 듣고 쏙 들어가는 것은?
못⑤	분명히 자기가 사 오고도 못 사왔다는 것은?
못⑥	작고 가는 몸 하나로 아무리 큰 물건이라도 꽉 붙들고 있는 것은?
못⑦	치고도 못 쳤다고 하는 것은?
못 사는 사람	돈이 많은데도, 못 사는 사람은?
묘책	기가 막힌 아이디어와 꾀가 적혀 있는 책은?
무①	머리카락은 초록, 긴 얼굴은 하얀색인데, 흰 수염이 난 것은?
무②	밖에는 녹색 치마 땅 밑에는 흰색 얼굴에 털 난 것은?
무단 횡단하는 사람	자동차 운전자가 가장 무서워하는 사람은?
무당벌레①	앞날을 내다볼 수 있는 벌레는?(무당이니까)
무당벌레②	춤과 노래를 가장 잘하는 곤충은?
무대의 막①	볼 때는 안 보이고, 안 볼 때는 보이는 것은?
무대의 막②	할 때는 올라가고, 안 할 때는 내려오는 것은?
무덤①	덤으로 준다고 해도 모두들 받기 싫어하는 덤은?
무덤②	먼 산에 바가지 엎어놓은 것은?

Answers	Questions
무덤③	일년에 한 번 머리 깎는 것은?
무덤④	특별한 날에만 머리를 깎는 것은?
무덤⑤	푸른 잔디밭에 쪽박 엎어놓은 것은?
무덤⑥	한번 들어가면 절대로 못 나오는 곳은?
무릎	꺾으면 한 뼘이요 펴면 반 뼘 되는 것은?(구부리면 살이 늘어나고 펴면 줄어드므로)
무술①	보디가드들이 좋아하는 술은?
무술②	술은 술인데, 어린이가 배워도 되는 술은?
무용담	담은 담인데, 군인들이 좋아하는 담은?
무전기	닿아도 감전이 되지 않는 전기는?
무지개①	개는 개인데, 물지 않는 개는?
무지개②	세상에서 가장 눈부시게 아름다운 개는?
무지개③	아주 예쁜 다리이지만 사람이 건널 수 없는 다리는?
무지개④	일곱 쌍둥이이면서 이름은 하나 갖고 쓰는 것은?
무지개⑤	하늘에 사는 개는?
무지개 안개 번개 솔개	하늘에 있는 개 네 마리는?
무화과	꽃도 안 피고 열매 맺는 것은?
묵은놈	바로 써도, 거꾸로 써도 같은 글자가 되는 낱말은?
묵사발	가장 못생긴 발은?

Answers	Questions
문①	닫으면 네모, 열면 여덟 개의 모서리가 생기는 것은?
문②	집마다 있는 것인데, 짜고 달고 쓰는 것은?
문③	한 날개로 사람을 잡아먹는 것은?(한편의 문짝을 개폐(開閉)하여 사람이 출입하는 것을 이렇게 비유함)
문방구	방구는 방구인데, 냄새도 소리도 없는 방구는?
문살	살은 살인데, 나무로 만든 살은?
문어①	다리에 발이 달리지 않고 머리에 발이 달린 것은?
문어②	허리에 눈이 달린 것은?
문을 잠근다	화장실에 들어가서 제일 먼저 하는 일은?
문턱	턱은 턱인데, 움직이지 않는 턱은?
물 끓이기	일층에서는 불나고, 이층에서는 홍수 나고, 삼층에서는 안개가 잔뜩 끼어 있는 것은?
물가①	세계에서 뜀뛰기를 제일 잘하는 사람도 당해내지 못하는 것은?
물가②	오르면 오를수록 나쁜 것은?
물가③	올라가면 싫어하고, 내려오면 좋아하는 것은?
물건	팔수록 줄어드는 것은?
물고기①	물 속에 있는 버들잎은?
물고기②	자고 있는 데도 눈을 말똥말똥하게 뜨고 있는 것은?
물고기③	하루 종일 먹 감아도 춥지 않는 것은?
물동이①	나갈 때는 가볍고 들어올 때는 무거운 것은?

Answers	Questions
물동이②	나갈 때는 속이 비었지만 들어올 때에는 꽉 차는 것은?
물레	으르렁거리는 나무에 하얀 비둘기는?
물레방아①	물을 만나야 빙글빙글 돌아가는 것은?
물레방아②	물을 맞으면 돌아버리는 것은?
물레방아③	물이 제 몸 위를 흘러가야 살아나는 것은?
물레방아④	물이 흘러야 살 수 있는 것은?
물레방아⑤	아무리 가도 제자리걸음을 하고 있는 것은?
물방울①	소리 안 나는 방울은?
물방울②	하나에 하나를 더해도 하나가 되고, 둘을 더해도 하나가 되는 것은?
물①	부드럽고도 거친 것은?
물②	아무리 칼로 베어도 베어지지 않는 것은?
물③	오리가 깔고 앉는 방석은?
물④	추울 때는 고체, 더울 때는 액체인 것은?
물⑤	콩나물이 먹는 밥은?
물⑥	항상 낮은 곳으로만 가는 것은?
물집①	[고집] 참고
물집②	집은 집인데, 사람 몸에 생기는 집은?
물총	구멍이 크면 잘 안나오고, 작으면 잘나오는 것은?

Answers	Questions
미끄럼틀①	갈 때는 계단으로 가고 올 때는 편안하게 오는 것은?
미끄럼틀②	다리로 올라가서 엉덩이로 내려오는 것은?
미남	아무리 예뻐도 평생 미녀라는 소리를 못 듣는 사람은?
미사일	**천주교 신자가 일요일에 성당에서 보는 일**을 3자로 표현하면?
미소①	세상에서 가장 예쁜 소는 어떤 소일까?
미소②	소는 소인데, 뿔이 없는 소는?
미술①	그림 그리는 사람들이 좋아하는 술은?
미술②	술은 술인데, 마실 수 없는 술은?
미역국	수험생이 가장 싫어하는 국은?
미키마우스	세계적으로 가장 유명한 쥐는?
밀알	알은 아닌데 알이라 하는 것은?
밉상	상은 상인데, 못 생긴 상은?
바가지①	가지는 가지인데, 못 먹는 가지는?
바가지②	남자들이 싫어하는 주방기구는?
바가지 장사	법적으로 바가지요금을 받아도 되는 사람은?
바구니①	눈은 많은데 입은 하나밖에 없는 것은?
바구니②	커다란 입으로 무엇이든지 잘 먹고 잘 쏟아 내는 것은?
바깥쪽	커피 잔의 손잡이는 어느 쪽에 있나?

Answers	Questions
바나나	처음에는 파랗던 옷이 시간이 가면 노란 옷이 되고, 그 노란 옷을 밟으면 넘어지게 되는 것은?
바느질	가시 하나가 실을 달고 여러 고개를 넘는 것은?
바늘①	귀 하나로 일하는 것은?
바늘②	귀 하나만 가지고 숨바꼭질하면서 실을 운반하는 것은?
바늘③	귀 하나에 다리 하나 있는 것은?
바늘④	귀로 먹고 귀로 토하는 것은?
바늘⑤	눈, 코, 입은 없지만 귀는 있는 것은?
바늘⑥	몸뚱이 하나에 귀만 하나 달랑 있는 것은?
바늘⑦	실없는 사람에게 있으나마나 한 것은?
바늘귀	귀는 귀인데, 소리를 듣지 못하는 귀는?
바늘코	코는 코인데, 숨도 쉬지 못하고, 냄새도 못 맡는 코는?
바다①	여름에는 가깝고 겨울에는 먼 것은?
바다②	여름에는 들어가고 싶고 겨울에는 들어가고 싶지 않은 곳은?
바둑①	가로줄과 세로줄이 만나는 곳에서 줄타기하며 싸우는 것은?
바둑②	검은 돌과 흰 돌이 만나기만 하면 싸우는 것은?
바둑③	까만 동그라미와 하얀 동그라미가 서로 제 집을 짓겠다고 싸우는 것은?
바둑이	기원에서 키우는 애완견의 이름은?
바람개비	바람을 좋아하는 비는?

Answers	Questions
바람①	뛰어가면 덤벼드는 것은?
바람②	몸을 스치고 지나가는 데도, 보이지도 않고 잡을 수도 없는 것은?
바람③	문을 두드리며 방안으로 들어오는데, 모습이 전혀 보이지 않는 것은?
바람④	소리는 나지만 볼 수 없는 것은?
바람⑤	손도 없고, 발도 없이 나무를 흔드는 것은?
바지①	다리는 있는데 발이 없는 것은?
바지②	들어가는 구멍은 하나인데, 나오는 구멍은 두 개인 것은?
바퀴(쳇)①	아무리 가도 제자리에서 맴돌고 있는 것은?
바퀴②	앞서 가는 동생을 아무리 쫓아가도 형이 못 쫓아가는 것은?
바퀴벌레①	굴러다니는 벌레는?
바퀴벌레②	벌레 가운데 제일 빠른 벌레는?
박꽃	해가 지면 피고 해가 뜨면 지는 것은?
박력	흥부가 박을 탈 때 쓴 힘은?
박쥐①	거꾸로 매달려서 잠을 자는 것은?
박쥐②	날짐승도 아니고 길짐승도 아닌 것은?
박쥐③	낮말은 새가 듣고 밤 말은 쥐가 듣는다. 그럼 낮말, 밤말 모두 듣는 것은?
박쥐④	낮에는 거꾸로 매달려 자고, 밤이면 활개치고 다니는 것은?
박쥐⑤	낮에는 쥐가 되고, 밤에는 새가 되는 것은?

Answers	Questions
박쥐⑥	몸에 우산 달고 폈다 접었다 하면서 날아다니는 것은?
박쥐⑦	새 틈에 들어가면 새가 되고, 쥐 틈에 들어가면 쥐가 되는 것은?
박쥐⑧	쥐는 쥐인데, 고양이를 보고도 무서워하지 않는 쥐는?
반딧불①	날아다니는 불은?
반딧불②	밤에 풀밭에 켜 놓은 등불은?
반딧불③	성냥에 켜진 불은 성냥불, 전등에 켜진 불은 전등불, 벌레에 켜진 불은?
반딧불④	어두운 밤하늘을 날아다니는 불은?
반짇고리①	앉아 있는 고리는?
반짇고리②	엄마 앞에 앉아 있는 고리는?
반했다	1/2 **했다**는 말은 무슨 뜻일까?
발①	개와 개구리에게는 있지만 뱀에게는 없는 것은?
발②	신이 존재하기에 편안히 살 수 있는 것은?
발(양말 버선)③	오 형제가 한 집에는 살아도 각 집에서는 못사는 것은?
발 등①	등은 등인데, 발에 달린 등은?
발 등②	등은 등인데, 어둠을 밝힐 수 없는 등은?
발가락	[손가락] 참고
발걸음	똑같이 걸어가는데, 앞뒤 자리가 자꾸 바뀌는 것은?
발뒤꿈치	세상에서 제일 먼 곳은?

Answers	Questions
발바닥①	땅바닥은 맨 아래에 있다. 땅바닥 보다 조금 높은 바닥은?
발바닥②	앉아 있으면 보기 쉽고 서 있으면 보기 어려운 것은?
발 씻는 일	누구나 발 벗고 나서야 할 수 있는 일은?
발자국①	걸어갈 때 꼭 뒤에 남기는 것은?
발자국②	걸어 다니면서 찍는 도장은?
발톱	[손톱] 참고
밤(栗)①	낮에도 밤이라 하는 것은?
밤②	더울 때는 짧고 추울 때는 긴 것은?
밤비	낮에는 쏟아지지 않는 비는?
밤송이①	가시 안에 매끈이, 그 안에 털털이, 그 안에 냠냠이가 있는 것은?
밤송이②	가죽 속에 털 난 것은?
밤송이③	바늘 옷을 입고 높은 곳에서 떨어지면서도 입을 크게 벌리고 웃는 것은?
밤송이④	어릴 때는 옷을 입고 있다가 차차 커지면 옷을 벗어버리는 것은?
밥공기	공기는 공기인데, 숨쉴 수 없는 공기는?
밥상①	들어갈 때는 무겁고 나올 땐 가벼운 것은?
밥상②	들어갈 때는 한 짐 지고 들어가고, 나갈 때는 반 짐 지고 나오는 것은?
밥상③	밥 먹기 전에도 세수하고, 밥 먹고 나서도 세수하는 것은?
밥상④	아내가 남편에게 매일 주는 상은?

Answers	Questions
밥솥①	검은 암탉이 흰 알을 품고 있는 것은?(가마솥)
밥솥②	아침, 점심, 저녁마다 배 데이고, 속 긁히는 것은?
밥솥③	아침저녁으로 엉덩이에 화상을 입는 것은?
밥솥 위의 행주	검은 바위에서 흰 생쥐가 눈물 흘리는 것은?(가마솥)
밥알①	알도 아닌데, 알이라고 하는 것은?
밥알②	알은 알인데, 껍질도 까지 않고 익혀서 통째로 먹는 알은?
밥풀	사람들이 매일 먹고사는 풀은?
방귀①	깊은 골짜기에서 피리를 불고 나오는 것은?
방귀②	듣지는 못해도 소리를 내는 귀는?
방귀③	모양도 없고 소리만 나는데 바지 속에서 잃어버리면 못 찾는 것은?
방귀④	소리는 났는데 온데간데없는 것은?
방귀⑤	평생토록 꾸어주기만 하고 돌려받지 못하는 것은?
방망이①	때리는 것이 일하는 것인 것은?
방망이②	자기 책임을 다하기 위해 남을 때리는 것은?
방비	비가 아무리 와도 냇물로 흐르지 않는 비는?
방석①	방안에 넓죽 엎드려서 사람을 태우는 것은?
방석②	손님이 올 때마다 끌려 내려와 깔리는 것은?
방아깨비	다리만 잡으면 방아 찧는 것은?

Answers	Questions
방아	먼 산을 보고 절하는 것은?
방아떡	맞을수록 고와지는 것은?
방죽(둑)①	죽은 죽인데, 먹지 못하는 죽은?
방죽②	죽은 죽인데, 물만 차고 못 먹는 죽은?
방패연	배꼽을 떼어서 이마에 붙이고 하늘로 올라가는 것은?
방향	어디로 가나 한 가지인 것은?
배(船)①	배는 배인데, 못 먹는 배는?
배②	물 위에 떠다니는 나무는?
배③	바다에 나막신 한 짝은?
배④	사람에게도 있고 바다 위에도 있고 과일 중에도 있는 것은?
배⑤	죽은 나무가 물위를 달리는 것은?
배고파	이 세상에서 가장 맛없는 파는?
배고팠을 때 먹는 음식	이 세상에서 가장 맛있는 음식은?
배꼽①	넓은 벌판 한가운데에 있는 물 없는 옹달샘은?
배꼽②	사람의 몸 한가운데 있으면서도 전혀 쓸모가 없는 것은?
배낭	아기도 아닌데 언제나 등에 업혀 다니기만 하는 것은?
배드민턴 공①	둥근 파리채로 머리를 때리면 머리를 날리며 날아가는 것은?
배드민턴 공②	예쁜 날개가 달려 있는데 때리지 않으면 하늘을 날 수 없는 것은?

Answers	Questions
배신	신은 신인데, 의리 있고 정직한 사람들이 싫어하는 신은?
배아픈 사람	정말 먹고 살기 힘든 사람은?
배우	배울 것을 다 배웠는데도 여전히 배우라는 소리를 듣는 사람은?
배추	머리 풀고 화장하고 항아리로 들어가는 것은?
배탈	탈은 탈인데, 얼굴에 쓸 수 없는 탈은?
백 살(백미)	쌀의 나이는?
백발	갈수록 환해지는 것은?
백점①	맞고 오면 엄마가 좋아하는 것은?
백점②	맞으면 기분이 좋은 것은?
백합①	꽃 100개를 모아서 만든 꽃은?
백합②	꽃 중에서 나이가 제일 많은 꽃은?
뱀①	다닐 때 배밀이하며 다니는 것은?
뱀②	배로 걸어 다니는 것은?
뱃사공①	공은 공인데, 물 위로만 돌아다니는 공은?
뱃사공②	공은 공인데, 배를 타고 다니는 공은?
뱃사공③	먼저 타고 나중에 내리는 사람은?
뱃사공④	물에 빠지면 가라 앉는 공은?
뱃사공⑤	아무리 퉁겨도 튀지 않는 공은?

Answers	Questions
버드나무	구부러져도 뻗었다 하는 나무는?
버선	[양말] 참고
버섯①	기둥 하나에 지붕 하나로 지은 집은?
버섯②	머리 하나에 기둥하나를 가지고 있는 것은?
버섯③	물렁물렁한 기둥이 우산을 쓰고 있는 것은?
버섯④	뼈도 없는 것이 한 발로 우산을 받고 서 있는 것은?
버섯⑤	숲 속에서 모자 쓰고 옹기종기 서 있는 것은?
버스	앞과 뒤의 입으로 사람을 삼켰다 뱉었다 하는 것은?
버스 기사	많이 태우면 태울수록 좋아하는 사람은 누구?
번개 안개 무지개 솔개	하늘에 있는 개 네 마리는 무엇일까?
번개①	개는 개인데, 물지 않는 개는?
번개②	개는 개인데, 세상에서 제일 빠른 개는?
번개③	다른 때는 안 짖고 비가 올 때만 짖는 개는?
번개④	하늘에 사는 개는?
번개와 천둥	빛이 나면 소리가 대답하는 것은?
번갯불	동에 번쩍 서에 번쩍 하는 것은?
번호	먼저 태어날수록 나이가 어린것은?
벌집①	수없이 많은 집과 문이 거꾸로 매달려 있는 것은?

Answers	Questions
벌집②	집은 집인데, 노크하면 큰일 나는 무서운 집은?
벙어리	태어나서 제 입으로 한 번도 거짓말을 해 보지 않은 사람은?
벙어리 장갑	아빠는 작은 방에서 혼자 자고 나머지 네 식구는 큰방에서 함께 자는 것은?
베개①	개는 개인데, 밤이 되면 사람과 친한 개는?
베개②	낮에는 잠자고 밤에는 일하는 것은?
베개③	누워서 일하는 것은?
베개④	밤새 나와 함께 있다가 날이 새면 헤어지는 것은?
베개⑤	밤에는 끌려 나오고 아침에는 안겨 들어가는 것은?
베개⑥	사람이 누워 있을 때만 일하고 일어나면 일을 못하는 것은?
베개⑦	아침에는 올라가고 저녁에는 내려오는 것은?
베개⑧	잠잘 때면 어김없이 머리로 다가와 우리 곁에서 자는 개는?
베이징	징 중에서 제일 큰 징은?
베트콩	콩은 콩인데, 못 먹는 콩은?
벼(정미소)①	들어갈 때는 옷을 입었다가 나올 때는 발가벗는 것은?
벼②	익을수록 고개를 숙이는 것은?
벼③	피를 뽑아야 더 잘 자라는 것은?
벼④	형이 동생한테 먼저 절하는 것은?
벼룩시장	세상에서 제일 작은 시장은?

Answers	Questions
벽(도배)	해가 지날수록 두꺼워지는 것은?
변비①	비는 비인데, 사람에게 고통을 주는 비는?
변비②	비는 비인데, 사람들이 싫어하는 비는?
변소①	소는 소인데, 걷지 못하는 소는?
변소②	집집마다 키우는 소는?
변소③	한 사람으로 만원 되는 곳은?
별①	까만 비단에 은가루 뿌린 것은?
별②	낮에는 눈을 꼭 감았다가 밤에 초롱초롱 눈을 뜨는 것은?
별③	낮에는 숨어있고 밤에만 나오는 것은?
별④	밤이 되면 눈을 뜨고 깜박거리다가 아침이 되면 잠들어 버리는 것은?
별⑤	어두우면 잘 보이고 환하면 안 보이는 것은?
별똥	하늘에서 누는 똥인데, 밤에만 보이는 것은?
별명	모처럼 얻었는데, 자기는 못쓰고 남이 쓰는 것은?
별자리	자리는 자리인데, 깔지 못하는 자리는?
볏섬	죽어 가는 아버지가 산 자식을 묶어내는 것은?
병①	드러눕기만 하면 토하는 것은?
병(病)②	많이 가질수록 괴로운 것은?
병③	머리에 입은 있는데 손과 발이 없는 것은?

Answers	Questions
병④	서서 먹고 누워서 뱉는 것은?
병⑤	입 위에 모자를 쓴 것은?
병⑥	입으로 먹고 입으로 내놓는 것은?
보①	권투 챔피언의 주먹보다 더 센 것은?
보②	바위보다는 세고, 가위보다는 약한 것은?
보③	주먹으로 이기려는 사람에게 이기는 것은?
보름달	한 달에 한 번 배가 불룩한 것은?
보리①	다른 식물은 겨울이 되면 집으로 들어가지만, 겨울에 살려고 들로 나오는 것은?
보리②	무엇인지 모르지만 자꾸만 보겠다고 하는 곡식은?
보리③	온 몸에 털 난 곡식은?
보릿고개①	고개는 고개인데, 가장 넘기 힘든 고개는?(어려웠던 시절 묵은 곡식은 떨어지고 보리는 아직 여물지 않아 식량이 부족했던 음력 4, 5월경을 이르는 말.)
보릿고개②	고개는 고개인데, 곡식으로 만든고개는?
보릿고개③	고개는 고개인데, 보이지 않는 고개는?
보물	물은 물인데, 아주 값비싼 물은?
보슬비	비는 비인데, 쓸지 못하는 비는?
보신탕집	사람이 개를 물어뜯는 곳은?
보온병	뜨거운 것을 잘 먹는 것은?
복	터지면 터질수록 좋은 것은?

Answers	Questions
복권①	크게 터질수록 좋은 것은?
복권②	**혹시나!**에서 **빌어먹을!**로 끝나는 것은?
복숭아①	과일은 과일인데, 뼈가 있는 과일은?(복숭아 뼈)
복숭아②	우리 몸의 뼈와 관계있는 과일은?(발목부위에 복숭아 뼈)
볼기짝	바가지 두 개가 나란히 엎드려 있는 것은?
볼펜	[연필] 참고
봄	얼음이 녹으면 물이 되고, 눈이 녹으면 무엇이 될까?
봉급	오르면 오를수록 좋은 것은?
봉투	한번 먹으면 입을 봉해야 하는 것은?
부귀영화①	게으른 사람은 평생 못 보는 영화는?
부귀영화②	누구나 보고 싶어 하는 영화는?
부귀영화③	북한 주민들은 평생 볼 수 없는 영화는?
부귀영화④	영화는 영화인데, 극장에서 볼 수 없는 영화는?
부글부글	속이 끓어오르는 사람이 쓴 글은?
부실	건축가가 가장 싫어하는 실은?
부싯돌	서로 부딪혀야 일을 할 수 있는 것은?
부씨 성을 가진 사람	절대로 사장이 될 수 없는 사람은?
부엉이	깜깜해야 잘 보이는 것은?

Answers	Questions
부자(父子)가 사는 집	가난하지만 부잣집은?
부자(父子)되기 틀린 집	딸 하나만 낳아 세 식구가 사는 집을 무엇이라고 할까?
부지깽이①	먹지도 못하면서 입만 검게 그을리는 것은?
부지깽이②	밥 지어 주고도 밥을 못 얻어먹는 것은?
부지깽이③	밥 지어주고 키가 작아지는 것은?
부채①	더울 때 일하고, 추울 때 잠자는 것은?
부채②	바람이 불면 안 흔들리고, 바람이 불지 않으면 흔들리는 것은?
부채③	여름마다 바람을 피우는 것은?
부채④	여름에 손 흔드는 것은?
부채⑤	여름에만 제 구실을 하는데 얼굴도 하나, 발도 하나인 것은?
부채⑥	종이와 대나무가 만나서 시원한 바람을 일으키는 것은?
부처	처는 처인데, 결혼 안 하는 처는?
북①	둥근 배를 때리면 때릴수록 더 크게 노래 부르는 것은?
북(北)②	북은 북인데, 소리가 나지 않는 북은?
북③	사방팔방 어느 쪽에서 봐도 북쪽인 것은?
북④	죽은 소가 맞으면 우는 것은?(소가죽으로 만들었으므로)
북두칠성	하늘에 있는 국자는?
북소리	죽은 소의 울음소리는?

Answers	Questions
북어	때릴수록 먹기 좋은 것은?
분수	밑으로 먹고 위로 내뱉는 것은?
불①	물만 먹으면 죽는 것은?
불②	물을 먹으면 죽고 바람 먹으면 사는 것은?
불가사리	바다에 사는 별은?
불경기①	모든 사람이 싫어하는 경기는?
불경기②	사업가와 장사하는 사람이 싫어하는 경기는?
불고기	물고기의 반대말은?
불꽃①	꽃은 꽃인데, 캄캄해야 잘 보이는 꽃은?
불꽃②	꽃은 꽃인데, 향기가 없는 꽃은?
불꽃③	밤에 보아야 아름다운 꽃은?
불똥①	붉은 똥이 공중으로 튀어 오르는 것은?
불똥②	똥은 똥인데, 튀면 큰일 나는 똥은?
불똥③	똥은 똥인데, 튀어 다니는 똥은?
불 불 불조심	말을 더듬거려야 읽을 수 있는 표어는?
불티	올라갈 때는 빨갛고, 내려갈 때는 하얀 것은?
붓①	[연필] 참고
붓②	검정 물똥을 싸면서 걸어 다니는 것은?

Answers	Questions
붓③	꼬리로 이리저리 다니며 일하는 것은?
붓④	대 끝에 털이 난 것은?
붓⑤	대밭에서 족제비가 나와서 할 말을 다하는 것은?(대밭은 붓 대, 족제비는 붓 털)
붓⑥	머리를 깎이면 생명을 잃는 것은?
붓⑦	머리카락으로 글씨를 쓰며 돌아다니는 것은?
붓⑧	이 세상에 태어난 뒤로 머리를 한번도 깎아본 적이 없는 것은?
붓⑨	일하기 전에 반드시 검은 물로 목욕하는 것은?
붓⑩	일할 때마다 까만 물에 머리를 적시는 것은?
붓⑪	젊어서는 흰머리, 늙어 갈수록 검은머리가 되는 것은?
붕대	하얀 옷을 입고 남의 몸에 빙빙 휘감겨서 사는 것은?
붕어빵	물고기는 물고기인데, 뼈가 없는 물고기는?
비(雨)	비는 비인데, 쓸지 못하는 비는?
비누①	거품을 키우면서 작아지는 것은?
비누②	쓰면 쓸수록 작아지는 것은?
비누③	자기 몸을 깎아가며 남을 깨끗하게 해 주는 것은?
비둘기	날마다 구구단을 외우지만, 평생 한 번도 수학을 하지 못하는 것은?
비 오는 날	누구라도 쓸만한 것을 찾는 날은?
비웃음	비 올 때 웃는 웃음은?

Answers	Questions
비행기①	달리기를 해야 날아가는 것은?
비행기②	바퀴 달고도 하늘을 나는 것은?
비행기③	자기는 타지 못하면서 남만 태워 주는 것은?
비행기표	[차표] 참고
빈 병	마시면 마실수록 많아지는 것은?
빈 상자	달걀 상자를 떨어뜨렸는데도 달걀이 안 깨진 이유는?
빈 술병	술꾼들이 싫어하는 병은?
빗①	많은 이로 머리카락에 달라붙어 물고 늘어지는 것은?
빗②	이가 많아도 씹을 수 없는 것은?
빗자루①	방안을 왔다 갔다 해도 발자국 하나 남기지 않는 외다리 괴물은?
빗자루②	분명히 자루인데, 아무것도 넣을 수 없는 자루는?
빗자루③	자루는 자루인데, 쓸기만 하고 아무것도 담을 수 없는 자루는?
빚	쓰면 쓸수록 많아지는 것은?
빨강	정열적으로 흐르는 강은?
빨래①	긴 줄에 매달려 춤추고 있는 것은?
빨래②	더러워지면 얻어맞고 비틀거리는 것은?
빨래③	두드려 맞고 비틀거리고 눈물을 짜며 점점 말라 가는 것은?
빨래④	비가 오면 부리나케 달려가 끌어안고 오는 것은?

Answers	Questions
빨래⑤	얻어맞고, 비틀거리고, 하늘에서 춤추는 것은?
빨래⑥	주무르고 비튼 다음 거꾸로 달아매는 것은?
빨래집게①	남의 옷을 물고 늘어져 있는 것은?
빨래집게②	빨래를 물고 하루 종일 고생하는 것은?
빨랫줄①	마른 것을 싫어하고, 젖은 것만 좋아하는 것은?
빨랫줄②	마른 옷은 벗고, 젖은 옷만 입는 것은?
빨랫줄③	해가 뜨면 옷을 입었다가 비가 오면 옷을 벗는 것은?
빵점	먹고 오면 엄마가 가장 싫어하는 것은?
뼈다귀①	귀는 귀인데, 엄청 딱딱한 귀는?
뼈다귀②	귀는 귀인데, 소리를 듣지 못하는 귀는?
뼈다귀③	개들이 좋아하는 귀는?
뽀뽀	맨입만 가지고도 할 수 있는 일은?
뽕나무①	매일 방귀를 뀌는 나무는?
뽕나무②	방귀를 잘 뀌는 나무는?
삐약①	갓 태어난 병아리가 찾는 약은?
삐약②	약은 약인데, 병아리가 좋아하는 약은?
삐용삐용	오락실에 사는 아주 시끄러운 용 두 마리는?
사계절	머리는 따뜻하고, 가슴은 덥고, 배는 서늘하고, 꼬리는 어는 것은?

Answers	Questions
사과①	싸움한 사람들에게 필요한 과일은?
사과②	잘못했을 때 먹는 과일은?
사과나무	잘못한 것도 없는데 잘못했다고 빌기만 하는 나무는?
사과나무 장수	내일 지구가 망한다면 좋아할 사람은?
사냥	먼 산보고 방귀 뀌는 것은?
사다리①	다리는 다리인데, 오르락내리락만 할 수 있는 다리는?
사다리②	다리는 다리인데, 오를 수는 있어도 건널 수 없는 다리는?
사다리③	두 다리가 멀쩡한데도 걷지 못하는 다리는?
사다리④	두 다리는 길고 튼튼하지만 몸뚱이는 갈비뼈뿐인 것은?
사돈①	돈은 돈인데, 결혼을 해야만 생기는 돈은?
사돈②	돈은 돈인데, 물건을 살 수 없는 돈은?
사람①	톱을 20개씩 가지고 다니는 것은 누구?(손톱10, 발톱10)
사람②	목이 다섯, 눈이 스물 둘, 등이 여섯인 것은?(목, 손목, 발목까지 치면 5/ 손톱눈, 발톱눈까지 치면 22/ 콧등, 등, 손등, 발등까지 치면 6)
사람③	목이 다섯인 동물은?(목, 손목 2개, 발목 2개)
사람④	발가벗고 태어나서 옷을 입고 가는 것은?
사람⑤	아침에는 네발로, 낮에는 두발로, 저녁에는 세발로 걷는 것은?
사람은 둘 사과는 셋	혼자서 두 개씩 먹으면 하나가 모자라고 한 개 씩 먹으면 하나가 남는다. 사람은 몇 명이고 사과는 몇 개?
사랑	어릴수록 뜨거워지는 것은?

Answers	Questions
사마귀①	귀는 귀인데, 소리를 못 듣는 귀는?
사마귀②	귀는 귀인데, 아무짝에도 쓸모없고 볼썽사납기만 한 귀는?
사마귀③	사람 몸에 붙어 있는 곤충은?
사물	농악 하는 사람들이 즐기는 물은?
사물놀이	사막에서도 할 수 있는 물놀이는?
사발(四足)①	발이 네 개나 있다고는 하는데, 걷지도 보이지도 않는 것은?
사발②	눈, 코, 귀, 손은 없는데 입만 있는 것은?
사뿐사뿐	아리따운 여자들이 주로 걷는 걸음걸이는?
사생아	진짜 처녀작은?
사슴①	머리에 나뭇가지를 이고 다니는 것은?
사슴②	머리에 보약을 이고 다니는 것은?
사슴③	머리에 지게를 이고 다니는 것은?
사이공①	공은 공인데, 가지고 놀 수 없는 공은?
사이공②	아무리 쳐도 튀지 않는 공은?
사이비①	가짜 비는?
사이비②	맑은 날에 잠시 쏟아지다가 그치는 비는?
사이비③	하나님도 부처님도 다 싫어하는 비는?
사자	엄마는 머리를 빡빡 깎았는데 아빠는 파마로 단장한 것은?

Answers	Questions
사진①	시간을 멈추게 하는 것은?
사진②	시간을 순간적으로 붙잡아 두는 것은?
사진기①	눈은 하나뿐인데, 다리가 셋인 것은?
사진기②	세상이 모두 네모로 보이는 것은?
사진사①	가장 짧은 시간에 돈 버는 사람은?
사진사②	눈 깜박할 사이에 돈 버는 사람은?
사진사③	사람을 물에 넣었다가 말려서 파는 사람은?
사진사④	찍어야만 돈을 버는 사람은?
사진사⑤	**착각**했기 때문에 돈을 버는 사람은?
사진 속 사람①	늙을수록 젊어 보이는 것은?
사진 속 사람②	밤이나 낮이나 할 것 없이 눈을 뜨고 있는 것은?
사진 속 사람③	언제나 자지 않고 지켜보기만 하는 사람은?
사진 속 사람④	오래된 것일수록 젊게 보이는 것은?
사진 속 사람⑤	소리 없이 웃기만 하는 것은?
사철나무	젊을 때나 늙을 때나 항상 푸른 옷만 입는 것은?
사형	형은 형인데, 가장 무서운 형은?
사형수	법 없이도 살 수 있는 사람은 착한 사람. 법이 없어야 사는 사람은?
산 고개①	개는 개인데, 움직이지 못하는 개는?

Answers	Questions
산 고개②	덩치는 크지만, 물지도 못하고 짖지도 못하는 개는?
산부인과 의사	남의 여자 덕에 잘먹고 잘 사는 사람은?
산불	이 산, 저 산을 빨간 혀로 핥아먹으면서 다니는 것은?
산사태	찬물에 데어서 머리가 벗겨진 것은?
산소	[무덤] 참고
산울림	산에 숨어서 남의 소리를 흉내 내는 것은?
산책①	책은 책인데, 찢어지지 않는 책은?
산책②	책은 책인데, 집에서 못 읽는 책은?
산타클로스	도둑도 아닌데 한 밤중 남의 집에 들어와 양말을 찾는 사람은?
살금살금①	고양이가 가지고 다니는 금은?
살금살금②	도둑고양이와 도둑이 좋아하는 금은?
살맛난다	난생처음 갈비에 붙은 살을 뜯어먹어 본 거지가 한 말은?
살색	흑인들은 검정색을 무슨 색이라고 하나?
살자	서로 뒤집으면 반대의 뜻이 되는 낱말은?
삼십육계	계를 좋아하는 사람이 계가 깨져서 부도나면 하는 계는?
삼척	어린이들이 많이 사는 도시는?(삼척동자)
삼천궁녀	한국 최초 그룹 다이빙에 성공한 팀은?(낙화암)
상감	감은 감인데, 쳐다보기 어려운 감은?

Answers	Questions
상다리①	동물도 아닌 것이 다리를 오그렸다 폈다 하는 것은?
상다리②	부러지지 않고 휘어지는 다리는?
상술	술은 술인데, 장사꾼이 좋아하는 술은?
상어	고래와 상어 중 어느 것이 더 큰 생선일까?(고래는 생선이 아님)
상여①	갈 때는 열두 사람, 올 때는 열한 사람인 것은?
상여②	곱고도 슬픈 것은?
상여③	열 한 사람이 노래하고, 한 사람이 누워서 가는 것은?
상추쌈	파란 치마에 빨간 저고리 입고, 아리랑 고개를 넘어가는 것은?
상투	열 놈이 올라가서 한 놈을 묶어 놓고 내려오는 것은?
새 장수	새치기를 잘 하면 돈을 버는 사람은?
새 코의 땀	새 발의 피보다 더 적은 것은?
새①	눈물을 흘리지 않고 우는 것은?
새②	언제나 앉아서 자는 것은?
새똥①	울타리 밑에 쌀 뿌려 놓는 것은?
새똥②	하늘에서 떨어지는 똥은?
새벽비	낮에도 밤에도 쏟아지지 않는 비는?
새빨간 거짓말	거지가 빨간 말을 타고 지나갔다. 그 말의 이름은?
새알	[계란] 참고

Answers	Questions
새우①	늙었을 때나 젊었을 때나 허리가 굽은 것은?
새우②	뒤로는 잘 가는데 앞으로는 잘 못 가는 것은?
새우③	바다에서 가장 어른은?(수염과 허리)
새우④	자손 대대로 등이 굽어 곱사등이인 것은?
새우⑤	젊어서부터 허리가 구부러진 것은?
새집	처마 밑에 달린 집은?
새참	날아가던 참새가 잠시 쉬면서 먹는 모이는?
색시감	노총각들이 좋아하는 감은?
샘	땅 속에 하늘이 들어 있는 것은?
생각①	가장 빠르게 돌아가는 것은?
생각②	각은 각인데, 모서리가 없는 각은?
생강	강은 강인데, 사람이 먹는 강은?
생명	가장 흔하면서 가장 귀한 것은?
생선①	살았거나, 죽었거나, 살았다고 하는 것은?
생선②	죽은 것을 살았다고 말하는 것은?
샤워기	벌거숭이를 찾아 소나기를 내려주는 것은?
서른밥	밥은 밥인데, 못 먹는 밥은?
서방	이방, 저방 해도 제일 좋은 방은?

Answers	Questions
서울	남쪽에서도 올라간다고 하고, 북쪽에서도 올라간다고 하는 곳은?
서울역	우리나라에서 제일 높은 역은?
서점주인	처녀들에게 시집을 구해 주는 사람은?
석가래	여러 놈이 한 베개를 베고 있는 것은?
석류①	나무 위에 연지 찍고 앉아 하얀 이를 내놓고 웃는 것은?
석류②	웃으면 이빨이 쏟아지는 것은?
석류③	하늘보고 웃는 것은?
석순	위로 자라지 않고 아래로 자라는 것은?
선물	물은 물인데, 누구나 좋아하는 물은?
선생님①	공부시간에 유일하게 공부 안하고 있는 사람은?
선생님②	배워서 남 주는 사람은?
선생님③	숙제를 안 해와도 야단맞지 않는 사람은?
선잠	누워서 자는데, 서서 잔다고 하는 것은?
선풍기①	날개가 있으면서 겨우내 잠자는 것은?
선풍기②	날개는 있지만 날지 못하고, 붕붕거리지만 벌이 아닌 것은?
선풍기③	날개는 있지만 새는 아니고, 빙글빙글 돌지만 팽이가 아닌 것은?
선풍기④	더울 때는 일하고, 추울 때는 잠자는 것은?
선풍기⑤	여름에도 찬바람이 부는 것은?

Answers	Questions
선풍기⑥	오뉴월에도 찬바람이 나는 것은?
선풍기⑦	칠팔월이면 꼭 바람을 피우는 것은?
설거지①	엄마들이 매일 만나는 거지는 누구일까?
설거지②	깨끗한 거지는?
설거지③	행주와 가장 친한 거지는?
성공	공은 공인데, 모든 사람들이 좋아하는 공은?
성금	금은 금인데, 좋은 일에 쓰는 금은?
성냥①	가만히 있어도 뺨 맞는 것은?
성냥②	나오자마자 벽에 머리를 부딪쳐 불을 만들어 내는 것은?
성냥③	네모난 집에서 나오자마자 빨간 꽃을 활짝 피우는 것은?
성냥④	머리 하나에 몸통 하나인 것들이 나란히 누워 있는 것은?
성냥⑤	박치기하면 머리에 불붙는 것은?
성냥⑥	부딪쳐야 꽃이 피는 것은?
성냥⑦	상자 속에서 모자 쓰고 나와 몸을 태우는 것은?
성냥⑧	성냥 한 개비를 가지고 난방용 숯, 연탄, 장작, 휘발유, 가스 등 다섯 가지에 불을 붙이려면 가장 먼저 어디에 불을 붙여야 할까?
성냥⑨	일자로 된 몸에 머리를 빨갛게 물들인 것은?
성냥⑩	작은 상자에 모인 꼬마들이 하나씩 끌려 나와 머리 긁히는 것은?
성냥⑪	조그만 상자 속에서 아이들이 사이좋게 누워 있는 것은?

Answers	Questions
성냥⑫	집에서 나오자마자 벽에 머리를 부딪치는 것은?
성냥⑬	태어나자마자 엄마의 뺨을 때리는 것은?
성냥개비①	불과 가장 친한 비는?
성냥개비②	불을 일으키는 비는?
성우	입맞춰주고 돈 버는 사람은?
성적	오르면 오를수록 좋은 것은?
성형외과 의사	못생긴 여자를 특히 좋아하는 남자는?
세 글자(알파벳)	알파벳은 모두 몇 자인가?
세균	살아있어도 우리 눈에 보이지 않는 것은?
세숫대야①	아침마다 절 받는 것은?
세숫대야②	어른, 아이 할 것 없이 아침마다 절하는 것은?
세월①	가기만 하고 돌아오지 않는 것은?
세월②	가야 할 곳도 없으면서 계속 가기만 하는 것은?
세월③	물이 아닌데도 물과 같이 흘러가며 돌아오지 않는 것은?
세월④	밤이나 낮이나 쉼 없이 가기만 하는 것은?
세월⑤	백년, 천년을 똑같은 속도로 가는 것은?
세월⑥	아무리 붙잡아도 가는 것은?
세월⑦	차비도 없이 밤낮으로 길을 가는 것은?

Answers	Questions
세월⑧	천만금을 주고도 살 수 없는 것은?
세월⑨	한 번 가면, 두 번 다시 오지 않는 것은?
섹스피어	세계 최고의 바람둥이는?
소①	어른은 어른인데, 침을 흘리면서 잘 우는 것은?
소②	코에 고리를 단 것은?
소(쇠)똥①	걸어가면서 빈대떡 부치는 것은?
소(쇠)똥②	길바닥에 인주 붙이는 것은?
소(쇠)똥③	땅에 떨어지자마자 꽃 피는 것은?
소굴①	굴은 굴인데, 못 먹는 굴은?
소굴②	도둑들이 가장 잘 도망치는 굴은?
소금①	금은 금인데, 비싸지 않고 먹을 수 있는 금은?
소금②	물에 젖을수록 가벼워지는 것은?
소금③	물에서 태어났지만 물에 들어가면 죽는 것은?
소금④	바짝 말린 후에 만들어지는 금은?
소나기	모든 사람들이 쓸만한 것을 찾게 하는 것은?
소나무①	언제나 갑옷 입고 있는 것은?
소나무②	**음매~ 음매~**하고 우는 나무는?
소나무③	젊을 때나 늙을 때나, 언제나 푸른 옷만 입는 것은?

Answers	Questions
소대가리(小 大)	사람들이 한 물건을 가지고 작다고도 하고 크다고도 하는 것은?
소똥(小)	똥 중에서 제일 작은 똥은?
소라①	뒤틀린 항아리에 고기 한 점 붙은 것은?
소라②	비틀어진 집 속에 혼자만 사는 것은?
소라③	빙빙 돌아 문이 하나 난 집은?
소라④	입은 비스듬하고 그 속에 살덩이가 든 것은?
소리①	걷지 않고 짧은 시간에 멀리 가는 것은?
소리②	그림으로 그리려 해도 그리지 못하는 것은?
소문(小)①	가장 큰문이면서도 작은 문이라고 하는 것은?
소문(小)②	문중에서 제일 작은 문은?
소문③	문은 문인데, 닫을 수 없는 문은?
소문④	문은 문인데, 사람은 드나들 수 없고 이리저리 돌아다니는 문은?
소문⑤	발 없는 말이 천 리 가는 것은?
소문⑥	발도 없는 것이 온 세상 돌아다니는 것은?
소문⑦	아무리 크게 외치거나 작게 속삭이거나 같은 크기로 들리는 것은?
소문⑧	옮기면 옮길수록 점점 커지는 것은?
소반	아침저녁으로 얼굴을 씻는 것은?
소방차①	불을 끄지 않고는 도저히 잠을 이룰 수 없는 사람은?

Answers	Questions
소방차②	불이 있으면 괴로운 사람은?
소방차③	온 몸에 새빨갛게 색을 칠하고 웽웽 소리를 지르며 달려가는 것은?
소와 고삐	죽은 덩굴에 살아 있는 열매가 달린 것은?
소파①	요리할 때 넣지 않는 파는?
소파②	파는 파인데, 먹지 못하는 파는?
소화제	먹으면 먹을수록 배가 고픈 것은?
속눈썹	바로 눈앞에 있지만 볼 수 없는 것은?
속력	교통경찰을 본 운전자가 갑자기 떨어뜨리는 것은?
속수무책	책은 책인데, 도저히 읽을 수 없는 책은?
손 등	등은 등인데, 손에 달린 등은?
손가락①	같은 날 같이 태어난 다섯 형제의 키가 모두 다른 것은?
손가락②	다섯 형제 중 셋째가 키다리인 것은?
손가락③	다섯 형제가 톱 하나씩 들고 있는 것은?
손가락④	부모님이 물려주신 계산기는?
손가락⑤	생년월일은 같은데 어미와 새끼가 있는 것은?
손가락⑥	쌍둥이 오형제가 뭉치면 단단한 바위가 되는 것은?
손가락⑦	키와 생긴 것도 다르면서 언제나 함께 다니는 것은?
손가락 끝	사람의 눈이 어디에 있으면 가장 편리할까?

Answers	Questions
손금①	금은 금인데, 보기만 해야 하는 금은?
손금②	금은 금인데, 항상 손에 쥐고 다니며 사고 팔 수 없는 금은?
손수건①	슬픔을 모두 받아 주는 것은?
손수건②	씻으면 씻을수록 더러워지는 것은?
손전등①	눈 하나에 배꼽은 한 개뿐인데, 어두운 곳에서만 일하는 것은?
손전등②	뱃속에 전기를 삼킨 채 불을 밝히는 외눈박이는?
손톱①	몸에 붙어 있는 톱은?
손톱②	분명히 톱인데, 나무를 자르거나 벨 수도 없는 것은?
손톱③	톱은 톱인데, 항상 손질하며 다듬는 것은?
손톱④	한 고개, 두 고개, 세 고개 넘어 차돌 하나가 있는 것은?
솔개①	개는 개인데, 짖지 못하는 개는?
솔개②	날개가 달린 개는?
솔개③	날아다니는 개는 무엇인가?
솔방울	방울은 방울인데, 흔들어도 소리 안 나고 나무에 달려있는 것은?
솔잎	모자 하나에 두 머리도 쓰고, 다섯 머리도 쓰는 것은?
솜①	매질을 하면 할수록 커지면서 살이 찌는 것은?
솜②	젖을수록 무거워 지는 것은?
솜사탕①	막대기 위에 흰 구름, 분홍구름 앉아 있는 것은?

Answers	Questions
솜사탕②	하얀 뭉게구름이 나무젓가락에 살짝 걸린 것은?
솜씨①	씨는 씨인데, 심어도 싹이 나지 않고 심을 수도 없는 것은?
솜씨②	재주 있는 사람이 가지고 다니는 씨는?
솜옷	추워질수록 두터워지는 것은?
솜틀	좁은 골목에서 눈이 내리는 것은?
송아지①	소는 소인데, 뿔이 없는 소는?
송아지②	태어나자마자 걸을 수 있는 것은?
송편 빚기①	두 놈은 안벽 쌓고 여덟 놈은 바깥벽 치는 것은?
송편 빚기②	둘은 구덩이 파고 여덟이 망을 보는 것은?
솥①	부엌에서 날마다 삿갓 쓰고 일하는 것은?
솥②	아침저녁으로 매일 배를 데이고도 밥을 못 얻어먹는 것은?
솥③	아침저녁으로 엉덩이를 그슬리는 것은?
솥뚜껑①	등위에 시꺼먼 배꼽이 달려 있는 것은?
솥뚜껑②	등위에 혹 달린 것은?
솥뚜껑③	머리 한가운데 뿔이 하나 솟아 있는 것은?
솥뚜껑④	손바닥으로 움켜쥐면 한 움큼, 두 팔로 껴안으면 한 아름 되는 것은?
솥뚜껑⑤	형의 갓은 동생이 써도, 동생의 갓은 형이 쓸 수 없는 것은?
솥뚜껑 위의 행주	검은 바위 위에서 흰 생쥐가 눈물을 흘리는 것은?

Answers	Questions
수건	물만 보면 마시고, 배부르면 눈물을 짜내는 것은?
수도꼭지①	먹는 것은 하나도 없는데, 매일 머리 숙이고 토해 내는 것은?
수도꼭지②	밤낮 고개 숙이고 눈물 줄줄 흘리는 것은?
수렁	깊이 들어가면 들어갈수록 더욱더 깊어만 지는 것은?
수박①	박은 박인데, 겉은 초록색이고 속은 빨간색인 박은?
수박②	박은 박인데, 바가지를 못 만드는 박은?
수박③	속으로 들어갈수록 빨간 것은?
수박④	줄무늬 옷을 입고 두드리면 통통 소리가 나는 과일은?
수박⑤	처음에는 보름달, 자르면 반달, 나중에는 그믐달로 변하는 것은?
수박⑥	초록색 집에 빨간 방을 꾸며 놓고, 까만 아이들이 모여 사는 것은?
수선화	세상을 아름답게 고쳐 주는 꽃은?
수수께끼	풀 수는 있지만, 감을 수 없는 것은?
수술	술은 술인데, 환자에게 좋은 술은?
수술비	죽을 사람을 살리는 비는?
수양	덜 된 사람에게 꼭 필요한 양은?
수양버들	언제나 냇가에서 머리 풀고 서 있는 것은?
수염①	깎을수록 더 나는 것은?
수염②	메기와 염소에는 있으나, 피라미에게는 없는 것은?

Answers	Questions
수염③	아이와 여자는 없고 남자의 얼굴에만 있는 것은?
수염④	할아버지와 염소에게는 있지만 할머니에게는 없는 것은?
수영복①	새 옷을 입자마자 물에 적셔야 하는 것은?
수영복②	추울 때는 입지 않고 더울 때만 입는데, 입고 나서 **덥다 덥다** 하는 것은?
수영장	발버둥치는 사람들이 많이 모여 있는 곳은?
수위(水位)	높아질수록 깊어지는 것은?
수은주	[온도계] 참고
수제비①	날지 못하는 제비는?
수제비②	먹는 제비는?
수제비③	하얀 제비는?
수족관	바다도 강도 아닌데 살아 있는 물고기가 가득한 것은?
수증기	평소엔 안 보이다가 끓이면 보이는 것은?
수학①	학은 학인데, 날지 못하는 학은?
수학②	학은 학인데, 학생들이 싫어하는 학은?
순간적	적은 적인데, 아주 짧은 시간에 생긴 적은?
숟가락①	내려갈 때는 가볍고, 올라갈 때는 무거운 것은?
숟가락②	들어갈 땐 한 짐, 나올 땐 빈털터리인 것은?
숟가락③	먹는 일을 도와주고도 얻어 먹지 못하는 것은?

Answers	Questions
숟가락④	일년 365일을 하루에도 수없이 입을 맞추는 것은?
숟가락⑤	자기는 먹지 않고, 남에게만 음식을 날라다 주는 것은?
술①	마시면 떠들게 되는 것은?
술②	먹고 성내고 울고 웃고 하는 것은?
술③	먹을수록 먹은 것에게 잡아먹히는 것은?
숨바꼭질	가위바위보에 이기면 얼른 도망가 숨어야 하는 놀이는?
숨소리	사람들이 살아가면서 일생동안 가장 많이 하는 소리는?
숨쉬기	한 평생 해도 지치지 않는 것은?
숨쉬기운동	사람이 절대로 게으름을 피울 수 없는 운동은?
숯①	검둥이가 빨간 옷을 입고, 한참 있으면 흰둥이가 되는 것은?
숯②	죽었다 다시 한 번 살아나는 것은?
숯③	타기 전에는 까맣고, 타고나서는 하얗게 변하는 것은?
쉰밥①	밥은 밥인데, 못 먹는 밥은?
쉰밥②	부잣집에서 버리는 50가지 밥은?
쉰밥과 서른밥	합치면 팔십 가지나 되는 두 가지 밥은?
스웨터	한 구멍으로 들어가서 세 구멍으로 나오는 것은?(티셔츠, 윗옷)
스위스	앞으로 가나 뒤로 가나 똑같은 나라는?
스케이트	칼 위에 구두를 신고 얼음 위를 달리는 것은?

Answers	Questions
스케치북	북은 북인데, 그림을 그릴 수 있는 북은?
스탠드	비가 안 와도 낮이나, 밤이나 우산을 쓰고 있는 것은?
스트레스	걱정, 근심, 불안, 초조할 때 온 몸에 차곡차곡 쌓이는 것은?
슬그머니(money)	도둑이 훔친 돈을 뭐라고 할까?
슬픈 음악을 들을 때	슬픈 음악을 좋아하는 사람이 가장 즐거울 때는?
시간①	가기 싫다고 해도 가야 하는 것은?
시간②	백년, 천년을 똑같은 빠르기로 가는 것은?
시간③	붙잡아도 달아나는 것은?
시계①	둘이서 언제나 같은 장소를 빙빙 돌고 있는 것은?
시계②	둥근 방에서 형과 동생이 빙빙 돌며 경주하는 것은?
시계③	매일 길고 짧은 것을 24번씩 대보는 것은?
시계④	밤낮 없이 소리를 내면서, 쉬지 않고 가는 것은?
시계⑤	밤낮을 가리지 않고 일하는 것은?
시계⑥	밤이나 낮이나 수학 공부만 하는 것은?
시계⑦	손목에 매달려서, 길고 짧은 다리로 똑딱거리며 걷는 것은?
시계⑧	아무리 공부해도 한 가지 말밖에 하지 못하는 것은?
시계⑨	아무리 수학 공부를 해도 1에서 12까지밖에 모르는 것은?
시계⑩	앞으로는 계속 갈 수 있어도 뒤로는 못 가는 것은?

Answers	Questions
시계⑪	얼굴 하나에 두 손만 있는데, 하루 종일 두 손으로 얼굴을 쓰다듬는 것은?
시계⑫	얼굴에 숫자가 쓰여 있는 것은?
시계⑬	위에서는 계산을 하고 아래에서는 그네를 뛰는 것은?
시계⑭	조금도 쉬지 않고 몇 년을 일해도 지치지 않는 것은?
시계⑮	죽기 전에는 어떤 일이 있어도 계속 가야 하는 것은?
시계⑯	태어나서 죽을 때까지 수학 공부만 하는 것은?
시계⑰	하루 종일 두 팔로 세수만 하는 것은?
시계⑱	항상 제자리에 있지만, 간다고 하는 것은?
시계⑲	형과 동생이 빙빙 돌면서 경주하는데, 늘 형이 이기는 것은?
시계⑳	형이 열 두 걸음 걷는 동안 동생은 한 걸음 걷는 것은?
시계분침①	하루에 얼굴을 스물네 번이나 씻는 것은?
시계분침②	한 시간에 겨우 한 걸음씩밖에 움직이지 않는 굼벵이는?
시계추①	날마다 쉬지 않고 그네만 뛰는 것은?
시계추②	동물도 아닌 것이 불알이 있는 것은?
시궁창	창은 창인데, 냄새만 나고 찌르지 못하는 창은?
시끌벅적	적은 적인데, 싸울 생각은 하지 않고 떠들기만 하는 적은?
시냇물	밤낮 없이 소리를 내며 가는 것은?
시루	입 하나에 똥구멍이 여럿인 것은?

Answers	Questions
시비①	기분 나쁜 사람에게 내리는 비는?
시비②	비가 아무리 와도 냇물로 흐르지 않는 비는?
시샘①	샘은 샘인데, 물이 없는 샘은?
시샘②	샘은 샘인데, 질투하는 샘은?
시소①	올라가면 내려가고, 내려가면 올라가는 것은?
시소②	한 번씩 번갈아 가며 올라갔다 내려갔다 하는 것은?
시집①	집은 집인데, 노처녀가 좋아하는 집은?
시집②	집은 집인데, 여자들만 가는 집은?
시험지	진짜로 문제투성이인 것은?
식초	초는 초인데, 불을 밝힐 수 없는 초는?
식칼	도마 위에서 노크하고 춤추며 심부름하는 것은?
신기록	깨뜨리고 칭찬 받는 것은?
신문①	단 하루를 살기 위해 세상에 태어나는 것은?
신문②	많이 실으나, 적게 실으나 무게가 같은 것은?
신문③	모든 일들을 다 실어 한군데 모아 놓는 것은?
신문④	문은 문인데, 온 세상 다 볼 수 있는 문은?
신문⑤	생일은 내일인데, 오늘 태어난 것은?
신문⑥	아무리 많이 실어도 무겁다고 투덜대지 않는 것은?

Answers	Questions
신문⑦	아침저녁으로 새 소식을 가득 가지고 문틈으로 들어오는 것은?
신문⑧	옛날 것인데도 새것이라고 하는 문은?
신문⑨	온 세상 모든 사람들이 함께 보는 문은?
신문⑩	하루만 지나도 천덕꾸러기가 되는 문은?
신문⑪	하루만 지나도 헌 것이 되는 문은?
신바람①	바람은 바람인데, 기분 좋은 바람은?
신바람②	바람은 바람인데, 불지 않는 바람은?
신발①	낮에는 사람의 발을 물고 다니다가 밤에는 혼자 입을 벌리고 자는 것은?
신발②	매일 무거운 짐만 싣고 다니는 것은?
신발③	발은 발인데, 혼자서는 걸을 수 없는 발은?
신발④	쌍둥이 형제가 엄청나게 큰 짐을 함께 지고 사이좋게 다니는 것은?
신발⑤	아무리 따라 다녀도 방에는 못 들어오는 것은?
신발⑥	어디나 같이 다니다가 마루 위부터는 같이 다니지 못하는 것은?
신발⑦	짐을 지면 가고, 안 지면 안 가는 것은?
신발⑧	커다란 입을 벌리고 사람의 발을 덥석 삼키는 것은?
신발⑨	키가 자랄수록 작아지는 것은?
신발⑩	하루 종일 함께 다니다가 밤만 되면 떨어져 자는 것은?
신발⑪	혼자서는 걷지도, 달리지도 못하는 발은?

Answers	Questions
신발가게①	신이 분명히 존재하는 곳은?
신발가게②	신이 존재하기에 매매가 이루어지는 곳은?
신발공장	언제나 신제품만 만드는 공장은?
신호등①	날마다 길에 서서 눈만 깜빡이는 것은?
신호등②	날마다 길에서 자동차에게 윙크하고 있는 것은?
신호등③	눈 셋에 다리가 하나인 것은?
신호등④	눈짓으로 자동차를 달리게 하는 것은?
신호등⑤	평생 동안 눈만 깜박이며 서 있는 것은?
신호등⑥	한 평생 눈총을 맞고 서 있기만 하는 것은?
실로폰	매를 맞아야만 노래를 부르는 것은?
실밥	양복점이나 양장점에서 많이 만들어지는 밥은?
실책	운동선수들이 제일 싫어하는 책은?
실타래	움켜쥐고 기른 것은?
실패	연을 띄우면 띄울수록 자꾸 여위어지는 것은?
심술①	놀부가 흥청망청 신나게 즐겨 마시던 술은?
심술②	술은 술인데, 놀부가 좋아하는 술은?
심술③	술은 술인데, 독한 술 보다 더 나쁜 술은?
심청이	한국 최초의 다이빙 선수는?

Answers	Questions
심통	통은 통인데, 담지 못하는 통은?
십자가	사람이 옷을 벗으면 알몸이 된다. 허수아비가 옷을 벗으면 무엇이 될까?
싱글벙글	누구나 즐겁게 웃으면서 읽는 글은?
싸가지	가지는 가지인데, 먹지 못하는 가지는?
싸리문짝	뼈는 많은데 살이 적은 것은?
쌀①	사는 것을 판다고 말하는 것은?
쌀②	아침저녁으로 분바르고 나오는 것은?
쌀가마	가마는 가마인데, 탈 수 없는 가마는?
쌀눈	눈은 눈인데, 볼 수 없는 눈은?
쌀자루①	나갈 때는 홀쭉이, 들어 올 때는 배불뚝이인 것은?
쌀자루②	먹으면 서 있고, 못 먹으면 앉아 있는 것은?
쌀자루③	먹으면 훌쭉하고, 안 먹으면 뚱뚱한 것은?
쌀자루④	안 먹으면 주저앉고, 먹으면 벌떡 일어서는 것은?
쌀 푸는 그릇	밥 짓기 전에 몸에 하얗게 분을 바르는 것은?
쌍두레박	하나가 내려가면 하나는 올라오는 것은?
쌍방울	한 방울 더하기 한 방울은 몇 방울일까?
쏟아진다	**일요일**을 거꾸로 하면 **일요일**이다. **쓰레기통**을 거꾸로 하면?
쑥	조금만 나와도 쑥 나왔다고 하는 것은?

Answers	Questions
쑥갓①	갓은 갓인데, 먹는 갓은?
쑥갓②	갓은 갓인데, 쓰지 못하는 갓은?
쑥떡①	말 많은 사람들이 입으로 만든 떡은?
쑥떡②	입방아를 찧어서 만들어 내는 떡은?
쓰레기①	아무리 많이 모아도, 결국에는 버리는 것은?
쓰레기②	모으면 버리는 것은?
쓰레기통①	깨끗해질수록 더러워지는 것은?
쓰레기통②	남이 버리는 것만 받아먹고 사는 것은?
쓰레기통③	쓰레기만 먹고사는 것은?
쓰레받기	받기만 하고, 줄 줄 모르는 것은?
씨감자	눈 빼 가지고, 살러 가는 것은?
씨름①	어떤 장사라도 모래판에 무릎을 꿇어야만 하는 것은?
씨름②	어떤 장사라도 무릎을 꿇어야만 하는 경기는?
아가씨	총각들이 좋아하는 씨앗은?
아궁이①	검은 입으로 붉은 밥을 먹는 것은?
아궁이②	산의 나무를 다 먹고도, 배가 고파서 입을 딱 벌리고 있는 것은?
아궁이③	입만 벌리고, 이 나무 저 나무 다 먹어치우는 것은?
아기 옷	자랄수록 작아지는 것은?

Answers	Questions
아는 체	체는 체인데, 곡식 가루를 칠 수 없는 체는?
아래쪽	소가 동쪽으로 머리를 돌리고 있으면 꼬리는 어느 쪽일까?
아랫물	우물의 반대말은?
아버지와 아들(父子)	부자는 부자인데, 돈이 없는 부자는?
아양①	간사한 사람들이 키우는 양은?
아양②	애교가 많은 여자들이 잘 키우는 양은?
아저씨	씨는 씨인데, 심어도 싹이 나지 않고 심을 수도 없는 것은?
아주머니①	주머니는 주머니인데, 걸어 다니고 말도 하는 주머니는?
아주머니②	주머니는 주머니인데, 돈을 못 넣는 주머니는?
아주머니③	주머니는 주머니인데, 옷에 메어 달수 없는 주머니는?
아지랑이①	가까우면 보이지 않고 멀어야 보이는 것은?
아지랑이②	꽃은 아닌데 봄이 되면 들판에 아롱아롱 피어나는 것은?
아코디언	주름진 몸을 오므렸다, 폈다 하면서 노래 부르는 것은?
아프리카	세계 최대 초대형 차는?
악담	담은 담인데, 사람들이 싫어하는 담은?
악보①	눈에는 안 보이지만 마디가 있는 것은?
악보②	다리 하나로 외길을 다니는 것은?
악수	차면 따뜻하고 따뜻하면 찬 것은?(내 손이 차면 저쪽 손이 따뜻하고, 내 손이 따뜻하면 저쪽 손이 차게 느껴지므로)

Answers	Questions
안개①	개 중에서 제일 큰 개는?
안개②	산이나 들을 잡아먹었다 뱉었다 하는 것은?
안개③	아무도 물지 않고, 짖지도 않는 개는?
안개④	하늘에 사는 개는?
안경①	가리면 잘 보이고 가리지 않으면 잘 안 보이는 것은?
안경②	눈을 가려도 잘 보이는 것은?
안경③	눈이 좋은 사람에게는 안 보이고, 눈이 나쁜 사람에게는 잘 보이는 것은?
안경④	두 귀와 코에 매달려있는 유리창은?
안경다리①	기둥 없는 다리는?
안경다리②	다리는 다리인데, 귀에 걸치는 다리는?
안경다리③	두 다리는 멀쩡한데도 걸어 다니지 못하는 것은?
안과의사①	눈 오는 날만 일하는 사람은?
안과의사②	언제나 남의 눈만 들여다보면서 사는 사람은?
안녕	만날 때나, 헤어질 때나 똑같이 하는 인사말은?
안달복달	성질이 급한 사람들을 비춰 주는 달은?
안마	두드리면 두드릴수록 칭찬 받는 것은?
안마사①	남의 등을 쳐서 돈을 버는 사람은?
안마사②	실컷 두들겨 주고도 고맙다는 인사와 돈을 받는 사람은?

Answers	Questions
안성맞춤	가장 기분 좋은 춤은?
안절부절	가장 바쁜 절은?
안주	술꾼이 술 다음으로 좋아하는 두 번째 술은?
안테나	지붕에 꼬리를 달고 뼈다귀로만 서 있는 것은?
알랑방귀	상사 앞에서 계속 뀌는 방귀는?
암탉①	알 낳고 동네방네 알리는 것은?
암탉②	알 낳고 우는 것은?
앞치마	남자들도 입는 치마는?
애간장	간장은 간장인데, 먹을 수는 없고 그저 끓이기만 하는 간장은?
애드벌룬	높이 올라가면 갈수록 작아지는 것은?
야구	마구 죽여도, 누구 하나 화를 내지 않는 스포츠는?
야구공	매 맞고 날아다니는 것은?
야구글러브①	손이 시리지 않아도 껴야 하고, 언제나 한 짝 뿐인 장갑은?
야구글러브②	한쪽 손에 끼고 있으면 편리한데, 양손에 끼고 있으면 부자유스러운 것은?
야구선수①	때리고 훔치고(도루) 도망가도 칭찬 받는 사람은?
야구선수②	한 쪽 손에만 큰 장갑을 낀 사람은?
야금야금①	도둑고양이가 제일 좋아하는 금은?
야금야금②	조금씩 달아서 없어지는 금은?

Answers	Questions
야바위	바위는 바위인데, 사람들이 싫어하는 바위는?
야자	버릇없는 아이들이 좋아하는 과일은?
약	약 짓는 데 빠질 수 없는 것은?
약국	갓 태어난 병아리가 찾는 곳은?(삐약삐약)
약사	병 주고 약 주는 사람은?
양귀비	진시황제가 가장 좋아하는 비는?
양말①	구멍은 하나인데, 다섯이 서로 먼저 들어가려고 하는 것은?
양말②	기둥 하나로 지은 집은?
양말③	말은 말인데, 타지 못하는 말은?
양말④	신으면 빳빳하고 안 신으면 보들보들한 것은?
양말⑤	열 놈이 잡아당기면, 다섯 놈이 들어가는 것은?
양말⑥	한 구멍에 다섯 형제가 같이 들어가는 것은?
양보	져야만 할 수 있는 것은?
양산①	[우산] 참고
양산②	날씨가 흐릴수록 보기 힘든 산은?
양산③	해가 뜨면 온몸이 뼈를 드러내는 것은?
양산④	해가 뜨면 활개치고 다니는 것은?
양산⑤	해가 뜨면 활짝 벌어지고 해가 지면 다시 오므라드는 것은?

Answers	Questions
양산⑥	햇볕 쬐는 날에만 나들이 나가는 것은?
양잿물	물은 물인데, 마시면 죽는 물은?
양쪽 눈과 눈사이	가깝고도 아주 먼 사이는?
양철지붕	비가 오면 피아노를 치는 것은?
양초①	겉으로 눈물 흘리며, 속 타는 것은?
양초②	머리에 빨간 꽃을 이고, 흰 옷 입고 눈물을 뚝뚝 흘리는 것은?
양초③	머리에 빨간 모자 쓰면 키가 작아지고, 검정 뿔을 달면 그대로인 것은?
양초④	불을 붙이면 키가 점점 작아지는 것은?
양초⑤	빨간 꽃이 피면 죽을 때까지 눈물을 흘리는 것은?
양초⑥	세상에서 희생정신이 가장 강한 것은?
양초⑦	어두운 곳에서만 춤추는 것은?
양초⑧	일을 하면 할수록 키가 작아지는 것은?
양초⑨	잎도 가지도 없는 흰 나무에 붉은 꽃만 한 송이 핀 것은?
양초⑩	자기 몸을 태워서, 눈물 흘리며 주변을 밝히는 것은?
양(兩)초⑪	초 하나를 둘이라고 하는 것은?
양초⑫	초는 초인데, 밝힐 수는 있어도 먹을 수 없는 초는?
양초⑬	키가 작아지는 것을 슬퍼하며 눈물을 흘리는 것은?
양초⑭	하얀 몸뚱이 끝에, 빨간 꽃이 피어 있는 것은?

Answers	Questions
양초⑮	흰 얼굴에 뜨거운 땀을 뻘뻘 흘리는 것은?
양초⑯	흰 영감이 땀을 뻘뻘 흘리며 상투 태우는 것은?
양치질①	고슴도치가 동굴 속에 들어가서 거품목욕을 하는 것은?
양치질②	치질은 치질인데, 누구에게나 해당되는 치질은?
양파①	옷을 벗기면 벗길수록 눈물이 나는 것은?
양파②	칼로 베면 벤 사람을 울리는 것은?
어깨	깨는 깨인데, 못 먹는 깨는?
어두운 밤	밤은 밤인데, 못 먹는 밤은?
어둠①	램프와 기름, 성냥을 준비한 후 방을 밝게 만들자면 무엇이 더 필요한가?
어둠②	모든 색을 다 까만색으로 바꾸어 버리는 것은?
어둠③	밤에 불을 켜면 눈 깜짝할 사이에 도망쳐 버리는 것은?
어린이	자동차 운전자가 가장 무서워하는 사람은?
어머니①	아버지의 아버지의 사돈의 외동딸은?
어머니②	어른과 아이가 길을 가는데 아이는 그 어른을 아버지가 아니라고 하고 어른은 그 아이가 아들이라고 한다. 이 어른은 누구일까?
어머니③	외삼촌 어머니의 외동딸은?
어머니 젖	먹으면 훌쭉하고 안 먹으면 통통한 것은?
어버이 은혜	산보다 깊고, 바다보다 깊은 것은?
어부①	돈을 벌려면 먼저 망쳐야 되는 사람은?

Answers	Questions
어부②	모든 일을 망치면서 돈을 버는 사람은?
얼굴①	깜빡이 아래 훌쩍이, 훌쩍이 아래 쩝쩝이가 있는 것은?
얼굴②	자기 것이지만 자기가 직접 볼 수 없는 것은?
얼굴③	큰 동그라미에 작은 구멍이 7개 있는 것은?
얼레의 실①	늘이면 줄고, 줄이면 늘어나는 것은?
얼레의 실②	연을 날리면 날릴수록 점점 말라깽이가 되는 것은?
얼룩말	흰색과 검은 색의 옷을 입고 뽐내는 것은?
얼음①	더우면 눈물을 흘리며 몸이 작아지는 것은?
얼음②	더운 것을 가장 싫어하는 것은?
얼음③	덥다고 땀 흘리며 몸이 점점 작아지는 것은?
얼음④	추울수록 점점 두꺼워지고 따뜻해질수록 얇아지는 것은?
얼음판	얇을 때는 들어갈 수 없고 두꺼워야 들어갈 수 있는 곳은?
엄살	겁 많은 아이에게 더덕더덕 찐 군살은?
없다①	죽은 사람을 살릴 수 있는 비결은?
없다②	흑인과 백인이 결혼해 아기를 낳으면 아기의 이빨색은?
엉덩방아①	눈 내리는 추운 겨울날 힘들이지 않고 찧을 수 있는 방아는?
엉덩방아②	아무리 찧어도 먹을 수 없는 것은?
엉덩방아③	얼음이 얼면 잘 찧는 방아는?

Answers	Questions
엉덩방아④	추울 때 사람들이 많이 찧는 방아는?
엉덩이①	바가지 두 개를 엎어놓은 것은?
엉덩이②	이는 이인데, 씹지 못하는 이는?
에스컬레이터①	움직이는 계단은?
에스컬레이터②	한 발짝도 움직이지 않는데도 위 아래로 다니는 계단은?
에어콘(컨)	시원하지만 먹을 수 없는 콘은?
에어컨	여름에도 찬바람이 부는 것은?
엘리베이터①	나중에 타고 먼저 내리는 것은?
엘리베이터②	방 하나와 문 하나인 집은?
엘리베이터③	방문은 하나인데, 사람이 타면 올라갔다 내려갔다 하는 것은?
엘리베이터④	앞뒤로는 갈 수없고, 위아래로만 움직이는 것은?
엘리베이터⑤	입구와 출구가 같으며 움직이지만 바퀴가 없는 것은?
엘리베이터 걸	사방이 꽉 막힌 여자는?
여물	소가 마시는 물은?
여우	토끼와 거북이의 경주에서 심판을 본 동물은?
역도 선수	언제나 무게 잡느라고 바쁜 사람은?
연①	몸 하나에 꼬리를 달고 하늘에서 춤추는 것은?
연②	몸을 실로 동여매고 하늘로 둥둥 떠오르는 것은?

Answers	Questions
연③	하늘과 땅 사이에서 줄다리기하는 것은?
연기①	날개가 없어도 잘 날아가는 것은?
연기②	머리를 산발하고 하늘로 올라가는 것은?
연기③	비가와도 젖지 않고 잘 올라가는 것은?
연기④	아래로는 못 가고 위로만 올라가는데 음식은 아니면서 매운 것은?
연기⑤	타야만 보이는 것은?
연극 막	볼 때는 안 보이고 안 볼 때는 보이는 것은?
연 날릴 때	바람불어 좋을 때는?
연못①	땅 속에 하늘이 들어 있는 것은?
연못②	못은 못인데, 망치로 박을 수 없는 못은?
연뿌리	줄기인데도 뿌리라고 하는 것은?
연탄①	검게 태어나서 빨갛게 살다가 점점 하얗게 죽어 가는 것은?
연탄②	검둥이가 처음엔 붉은 옷을 입었다가 나중에는 흰옷으로 갈아입는 것은?
연탄③	들어갈 때는 검은 얼굴, 나올 때는 흰 얼굴이 되는 것은?
연탄④	열 내다 죽는 것은?
연탄⑤	화장(火葬)을 당하고서야 비로소 살았다고 하는 것은?
연탄가스	둘이 먹다가 하나가 죽어도 모르는 것은?
연탄불	날씨가 따뜻해지면 집집마다 마구 죽이는 것은?

Answers	Questions
연통	아래로 빨아먹고 위로 내보내는 것은?
연필①	가는 몸에 검은 뼈, 거꾸로 서서 일하다가 옆으로 누워 쉬는 것은?
연필②	글씨를 쓸 줄 알지만 읽을 줄 모르는 것은?
연필③	기다란 나무 집 한가운데 키다리 깜둥이 하나가 들어있는 것은?
연필④	깎으면 깎을수록 짧아지는 것은?
연필⑤	깎을 때마다 속이 길어지는 것은?
연필⑥	물구나무서서 일을 하는데, 일을 할수록 키가 작아지는 것은?
연필⑦	새까만 뼈에 나무 살을 가진 것은?
연필⑧	언제나 까만 마음(黑心)을 품고 있는 것은?
연필⑨	칼로 살을 도려내 줘야 검은 얼굴을 내미는 것은?
연필심①	깎으면 깎을수록 길어지는 것은?
연필심②	쓰면 쓸수록 굵어지는 것은?
연필 깎는 기계	위는 공장이고 아래는 쓰레기통인 것은?
열두 달	28일이 있는 달은 1년 중 몇 달이 될까?
열매	나이를 먹을수록 살찌는 것은?
열쇠①	[자물쇠] 참고
열쇠②	새끼가 어미 뒷구멍을 쑤시는 것은?
열쇠③	손님이 들어가 주인을 내쫓는 것은?

Answers	Questions
염병	물을 못 담는 병은?
염불①	뜨겁지도, 밝지도, 타지도 않는 불은?
염불②	절에서만 사용하는 불은?
염불③	켜지 못하는 불은?
염소①	어렸을 때도 수염이 있고, 늙어서도 수염이 있는 것은?
염소②	어린놈이 버릇없이 수염을 기른 것은?
염소③	일을 못하는 소는?
염소 똥	걸어가면서 까만 콩을 뿌리는 것은?
염치불구	마음으로 고칠 수 있는 불구는?
엽서①	앞뒤로 글씨를 짊어지고 혼자 여행하는 것은?
엽서②	얼굴에 딱지 붙이고 이곳저곳 여행을 다니는 것은?
엽전①	동그라미와 네모가 모여서 하나가 된 것은?
엽전②	둥근 달에 네모난 구멍이 뚫린 것은?
엿장수①	골목에서 노는 아이 울리고, 우는 아이 달래는 사람은?
엿장수②	병을 돈 주고 사러 다니는 사람은?
엿장수 가위	가위는 가위인데, 자르지는 못하고 소리만 지르는 가위는?
영감①	감은 감인데, 못 먹는 감은?
영감②	세계에서 제일 큰 감은?

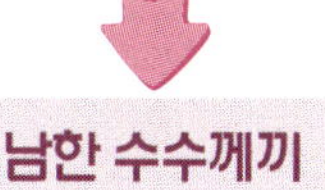

Answers	Questions
영감③	할머니들이 좋아하는 감은?
영화	밝을수록 안 보이고, 깜깜할수록 잘 보이는 것은?
예물	신랑, 신부들이 쓰는 물은?
예술①	남녀노소 누구나 함께 즐길 수 있는 술은?
예술②	술은 술인데, 아름다운 술은?
오금(금이 다섯 개)①	사람의 몸에서 제일 값이 나가는 곳은?
오금②	몸에 지니고 있으면서도 팔 수 없는 금은?
오동통	통은 통인데, 살찐 통은?
오뚝이①	거꾸로 놓아도 똑바로 서는 것은?
오뚝이②	아무리 쓰러뜨려도 똑바로 서는 것은?
오르간①	[피아노] 참고
오르간②	발등을 밟혀야만 좋다고 노래를 부르는 것은?
오른손	오른손으로 못 드는 것은?
오리	십리 길의 가운데에서 만나는 동물은?
오리나무	세상에서 제일 큰 나무는?(오리 = 2km)
오리나무로 놓는다	너비가 2km나 되는 강에 통나무 하나로 다리를 놓으려면?
오리발	길이가 2Km나 되는 발은?
오만	세계에서 가장 교만한 나라는?

Answers	Questions
오물	세상을 더럽게 만드는 물은?
오물세	더러워야 내는 세금은?
오소리	소리는 소리인데, 들리지 않는 소리는?
오솔길	소나무 숲에 다섯 갈래가 난 길은?
오이①	씹지 못하는 이는?
오이②	젊어서는 초록 옷을, 늙어서는 삼베옷을 입는 것은?
오줌	한 번 나오면 다시 들어갈 수 없는 것은?
오줌 싼 아이	소금장수가 제일 좋아하는 아이는?
오징어①	다리는 열 개인데, 삼각 모자를 쓰고 있는 것은?
오징어②	다리에 발이 달리지 않고 머리에 발이 달린 것은?
오징어③	물체는 열을 가할수록 부피가 커지는데, 오히려 쭈그러드는 것은?
오징어④	허리에 눈이 달린 것은?
오징어포①	포는 포인데, 먹는 포는?
오징어포②	포는 포인데, 못 쏘는 포는?
오토바이	두 다리로 달려가면서, 계속 방귀를 뀌어야 갈 수 있는 것은?
옥수수①	가슴속에 털 난 것은?
옥수수②	가죽을 먼저 벗기고, 털을 나중에 뽑는 것은?
옥수수③	누더기 입고, 파마하고 엄마 등에 업혀 있는 것은?

Answers	Questions
옥수수④	둥근 뼈 하나에 노란 이가 잔뜩 나 있는 것은?
옥수수⑤	머리 풀고, 밭에 서 있는 것은?
옥수수⑥	옷을 벗으면 온몸이 이빨 투성이인 것은?
옥수수⑦	울타리 아래 아이 업고 서 있는 것은?
옥수수⑧	한여름 더위에도 옷을 잔뜩 껴입고, 엄마 등에 업혀있는 것은?
옥신각신	신발장사와 에누리하려는 손님사이에 오가는 대화는?
옥편	넷은 다섯으로, 다섯은 넷으로 적혀 있는 책은?(넉 사(四)와 다섯 오(五)의 획수)
온도계①	더우면 더울수록 키가 커지고 추우면 추울수록 키가 작아지는 것은?
온도계②	뜨거우면 올라가고 차가우면 내려오는 것은?
온도계③	유리 대롱 속의 붉은 줄이 더우면 올라가고 추우면 내려가는 것은?
온실	실은 실인데, 바느질도 못하고 감지도 못하며 따뜻한 것은?
올챙이	[개구리] 참고
옷 거는 횃대	빼빼 마른 말 등에 잔뜩 짐 실은 것은?
옷감	감은 감인데, 못 먹는 감은?
옷①	걸치면 움직이고, 벗으면 잠만 자는 것은?
옷②	손도 발도 없으면서 늘 몸에 붙어 다니는 것은?
옷③	자랄수록 점점 작아지는 것은?
옷④	추울수록 두터워지는 것은?

Answers	Questions
옷걸이①	남자 옷을 입혀도, 여자 옷을 입혀도 아무 말 안 하는 것은?
옷걸이②	아침에는 짐을 벗고, 저녁에는 짐을 지는 것은?
옷걸이③	외출할 때면 발가벗고 있다가 집에 오면 옷을 입는 것은?
옷걸이④	큰 옷이나, 작은 옷이나 입혀 줘도 불평을 안 하는 것은?
옷장	옷만 보면 입을 벌리는 것은?
와글와글	시끄러운 사람들이 늘 쓰는 글은?
와세다 대학(일본)	입시 경쟁이 가장 센 대학은?
왕굴대①	마디 없이 자라서 까치집 되는 것은?
왕굴대②	한 해 동안에 한 길이나 자라되, 마디 없이 자라는 것은?
왕비①	가장 부러운 비는?
왕비②	임금들이 좋아하는 비는?
왕새우	바다의 왕은?
왕입니다요!	**태 종 태 세 문 단 세…….**를 5글자로 표현하면?
왕초	초는 초인데, 불을 밝힐 수 없는 초는?
요	[이불] 참고
요강①	강은 강인데, 배로 못 건너는 강은?
요강②	강은 강인데, 배와 물고기가 없는 강은?
요강③	강은 강인데, 헤엄을 못 치는 강은?

Answers	Questions
요강④	강은 강인데, 흐르지 않는 강은?
요강⑤	나갈 때는 무겁고 들어 올 때는 가벼운 것은?
요강⑥	옛날엔 사람들이 많이 찾았지만, 요즘엔 거의 찾지 않는 강은?
요요팽이	돌면 살고 안 돌면 죽는 것은?
요절복통	병은 병인데, 너무 많이 웃어서 나는 병(통증)은?
욕①	많이 먹을수록 배는 부르지 않고 화만 나는 것은?
욕②	입으로 먹지 않고, 귀로 먹는 것은?
욕, 나이, 더위	아무리 먹어도 배가 부르지 않은 것 세 가지는?
용광로	쇠를 먹으며 사는 것은?
우거지상	상중에서 가장 흉한 상은?
우렁이	[달팽이] 참고
우레	소리가 있어도 보이지 않는 것은?
우물①	땅 속에 하늘이 들어 있는 것은?
우물②	팔수록 깊어지는 것은?
우물파기	모든 일은 밑에서부터 시작하는 데, 반대로 위에서 시작하는 것은?
우박①	박은 박인데, 농사에 해로운 박은?
우박②	박은 박인데, 먹을 수 없는 박은?
우박③	박은 박인데, 바가지를 만들 수 없는 박은?

Answers	Questions
우박④	박은 박인데, 얼음으로 만든 박은?
우박⑤	박은 박인데, 하늘에서 내려오는 박은?
우비①	비가 와야 일하는 비는?
우비②	비는 비인데, 쓸지 못하는 비는?
우산①	기둥 하나로 지은 집은?
우산②	기둥 하나에 지붕 하나로 지은 집은?
우산③	나무나 풀이 한 포기도 없는 산은?
우산④	날씨가 맑을수록 보기 힘든 산은?
우산⑤	남녀노소 누구나 거뜬히 들어올릴 수 있는 산은?
우산⑥	비 오면 활개치고 다니는 것은?
우산⑦	비 올 때만 나와서 돌아다니는 것은?
우산⑧	비가 오면 활짝 벌어지고 비가 그치면 다시 오므라드는 것은?
우산⑨	비나 눈이 오면 온몸의 뼈를 드러내는 것은?
우산⑩	비를 좋아하는 산은?
우산⑪	오를 수 없는 산은?
우산⑫	접을 때는 뼈가 부러지고 펼 때는 뼈를 맞추는 것은?
우산⑬	주는 사람이 없는데도 받는 것은?
우산⑭	지팡이가 삿갓 쓴 것은?

Answers	Questions
우산⑮	펴면 집이 되고 오그리면 지팡이가 되는 것은?
우산⑯	한 기둥에 여덟 칸 집은?
우산⑰	흙이 없는 산은?
우산장수①	비 오는 날 신나게 쏘다니는 사람은?
우산장수②	비 오는 날을 좋아하는 사람은?
우체통①	길가에 빨간 옷을 입고 서서 하루 종일 종이만 받아먹는 것은?
우체통②	남의 비밀을 뱃속에 간직하고 있는 것은?
우체통③	눈, 코, 귀, 손은 없고 입만 있는 것은?
우체통④	입으로 먹고 배로 내놓는 것은?
운동화	동화는 동화인데, 읽을 수 없는 동화는?
운수대통	통은 통인데, 사람들이 아주 좋아하며 누구나 갖기를 바라는 통은?
운전기사	아무리 만원 버스라도 늘 앉아서 가는 사람은?
울면	울면서 먹는 음식은?
울보	보는 보인데, 물건을 쌀 수 없는 보는?
울상①	상은 상인데, 못 받는 상은?
울상②	상은 상인데, 못 생긴 상은?
웃음 꽃	사시사철 피면서 가장 아름다운 꽃은?
웃음바다	무더운 여름날 물 한 방울 없어도 즐겁고 신나는 바다는?

Answers	Questions
웃음보따리	사람들을 재미있게 해 주는 보따리는?
웅변 대회장	누구나 큰소리를 칠 수 있는 곳은?
원고지	펜 하나로 정복할 수 있는 고지는?
원더풀	풀 중에서 제일 좋은 풀은?
월급(봉급)	오르면 오를수록 좋은 것은?
월드컵	세상에서 제일 큰 컵은?
웬수 덩어리	사람들이 가장 싫어하는 덩어리는?
위장병	병은 병인데, 엿장수도 싫어하는 병은?
윗목, 아랫목	방안에 있는 목 두 개는?
윗옷	한 구멍으로 들어가서 세 구멍으로 나오는 것은?
윙크	눈 깜짝할 사이에 할 수 있는 일은?
유리①	물 속에 들어가면 보이지 않는 물건은?
유리②	해가 비쳐도 그림자가 안 생기는 것은?
유모차①	노처녀가 자가용 승용차보다 더 끌고 다니고 싶어 하는 차는?
유모차②	밤에 라이트도 켜지 않고 사람을 태우고 가는데도 교통경찰이 주의도 주지 않는 차는?
유모차③	어른은 못타는데도, 어린이 있어야만 움직이는 차는?
유모차④	차 밖에 있는 사람이 운전하고, 차안에 있는 사람은 운전할 수 없는 차는?
유모차⑤	차는 차인데, 밀어야 가는 차는?

Answers	Questions
유모차⑥	차는 차인데, 아기만 타는 차는?
유물	박물관을 짓기 위해 꼭 필요한 물은?
윷①	네 쌍둥이가 공중곡예를 하고 땅으로 떨어지는 것은?
윷②	몸이 네 개인데, 공중에 올라갔다 내려오면 엎어지고 젖혀지는 것은?
윷놀이	네 쌍둥이를 집어 던지면서 노는 놀이는?
으시시	시는 시인데, 무서운 시는?
으악새	항상 **으악~**하며 우는 새는?
은하수	밤이 되면 하늘에 생겨나는 아름다운 강은?
은행나무	돈(저축)을 좋아하는 사람들이 좋아하는 나무는?
음식물①	물은 물인데, 언제나 위로만 흐르는 물은?
음식물②	항상 아래로 흐르지만 언제나 위로 흐른다고 하는 것은?(胃)
음식 씹기	윗마을과 아랫마을이 힘을 합해야 일할 수 있는 것은?
음표	다리 하나로 외길을 다니는 것은?
응달	달은 달인데, 어두운 달은?
의자①	네 다리를 가지고도 걷지 못하는 것은?
의자②	네 다리를 가지고도 걸어 다니지 못하고 늘 서서 공부만 하는 것은?
의자③	앉힐 수는 있어도 걷게는 못하는 것은?
의자④	엉덩이 밑에서 네 다리로 버티고 서 있는 것은?

Answers	Questions
이①	굴속에 흰 바위가 32개 있는 것은?
이②	끼니마다 일을 하는 단단한 것이 동굴 속에서 흰 옷 입고 사는 것은?
이③	날마다 서로 머리를 부딪쳐야 굶어죽지 않는 형제는?
이④	많이 있는 데도 **둘**이라고 하는 것은?
이⑤	윗마을과 아랫마을이 힘을 합해야만 일할 수 있는 것은?
이⑥	입안에 있으면서 처음엔 하얗던 것이 벌레 먹고 검게 되는 것은?
이름①	내 것인데도, 남이 더 많이 쓰는 것은?
이름②	아무리 어려운 시험일지라도 답안지에 누구나 다 쓸 수 있는 것은?
이름③	자기 것인데도 남들만 사용하는 것은?
이마①	바로 위에 있어도 보지 못하는 것은?
이마②	하늘보다 높은 것은?(하늘은 볼 수 있지만 이마는 못 본다)
이발사①	대통령 머리도 마음대로 할 수 있는 사람은?
이발사②	손님보다는 주인이 깎아 주려고 애쓰는 사람은?
이발사③	손님이 깎아달라는 대로 다 깎아주는 사람은?
이발소①	깎고도 깎기 전에 물어본 값을 다 주어야 하는 곳은?
이발소②	대머리인 사람을 가장 싫어하는 곳은?
이발소③	물가 상승과 관계없이 깎아 주는 곳은?
이발소④	반드시 모자를 벗어야 하는 곳은?

Answers	Questions
이발소⑤	소는 소인데, 발이 두 개 달린 소는?
이발소⑥	아무리 높은 사람이라도 고개 숙여야 하는 곳은?
이발소⑦	주인이 깎아 주려고 애쓰는 곳은?
이별	별 중에서 제일 슬픈 별은?
이불①	감촉이 좋은 불은?
이불②	낮에는 웅크리고 있다가 저녁이면 온 방을 점령하는 것은?
이불③	누워 있을 때만 일하고 일어나면 일을 못하는 것은?
이불④	밤새도록 같이 있다가 날이 새면 각각 보따리 싸는 것은?
이불⑤	밤에 출근하고 아침에 퇴근하는 것은?
이불⑥	밤에는 끌려 나오고 아침에는 안겨 들어가는 것은?
이불⑦	밤에는 펼쳐지고 아침에는 개어지는 것은?
이불⑧	불은 불인데, 네모난 불은?
이불⑨	불은 불인데, 배 위에 올려놓는 불은?
이불⑩	불은 불인데, 켜지지도 않고 꺼지지도 않는 불은?
이불⑪	아침에는 **말이**가 되고, 저녁에는 **후라이**가 되는 것은?
이불⑫	아침에는 올라가고 저녁에는 내려오는 것은?
이불장	밤이면 텅텅 비어있고 아침이면 속이 꽉 차게 되는 것은?
이슬	길 위에 내린 비를 비가 아니라고 하는 것은?

Answers	Questions
이슬비	쓸지 못하는 비는?
이쑤시개①	고기를 먹을 때마다 쫓아다니는 개는?
이쑤시개②	어느 식당이든지 다 키우고 있는 개는?
이자(子)	돈이 낳은 새끼는?
이판사판	가장 험악한 놀이판은?
인삼	흙 속에 사는 아기는?
인색	거지가 가장 싫어하는 색은?
인생	나의 울음으로 시작해서 남의 울음으로 끝나는 것은?
인심	귀한 것보다 흔한 것이 좋은 것은?
인연	연은 연인데, 하늘로 뜨지 못하는 연은?
인형①	꼬집어도 아픈 줄 모르는 사람은?
인형②	밤낮으로 눈을 뜨고 있는 것은?
일(1, 一)	서양으로 가면 서 있고, 동양으로 가면 누워있는 것은?
일 년	눈에는 안 보이는데, 열두 마디가 있고 머리와 꼬리는 춥고 몸통은 더운 것은?
일광욕①	아무리 태워도 연기가 나지 않는 것은?
일광욕②	해수욕장에 모인 사람들이 하는 욕은?
일력(日曆)①	단 하루를 살기 위해 세상에 태어나는 것은?
일력②	매일 얼굴이 바뀌는 것은?

Answers	Questions
일요일①	머리와 꼬리가 똑같은 날은?
일요일②	일주일에 한 번 빨간 옷 입고 나오는 것은?
임금①	가장 비싼 금은?
임금②	금은 금인데, 궁궐에 있는 금은?
임산부	병원에 들어갈 때는 무겁고 나올 때는 가벼운 사람은?
임신①	대부분의 여자가 평생에 한번쯤은 신어보는 신은 무엇일까?
임신②	피임약이 부작용을 일으키면 어떻게 되나?
입	흰 바위가 서른두 개 있는 굴은?
입김①	김은 김인데, 먹지 못하는 김은?
입김②	여름에 나지 않고, 겨울에만 나는 김은?
입김③	추울 때만 나오는 김은?
입술①	술과 술이 맞닿아 있는 것은?
입술②	술은 술인데, 마실 수 없는 술은?
입씨름	남자가 여자에게 이기기 힘든 씨름은?
입천장	천장은 천장인데, 누워도 보이지 않는 천장은?
잇몸	강한 것은 먼저 없어지고, 부드러운 것은 남는 것은?
자는 일	꿈을 이루려는 사람이 제일 먼저 해야 하는 일은?
자동차①	뒤에서는 연기 나고, 앞에서는 방귀 뀌는 것은?

Answers	Questions
자동차②	색이 달라지는 걸 보고 가기도 하고, 서기도 하는 것은?
자동차③	자기는 타지 못하고, 다른 사람만 열심히 태워주는 것은?
자동차④	차는 차인데, 마시지 못하는 차는?
자라①	다 자랐는데도 더 자라라고 하는 것은?
자라②	밤이나 낮이나 자꾸 자라고 하는 것은?
자랑거리	허풍쟁이들만 모이는 거리는?
자루①	위로 먹고 위로 싸는 것은?
자루②	입으로 먹고 입으로 내놓는 것은?
자루③	채우면 서고, 비우면 주저앉는 것은?
자리	버스 운전기사가 버스에 올라가서 제일 먼저 잡는 것은 무엇인가?
자마이카(자메이카)	세계에서 자가용이 제일 많은 나라는?
자명종	잠을 자지 않으면 쓸모가 없는 시계는?
자물쇠①	늘 똥침을 맞고 아파서 혀를 내두르는 것은?
자물쇠②	도둑을 지켜주다 옆구리 얻어맞는 것은?
자물쇠③	사람이 있을 때는 필요 없고, 사람이 없을 때만 제 구실을 하는 것은?
자물쇠④	엉덩이를 치면 혀가 나오는 것은?
자물쇠⑤	주인을 내쫓고 도둑을 지키는 것은?
자살①	낱말을 서로 뒤집으면 반대의 뜻이 되는 것은?

Answers	Questions
자살②	실패하면 살고, 성공하면 죽는 것은?
자식	훌륭한 부모가 되기 위해 꼭 있어야 할 것은?
자신	아무 신도 믿을 수 없다는 사람이 믿는 신은?
자전거①	달리면 바로 서고 멈추면 쓰러지는 것은?
자전거②	밟아야 달리는 것은?
자전거③	밟으면 밟을수록 앞으로 가는 것은?
작두①	두 손으로 넣고 한 손으로 베는 것은?
작두②	열 사람이 넣고 다섯 사람이 목 베는 것은?
작두③	옆으로 먹고 다른 쪽 옆으로 내뱉는 것은?
잔나비(원숭이)	나비는 나비인데, 날아다니지 못하는 나비는?
잔소리	할수록 늘어나는 것은?
잠	잠꾸러기가 가장 좋아하는 것은?
잠꼬대①	아무리 말을 하려고 해도 못하고, 아무리 말을 안 하려고 해도 하게 되는 것은?
잠꼬대②	자기가 말하고도 전혀 모르는 것은?
잠보	물건을 쌀 수 없고 잠잘 때만 쓰는 보는?
잠수함①	바다에서 배가 가라앉고 있는데도 사람들이 구조하려고 하지 않은 이유는?
잠수함②	백 명을 태울 수 있는 배가 오십 명을 태웠는데 가라앉은 이유는?
잠수함③	항구를 떠나자마자 곧바로 물 속에 가라앉는 배는?

Answers	Questions
잠자는 자기 모습	자나 깨나 볼 수 없는 것은?
잠자리①	가을에만 날 수 있는 헬리콥터는?
잠자리②	두 눈이 떨어져 있지 않고 딱 붙어있는 것은?
잡담	담은 담인데, 말 많은 여자들이 좋아하는 담은?
잡동산(사니)	주머니 속에 넣을 수 있는 산은?
장갑①	구멍은 하나인데, 다섯이 서로 먼저 들어가려고 하는 것은?
장갑②	다섯 놈이 들어갈 때 또 다른 다섯 놈이 잡아당기는 것은?
장갑③	다섯 형제가 한 집에서 방 하나씩 차지하고 사는 것은?
장갑④	방은 다섯인데, 출입문은 하나인 것은?
장갑⑤	입구는 하나인데, 들어가면 막힌 터널이 다섯 개나 있는 것은?
장갑⑥	큰 동굴에 더 들어가면 작은 동굴이 다섯 개 나타나는 것은?
장고	매 맞고 울기 위해 태어난 것은?
장구벌레	벌레 중에서 제일 신명나는 벌레는?
장기	가로줄과 세로줄이 줄타기하며 싸우는 것은?
장난감	감은 감인데, 어른들보다 아이들이 더 좋아하는 감은?
장담①	담은 담인데, 허풍쟁이들이 좋아하는 담은?
장담②	허풍쟁이들이 하루에도 몇 번씩 즐겨 쌓는 담은?
장도리	못쓰는 일을 할수록 꼭 필요한 것은?

Answers	Questions
장딴지(단지)①	몸에 항상 가지고 있는 반찬 그릇은?
장딴지②	등은 앞에 있고 배는 뒤에 있는 것은?
장발장	세상에서 머리가 가장 긴 사람은?
장벽	벽은 벽인데, 깨뜨려야 하는 벽은?
장수풍뎅이	풍뎅이 중에서 제일 오래 사는 풍뎅이는?
장승①	마을 어귀에 서서 험상궂은 얼굴로 지나가는 사람들을 노려보는 것은?
장승②	밤낮 눈 부릅뜨고 화내며 서 있는 것은?
장승③	비가 오나 눈이 오나, 동구 밖에서 동네를 바라보고 서 있는 것은?
장의사①	단골손님이 없는 장사는?
장의사②	한 번 왔던 손님은 두 번 다시 오지 않는 가게는?
장의차①	갈 때는 40명, 올 때는 39명인 차는?
장의차②	타기만 하면 눈물이 나는 차는?
장작불	나무를 먹으면 살고, 물을 먹으면 죽는 것은?
장총	옆으로 먹고 옆으로 토하는 것은?
장화	비가 와야 일하는 신은?
재	타면 탈수록 많아지는 것은?
재떨이①	공동 무덤인데, 간간이 깨끗이 청소를 하는 것은?
재떨이②	뜨거운 것을 잘 먹는 것은?

Answers	Questions
재떨이③	손님이 오면 방 가운데 앉는 것은?
재벌	벌은 벌인데, 사람들이 부러워하는 벌은?
재수술	재수 없으면 받게 되는 술은?
재수학원	순전히 학생들의 재수로 돈 버는 곳은?
쟁기①	죽은 나무가 산 짐승을 따라 가는 것은?
쟁기②	죽은 나무가 칼 차고 소(牛)를 쫓아가는 것은?
저고리①	고리는 고리인데, 입는 고리는?
저고리②	팔은 있는데, 손은 없는 것은?
저금	누구나 노력하면 얻을 수 있는 금은?
저금통	먹을수록 배가 부르고 똥은 누지 않는 것은?
저녁노을①	하늘과 구름을 모두 불태우지만 어둠에는 지는 것은?
저녁노을②	하늘에서 연기도 안 내면서 새빨갛게 타는 것은?
저별은 나의 별	대령이 좋아하는 노래는?
저승길①	가기 싫어도 평생에 꼭 한 번 누구나 지나가야 하는 길은?
저승길②	길은 길인데, 누구나 가기 싫어하는 길은?
저승길③	길은 길인데, 한 번 가면 다시 올 수 없는 길은?
저승사자	사자보다 더 무서운 사자는?
저울추	무거우면 무거울수록 위로 올라가는 것은?

Answers	Questions
저축	하면 할수록 많아지는 것은?
전과	흉악범에게도 있고, 어린 아이에게도 있는 것은?
전과자	죄를 지은 사람들에게 국가에서 공짜로 주는 과자는?
전구	살 안에 뼈가 보이는 것은?
전기스탠드	밤이 되면 모자를 쓰고 밝은 얼굴을 하는 것은?
전깃불①	동시에 모두 끌 수 있는 불은?
전깃불②	뜨겁지 않고 연기도 나지 않는 불은?
전깃불③	물 속에서도 꺼지지 않는 불은?
전동차(전철)	[기차] 참고
전등①	모자 쓰고 환하게 비춰 주는 것은?
전등②	해가 뜨면 잠을 자고, 해가 지면 눈을 뜨는 것은?
전봇대①	높은 곳에서 손과 손을 잡고 서있는 것은?
전봇대②	죽을 때까지 줄다리기만 하고 있는 것은?
전자시계①	밥 안 먹어도 살아 움직이는 것은?
전자시계②	약만 먹으면 얼마든지 살 수 있는 것은?
전쟁	터지면 터질수록 나쁜 것은?
전철표	[차표] 참고
전파①	걷지 않고 짧은 시간에 빨리 가는 것은?

Answers	Questions
전파②	파는 파인데, 날아 다니는 파는?
전파③	파는 파인데, 못 먹는 파는?
전화	요즘 세상에도 돈 한 푼 안 내고 공짜로 받을 수 있는 것은?
전화기①	귀도 하나 입도 하나인 것은?
전화기②	남의 말만 옮기는 것은?
전화기③	밤낮을 가리지 않고 말만 전해주는 것은?
전화기④	소리는 전하지만, 물건은 못 전하는 것은?
전화기⑤	숫자 열 개로 어디에 있는 누구든 불러내는 것은?
전화기⑥	아무리 끊고, 끊어도 짧아지지 않는 것은?
전화기⑦	얼굴에 숫자가 그려져 있는 것은?
전화기⑧	얼굴은 보이지 않고 말소리만 들리는 것은?
전화기⑨	혀도 없으면서 말을 잘 하는 것은?
전화번호	먼저 생길수록 젊은것은?
전화번호부①	내용은 별것 없는데 등장인물이 많은 책은?
전화번호부②	유명하지 않아도 자기 이름이 나와 있는 책은?
절구	하늘보고 입 벌린 것은?
절구공이①	울타리 너머에서 얼굴에 하얀 분 바르고 오르락내리락 하는 것은?
절구공이②	하늘 향해 언제나 주먹질하는 것은?

Answers	Questions
절약①	가장 좋은 약은?
절약②	약은 약인데, 아껴 먹어야 하는 것은?
점수	오르면 오를수록 좋은 것은?
점을 찍는다(0.1)	0과 1사이에 적당한 기호를 넣어, 0보다 크고 1보다 작은 수를 만들려면?
점자책	눈으로 보지 않고, 손으로 보는 것은?
젓가락①	두 다리 동동 구르고, 입 쪽 맞추고, 뒤로 발라당 자빠지는 것은?
젓가락②	매일 밥과 반찬을 만져도 먹지 못하는 것은?
젓가락③	먹는 것 심부름을 하면서 얻어먹지 못하는 것은?
젓가락④	먼저 키를 잰 후 똑같은 것끼리 짝을 지어 일하는 것은?
젓가락⑤	모두 쌍둥이로 태어나는 것은?
젓가락⑥	밥 먹을 때마다 밥상에서 발을 동동 구르는 것은?
젓가락⑦	쌍둥이가 부지런히 음식을 나르는 것은?
젓가락⑧	쌍둥이가 함께 있어야 일을 할 수 있는 것은?
젓가락⑨	일년 365일을 하루같이 입만 맞추는 것은?
젓가락⑩	일하러 갈 때마다 머리를 맞대보는 것은?
젓가락⑪	자기는 먹지 않고 남에게만 음식을 날라다 주는 것은?
젓가락⑫	키가 똑같은데도 날마다 키 재기를 하는 것은?
젓가락⑬	혼자서는 일을 못 하고 짝이 있어야만 일을 하는 것은?

Answers	Questions
젓가락질	키 작은 다섯 형제가 키 큰 두 형제를 부리는 것은?
정강이	등은 앞에 있고 배는 뒤에 있는 것은?
정미소	미소는 미소인데, 웃지 않는 미소는?
정수리 가마(가르마)	가마는 가마인데, 타지 못하는 가마는?
젖①	담벼락에 무덤 둘이 붙어 있는 것은?
젖②	벽에 붙어 있는 두 개의 꿀통은?
젖무덤	갓난아기가 찾는 무덤은?
젖병뚜껑	구멍이 뚫려있는 병뚜껑은?
제비①	겨울에 오는 비는 겨울비, 가을에 오는 비는 가을 비, 그러면 봄에 오는 비는?
제비②	봄에만 오는 비는?
제비③	비는 비인데, 날아다니는 비는?
제비④	처마 밑에 종지 붙이고 사는 비는?
제비족	제비가 제일 싫어하는 친척은?
제비집①	지붕 위가 입구인 집은?
제비집②	집에 집을 지은 작은 집은?
제비집③	처마 밑에 달린 집은?
제자	자는 자인데, 공부하는 자는?
젠장①	고추장, 간장, 된장을 만들던 엄마가 잘 못 만들면 어떤 장이 될까?

Answers	Questions
젠장②	장은 장인데, 못 먹는 장은?
조각구름	구름을 깨뜨리면 무엇이 될까?
조각배	배는 배인데, 못 먹는 배는?
조개①	개는 개인데, 물 밑 땅속에서 사는 개는?
조개②	개는 개인데, 짖지 못하는 개는?
조개③	단단한 돌집 속에 살면서, 큰 입 하나만 가지고 있는 것은?
조개④	딱딱한 돌집 속에 살면서 말랑한 몸뚱이 하나만 가진 것은?
조개⑤	물 속에서 손발 없이 기어 다니는 것은?
조개⑥	물 속에서도 살 수 있는 개는?
조의금	살아서는 받지 못하고, 죽어야 받을 수 있는 돈은?
조종술	술은 술인데, 조종사가 배워야 하는 술은?
조화(造花)	영원히 시들지 않는 꽃은?
족(쪽)제비①	세계에서 가장 키스를 잘하는 새는?
족제비②	제비는 제비인데, 걸어 다니는 제비는?
족제비③	제비는 제비인데, 날지 못하는 제비는?
족제비④	제비는 제비인데, 땅에서만 다니는 제비는?
졸(장기)	앞이나 옆으로는 가도 뒤로는 못 가는 것은?
종①	때리면 때릴수록 소리치는 것은?

Answers	Questions
종②	매 맞고 울기 위해 태어난 것은?
종③	매를 맞으면서도 좋다고 노래를 부르는 것은?
종기	만지면 만질수록 커지는 것은?
종소리	세게 때릴수록 커지는 것은?
죄책감	많으면 많을수록 몸을 괴롭게 만드는 감은?
주걱	열심히 밥을 퍼 주고도, 정작 자기는 밥 한 술 못 얻어먹는 것은?
주근깨	깨는 깨인데, 못 먹는 깨는?
주름살①	근심이 많은 사람의 얼굴에 찌는 살은?
주름살②	나이가 많을수록 늘어나는 것은?
주름살③	누구든지 싫어하는 살은?
주먹①	먹은 먹인데, 갈아서 쓰지 못하는 단단한 것은?
주먹②	먹은 먹인데, 갈아서 쓰지도 못하고, 검지도 않은 것은?
주먹밥	밥은 밥인데, 주먹이 먹는 밥은?
주먹코	권투선수들의 코는?
주물주물	물은 물인데, 만지는 물은?
주사기	약만 먹었다하면 사람을 찔러대는 것은?
주사위①	네모난 얼굴이 여섯이고, 얼굴마다 눈이 있는 것은?
주사위②	얼굴은 6개이고, 눈은 21개인데, 밤낮 뒹구는 것은?

Answers	Questions
주전자①	머리로 먹고 입으로 내 뱉는 것은?
주전자②	손님 앞에서 버릇없이 오줌 누는 것은?
주전자③	엉덩이에 불을 지피면 화가 나서 푹푹 입김을 뿜어내는 것은?
주전자④	엉덩이에 불을 지피면, 코에서 김 나오는 것은?
주전자⑤	위로 먹고 옆으로 내뱉는 것은?
주전자⑥	큰 입으로 먹고 작은 입으로 내보내는 것은?
주책①	책은 책인데, 글자가 하나도 없는 책은?
주책②	책은 책인데, 도저히 읽을 수 없는 책은?
죽순	아기일 때는 먹을 수 있지만, 키가 커지고 어른이 되면 먹을 수 없는 것은?
죽염	건강에 해로운 소금을 죽이면 무엇이 될까?
죽음	아무리 늦어도 빠르다고 하는 것은?
준공	공은 공인데, 건축가가 좋아하는 공은?
준장	이별을 원하는 사람은?
줄다리기①	뒷걸음질을 쳐야 이기는 것은?
줄다리기②	앞으로 나가면 나갈수록 지게 되는 것은?
줄다리기③	앞으로 나가면 지고 뒤로 물러나면 이기는 것은?
중국집 휴일	아무리 슬퍼도, 절대로 울면 안 되는 날은?
쥐며느리	며느리는 있어도 시어머니는 없는 것은?

Answers	Questions
쥐포	[오징어포] 참고
증기 기관차	꼬리 달린 뱀이 연기를 뿜으며 달아나는 것은?
지갑①	돈만 먹었다, 토했다 하는 것은?
지갑②	돈을 먹기도 하고 토해 내기도 하며 주머니 속에 사는 것은?
지게①	돈을 벌기 위해 열심히 져야 하는 사람은?
지게②	뒤에서 밥 먹고 앞으로 나가는 것은?
지게꾼	돈을 벌기 위해 열심히 져야 하는 사람은?
지구①	가까이서 보면 편평하고 멀리서 보면 둥글게 보이는 것은?
지구②	매일 한 바퀴씩 도는 것은?
지구③	쉬지 않고 돌고 있는데도 전혀 도는 것 같지 않는 것은?
지구본	사람이 살 수 없는 지구는?
지금	급하게 만들어지는 금은?
지끈지끈①	사람들이 골치 아플 때마다 찾아 오는 끈은?
지끈지끈②	세상에서 제일 골치 아픈 끈은?
지도①	강, 산, 평야, 바다가 있지만 볼만한 경치가 없는 것은?
지도②	길이 있어도 다니지 못하는 곳은?
지도③	바다도 있고 산도 있는데, 물도 없고 나무도 없는 것은?
지도④	산이 있어도 오르지 못하고, 강이 있어도 건너지 못하고, 길이 있어도 다니지 못하는 것은?

Answers	Questions
지도⑤	철도는 있는데 기차가 못 다니는 것은?
지문①	문은 문인데, 손가락에 달린 문은?
지문②	문은 문인데, 손가락에 붙어 있고 자물쇠로 잠글 수 없는 문은?
지붕	띠 안 띠고 갓을 쓴 것은?
지식	아무리 남에게 나누어주어도 그대로 가지고 있는 것은?
지우개①	글자가 틀렸을 때마다 와서 머리를 문지르는 개는?
지우개②	연필이 더럽히고 가면 자기 몸으로 깨끗이 닦으면서 가는 것은?
지우개③	열심히 일하면 일할수록 몸이 작아지는 것은?
지우개④	잘못 쓴 것을 몸으로 문지르는 것은?
지우개⑤	종이 위를 문지르며 자기 몸을 줄여 가는 것은?
지우개⑥	틀렸을 때만 사용하는 것은?
지우개 달린 연필	머리가 잘못한 것을 꽁무니가 고쳐주는 것은?
지팡이①	길 한가운데를 놓아두고 길가로만 걸어가는 것은?
지팡이②	도장을 찍으면서 길을 걸어가는 것은?
지팡이③	허리가 굽은 것이 뒷걸음질치면서 길에 도장을 찍고 가는 것은?
지팡이 집고 다니는 사람	다리가 셋인 것은?
지퍼①	두 개의 철로에 기차가 지나가면 하나가 되는 것은?
지퍼②	올라가면 닫히고, 내려가면 열리는 것은?

Answers	Questions
지퍼③	올라가면 하나가 되고, 내려가면 둘이 되는 것은?
지퍼④	위로 올라가면 만나고, 아래로 내려가면 헤어지는 것은?
지폐①	네모나게 생겼는데 공처럼 세상을 잘 굴러다니는 것은?
지폐②	네모진 것이 전국을 돌아다니는 것은?
지폐③	모양은 사각형이지만 온 세상을 돌아다니는 것은?
지폐④	사람을 울리기도 하고, 웃기기도 하는 종이는?
지폐⑤	종이는 종이인데, 종이로 쓰지 않는 것은?
지폐와 동전	종이 하나로는 쇠를 만들 수 있지만, 쇠 하나로는 종이를 만들 수 없는 것은?
지하철	아침마다 사람을 꽉꽉 쟁여서 레일 위로 달리는 상자는?
지혜①	돈으로 못사는 것은?
지혜②	머리를 쓰면 쓸수록 나오는 것은?
지휘자	혼자서 높은 곳에 올라가 가느다란 막대를 휘두르면서 춤추는 사람은?
진드기	먹기만 하고 똥을 싸지 못하는 것은?
질색①	사람들이 제일 싫어하는 색은?
질색②	싫으면 나타나는 색은?
짐	많이 질수록 부담스러운 것은?
집게	항상 남을 꼬집는 일만 하는 것은?
집오리	알은 자기가 낳고, 까기는 남을 시키는 것은?

Answers	Questions
징(종)	매 맞고 울기 위해 태어난 것은?
징검다리①	깡충깡충 뛰어야 건너는 다리는?
징검다리②	다리는 다리인데, 기둥(교각)이 하나도 없는 것은?
짚신①	문이 다섯이나 되는데 그곳으로 안 들어가고 담을 넘어 들어가는 것은?
짚신②	벽도 다섯, 문도 다섯 있는 신은?
찍는다	사진, 포크, 도끼, 우표소인, 인쇄소, 투표, 도장의 공통점은?
차(茶)①	뜨겁게 끓여도 언제나 차다고 하는 것은?
차(茶)②	차는 차인데, 못 타는 차는?
차바퀴	아무리 달려도 앞에 가는 것을 앞지르지 못하는 것은?
차비	비는 비인데, 주머니 속에 넣을 수 있는 비는?
차일피일	무슨 일이든지 언제나 뒤로 미루기만 하는 사람들이 하는 일은?
차표①	끊었는데도 두 조각나지 않는 것은?
차표②	끊지 않았는데도 끊는 다고 하는 것은?
찰떡	맞을수록 고와지는 것은?
참말	말 가운데 가장 정직한 말은?
참빗①	머리와 꼬리가 똑같고, 오른쪽과 왼쪽이 똑같은 빗은?
참빗②	배도 등 같고 등도 배 같은 빗은?
참새	새 중에서 진짜 새는?

Answers	Questions
참외①	몸에 노란 옷을 입어야 좋은 것은?
참외②	몸은 흰데, 노란 옷만 입는 것은?
참외③	젊어서는 초록 옷, 늙어서는 노란 옷을 입는 것은?
찻잔	날마다 수많은 사람들과 뽀뽀를 하는 것은?
창문	더울 때는 열고, 추울 때는 닫는 것은?
창피	피는 피인데, 붉기는 해도 흐르지 못하는 것은?
책①	마음이 고플 때 필요한 것은?
책②	말없이 가르치기만 하는 선생님은?
책③	수없이 많은 것이 실려 있는데, 조금도 무거워 하지 않는 것은?
책가방①	날마다 학교에 가는데, 공부는 조금도 안 하는 것은?
책가방②	방은 방인데, 사람은 들어가지 못하고 책만 들어가는 것은?
책가방③	아기도 아닌데 등에 업혀 학교에 다니는 것은?
책가방④	책과 공책을 먹어야 사람이 등에 업어주는 것은?
책받침①	공책 밑에 들어가서 온 몸이 꾹꾹 눌리면서 일하는 것은?
책받침②	위에서는 소용이 없고 밑에서만 사용하는 것은?
책받침③	종이 아래 있어야 일할 수 있고, 위에 있으면 쓸모가 없는 것은?
책상①	네 다리를 가지고 늘 서서 공부만 하는 것은?
책상②	네 다리를 가지고도 걸어 다니지 못하는 것은?

Answers	Questions
천둥①	빛을 보고 큰 소리로 우는 것은?
천둥②	소리는 들리는데 모습이 보이지 않는 것은?
천자문	첫자와 끝자 사이에 998자가 있는 책은?
천장①	낮에는 낮아지고, 밤에는 높아지는 것은?
천장②	앉으면 높아지고, 서면 낮아지는 것은?
천장③	일어나면 머리 위에 있고, 누우면 얼굴 위에 있는 것은?
천장④	키가 크면 클수록 자꾸만 낮게 보이는 것은?
천주교 신부	신부는 신부인데, 신랑이 없는 신부는?
천지차이	천자문의 첫 자와 둘째 자의 차이는?
천하장사	모래판에 무릎을 꿇어야만 할 수 있는 장사는?
철도①	베개를 셀 수 없을 만큼 많이 베고 누워만 있는 것은?
철도②	키다리 둘이서 수많은 베개를 베고 누워 있는 것은?
철도 건널목	지나갈 때는 못 가게하고, 안 지날 때는 가게 하는 것은?
철들 때	사람의 몸무게가 가장 많이 나갈 때는?
철면피	**뻔뻔스럽고 염치없는 사람**을 3글자로 표현하면?
철물점 주인①	못 사는 사람이 많을수록 잘 살게 되는 사람은?
철물점 주인②	못 팔고도 돈을 버는 사람은 누구일까?
철봉①	다리 둘에 뼈가 하나, 사람들이 매달리고 거꾸로 오르는 것은?

Answers	Questions
철봉②	발이 두 개이고 뼈는 한 개인데, 언제나 서서 있는 것은?
철책	전쟁터에서 많이 사용되는 책은?
첫차	세계 어디를 가나 제일 빠른 차는?
청소기①	방안을 이리저리 기어 다니면서 먼지만 먹고사는 것은?
청소기②	코끼리 코를 달고, 소리 내며 먼지를 배불리 먹는 것은?
청소부	쓸 만한 구석이 전혀 없어도, 열심히 찾아서 쓸 수밖에 없는 사람은?
체온계	병나면 겨드랑이 밑에 들어가서, 올라가면 따라올라 가고, 내려가면 따라 내려가는 것은?
체질	조그만 둥근 하늘에서 눈이 펄펄 내리는 것은?
체통①	먹기는 먹는데, 먹으면 곧 똥을 싸는 것은?
체통②	입은 하나인데, 똥구멍이 천 개인 것은?
쳇바퀴	아무리 가도 제자리걸음만 하는 있는 것은?
초가지붕	일년에 옷 한 벌씩 얻어 입는 것은?
촉새	새 중에서 가장 경망스런 새는?
촛불	[양초] 참고
총①	검은 구멍으로 방귀 뀌는 것은?
총②	검은 막대가 방귀 끼는 것은?
총③	먼 산을 보고 방귀 뀌는 것은?
총④	몽둥이가 방귀뀌며 알 낳는 것은?

Answers	Questions
총⑤	자신은 걷지도 못하면서 남을 멀리 날려 보내는 것은?
총⑥	큰 소리 치며 아들만 보내고, 사람의 어깨에 매달려 있는 것은?
총각	각은 각인데, 모서리가 없는 각은?
총각김치	처녀들이 좋아하는 반찬은?
총알①	나가면 다시는 돌아오지 못하는 것은?
총알②	방귀를 뀌면 나가고, 안 뀌면 못 나가는 것은?
총알③	세상에서 가장 무서운 알은?
총알④	알은 알인데, 사람을 죽일 수 있는 알은?
총알⑤	잡아당기면 도망가는 것은?
총채①	다리 하나에 머리털이 수없이 많은 것은?
총채②	머리카락으로 먼지 터는 것은?
최면술	안 먹어도 취하는 술은?
추시계	위에서는 수학 공부하고 아래서는 그네 뛰는 것은?
추위	타면 탈수록 더 떨리는 것은?
추저울대	무거워질수록 가벼워지는 것은?
축구공①	동그란 몸에 5각형 무늬 옷을 입고 있는 것은?
축구공②	손으로 만질 수 없는 공은?
축구공③	생일 선물을 했더니 받자마자 발로 차버렸다. 왜 그랬을까?

Answers	Questions
출발선	멀리 갈수록 더 멀어지는 것은?
충치	맛있는 것을 주어도 입 속에서 사람을 골탕 먹이는 벌레는?
치과의사①	날마다 이상한 것만 쳐다보는 사람은?
치과의사②	남이 이상해야 돈버는 사람은?
치과의사③	입을 벌리고 혀를 쑥 내밀어도 화를 내지 않는 사람은?
치과의사④	치료할 때마다 **아~, 아~**하고 큰소리로 노래를 부르는 의사는?
치는 북	사방 어느 쪽으로 보나 북인 것은?
치맛바람①	바람은 바람인데, 불지 않는 바람은?
치맛바람②	시원하지도 않으면서 요란하게 부는 바람은?
치맛바람③	아무리 불어도 더위를 식혀 주기는커녕 더 불쾌해 지는 바람은?
치맛바람④	에어컨은 에어컨 바람, 선풍기는 선풍기 바람, 옷에서 나는 바람은?
치약①	아프지도 않은데 집에서 매일 매일 쓰는 약은?
치약②	약도 아닌데, 약이라고 하는 것은?
치약③	약은 약인데, 먹고 뱉어야 하는 것은?
치약④	약은 약인데, 입 냄새를 없애는 약은?
치약⑤	집집마다 있지만 아무도 먹지 않으면서 짜서 쓰는 약은?
치약⑥	한 번 나오면 다시 들어가기 힘든 것은?
치통	통은 통인데, 사람들이 싫어하는 통은?

Answers	Questions
친척	아무리 멀리 가 있어도 멀어지지 않는 사람은?
칠레	세계에서 가장 폭력배가 많은 나라는?
칠면조	얼굴이 하나밖에 없는데 사람들이 일곱 개의 얼굴이 있다고 하는 것은?
칠판	하루에도 몇 번씩이나 하얗게 화장을 했다가 다시 지우는 것은?
칠판지우개	닦을수록 하얗게 되는 것은?
침묵	묵은 묵인데, 조용하기만 하고 먹지 못하는 묵은?
칫솔①	발은 하나인데 머리털이 잔뜩 있고, 입 속을 드나드는 것은?
칫솔②	밥을 먹자마자 열심히 청소하고 거꾸로 매달리는 것은?
칫솔③	외나무다리를 곧장 건너가면 솔밭이 나오는 것은?
칫솔④	입 속에서 거품투성이가 되어 왔다갔다 난리 피우는 것은?
칫솔과 치약	입으로 들어갔지만 먹을 것은 아니고, 깨끗하게 해 주지만 비누도 아니며, 언제나 둘이 함께 일하는 것은?
카메라①	눈은 하나인데, 다리가 셋인 것은?
카메라②	세상이 모두 네모로 보이는 것은?
카세트	입이 없어도 노래만 잘 부르는 것은?
칼	변호사는 말로 싸운다. 그러면 검사는 무엇으로 싸울까?
칼과 칼집	하나에서 하나를 뺏는데도 둘이 되는 것은?
칼로 물 베기①	세상에서 가장 쉽지만 안 되는 일은?
칼로 물 베기②	이 세상에서 제일 힘든 일은?

Answers	Questions
칼집①	쓸 때는 필요 없어도, 안 쓸 때는 필요한 것은?
칼집②	집은 집인데, 사람들이 들고 다니는 집은?
캥거루	아기를 앞에 안고 달리는 것은?
커튼①	들창에 매달려서 왔다 갔다 하는 것은?
커튼②	레일은 있지만 기차나 전철은 아니며 집 안에서만 왔다 갔다 하는 것은?
커피①	쓴맛, 단맛 다 볼 수 있는 것은?
커피②	피는 피인데, 사람들이 맛있게 먹는 피는?
커피③	피는 피인데, 어른들이 즐겨 마시는 피는?
커피④	피는 피인데, 헌혈을 할 수 없는 피는?
컴퍼스①	동그라미밖에 못 그리는 것은?
컴퍼스②	한 발은 붙이고 다른 한 발만 움직여서 일하는 것은?
컴퍼스③	한 쪽 발이 가만히 있어도 다른 발로 걸어 다니는 것은?
컴퓨터 마우스	알을 품고 있는 쥐는?
컵	한쪽에만 귀가 있는 것은?
케이블 카	앞에도 얼굴, 뒤에도 얼굴이 있으며 긴 줄에 매달려 산을 오르고 내리는 것은?
코①	기둥 하나에 방이 두 개 있는 텐트는?
코②	오른쪽 눈으로 보면 왼쪽에 있고, 왼쪽 눈으로 보면 오른쪽에 있는 것은?
코③	큰 바위에 구멍 두 개 뚫린 것은?

Answers	Questions
코④	풀기만 하고 감지는 못하는 것은?
코끼리①	등은 바위 같고 코는 호스 같고 귀는 부채처럼 펄럭이는 것은?
코끼리②	코 옆에 뿔이 난 것은?
코딱지 놀이	손톱을 이용하여 즐길 수 있는 딱지놀이는?
코미디언	우습게 봐줄수록 좋다고 하는 사람은?
코뿔소	코 위에 뿔난 것은?
코풀기①	다섯 놈이 꿀 도둑질하러 갔다가, 두 놈은 훔치고 세 놈은 못 훔친 것은?
코풀기②	열 놈이 달려들어 흰 할아버지를 내쫓는 것은?
코흘리개	코감기가 걸린 개의 이름은?
콧구멍	앞을 보면 아래를, 위를 보면 앞을 보게 되는 것은?
콧김	사람과 동물의 코에서 나오는데, 추울 때만 보이는 것은?
콧물①	내려갈 때는 거북이보다 더 느리고, 올라올 때는 토끼보다 더 빠른 것은?
콧물②	오막살이에 백발노인이 들락날락하는 것은?
콧물③	올라갈 때는 급행이고, 내려갈 때는 완행인 것은?
콧물④	코로만 마실 수 있는 물은?
콩①	늙으면 부끄러운 줄도 모르고 벌거벗고 튀어나오는 것은?
콩②	푸른 집에서 살다가 집이 노랗게 되면 발가벗고 튀어나오는 것은?
콩나물①	꼬리 하나에 머리 둘 달린 것은?

Answers	Questions
콩나물②	두 개의 머리가 몸 하나에 달린 것은?
콩나물③	머리가 두 조각났는데도 죽지 않는 것은?
콩나물④	머리는 둘, 몸은 하나인데, 고개를 숙이고 있는 것은?
콩나물⑤	물만 먹고도 쑥쑥 자라는 것은?
콩나물⑥	물은 물인데, 마시지는 못하고 씹을 수는 있는 물은?
콩나물⑦	잘못한 일도 없는데 얼굴이 노랗게 되어 머리를 숙이고 있는 것은?
크레파스①	얼굴색이 다른 여러 형제가 한 집에 살면서 세상 모든 것을 그리는 것은?
크레파스②	한 집에 사는 쌍둥이지만 피부색이 모두 다른 것은?
큰집	작은 오두막집이라도 크다고 하는 집은?(큰아버지)
키질	먼 산을 향해서 부채질하는 것은?
타박	박은 박인데, 받으면 기분 나쁜 박은?
탁구공	항상 매를 맞으며 책상 위에 쳐놓은 그물을 이리저리 넘어야 하는 것은?
탈춤	표정이 변하지 않고 추는 춤은?
탈춤 추는 사람	아무 탈이 없는데도, 아무것도 할 수 없는 사람은?
탐관오리①	오리는 오리인데, 날지 못하는 오리는?
탐관오리②	오리는 오리인데, 행패만 부리는 오리는?
태산①	걱정이 많은 사람들이 오르는 산은?
태산②	세계에서 가장 큰 산은?

Answers	Questions
태양①	낮에는 살고 밤에는 죽는 것은?
태양②	다리 없이 하늘을 오르내리며 세상구경을 다니는 것은?
태양③	모든 사람이 길어졌다고 하지만 정작 조금도 길어지지 않는 것은?
태양④	모양은 늘 둥그런데, 길어졌다 짧아졌다 하는 것은?
태양⑤	밤에는 온 세상을 다 뒤져도 찾을 수 없는 것은?
태양계	절대로 깨지지 않는다고 안심할 수 있는 계는?
태엽시계①	밥은 먹는데, 입이 없는 것은?
태엽시계②	밥은 주지도 않으면서 밥을 준다고 하는 것은?
태엽시계③	밥을 며칠에 한 번씩만 먹어도 사는 것은?
태엽시계④	밥을 안 주면 죽고, 밥을 주면 다시 살아나는 것은?
태엽시계⑤	배꼽을 빙빙 돌려서 밥을 먹이는 것은?
택시	손을 올리면 서고, 손을 내리고 있으면 그냥 지나가 버리는 것은?
택시기사	항시 손님을 뒤에 두고 일하는 사람은?
택시요금①	앞으로 갈수록 올라가는 것은?
택시요금②	잡은 사람이 산 것도 아닌데 돈을 내는 것은?
탱자	노랗고 둥그런 자는?
터널	큰 입을 벌리고 기차나 자동차를 삼키고 뒤통수로 내보내는 것은?
턱주걱	주걱은 주걱인데, 밥을 푸지 못하는 주걱은?

Answers	Questions
텔레비전①	세상이 모두 네모로 보이는 것은?
텔레비전②	아무리 밝은 낮이라도 정전이 되면 보이지 않는 것은?
텔레비전③	어떤 소리든 다 내는 상자는?
텔레비전④	온 식구가 좋아하는 요지경 상자는?
토마토	앞에서부터 읽어도, 뒤에서부터 읽어도 이름이 똑같은 과일(채소)은?
톱(톱밥)①	나무로 밥을 짓는 것은?
톱②	나무 파고 들어가서 밥을 만드는 것은?
톱③	몸은 하나인데, 날카로운 이가 수없이 많은 것은?
톱④	발로 왔다 갔다 하지 않고, 이빨로 왔다 갔다 하며 일하는 것은?
톱밥①	밥은 밥인데, 나무에서 나는 밥은?
톱밥②	밥은 밥인데, 못 먹는 밥은?
톱밥③	썰면 썰수록 많이 나오는 밥은?
통도사	우리나라에서 도를 통한 스님이 제일 많은 절은?
퉁소	[피리] 참고
튀김①	맨몸으로 들어갔다가 두꺼운 옷을 입고 나오는 것은?
튀김②	흰옷을 입고 끓는 기름 속으로 다이빙했다 나오는 것은?
튀밥	뜨거운 굴속을 들어갔다 나오면 몇 배로 커지는 것은?
튜브①	가운데 구멍이 크게 났는데도 물에 가라앉지 않는 것은?

Answers	Questions
튜브②	놀 때는 통통하게 살이 찌고, 쉴 때는 살이 빠져 쭈글쭈글하게 되는 것은?
트라이앵글	맞으면 노래하는 구멍 뚫린 세모는?
트집	집은 집인데, 사람들이 싫어하는 집은?
티눈	눈은 눈인데, 보지 못하는 눈은?
파①	잎 끝에 꽃이 피는 것은?
파②	흰머리, 흰 얼굴에 초록 치마를 입고 있는 것은?
파 꽃①	푸른 기둥 위에 흰 방울이 꽂힌 것은?
파 꽃②	푸른 대 끝의 두견새 집은?(파의 열매(꽃)를 두견새집으로 비유함)
파도①	들어올 때는 부서지고, 나갈 때는 멀쩡하게 나가는 것은?
파도②	바닷가에서 커졌다 작아졌다 하며, 무엇이든 삼키고 소리 지르는 것은?
파리①	아무 죄도 없는데 언제나 잘못했다고 싹싹 비는 것은?
파리②	프랑스에도 있고 한국에도 있는 것은?
파리사냥	한 여름에 생선장수들이 가장 많이 하는 사냥은?
파리채	가장 싼 사냥도구는?
판소리	전축에 레코드를 올려놓고 듣는 소리는?
팔①	걸을 때마다 앞뒤로 흔드는 것은?
팔②	굽히면 두 개 펴면 한 개 되는 것은?
팔③	십 리는 가는데 오 리는 못 가는 것은?

Answers	Questions
팔(신체)④	혼자서도 **여덟**이고 둘이 더해도 **여덟**인 것은?
패총	총은 총인데, 쌓아 놓기만 하는 총은?
팽이①	맞아야 살고 안 맞으면 죽는 것은?
팽이②	발 하나만 딛고 빙빙 돌다가 쓰러지는 것은?
팽이③	쉴 대는 누워 있다가, 일할 때는 한발로서는 것은?
팽이④	죄도 없는데, 채찍을 맞는 것은?
팽이⑤	채찍으로 때릴수록 생기가 넘치고 오래 사는 것은?
펄떡펄떡	먹기만 하면 힘이 솟는 떡은?
펌프	밑으로 먹고 옆구리로 토해 내는 것은?
펭귄①	땅딸보가 날마다 정장을 입고 걷기 운동을 하는 것은?
펭귄②	컬러로 사진 찍어도 흑백으로 나오는 동물은?(물개, 하마, 코끼리)
펭귄③	하얀 셔츠에 까만 양복을 입고 물 속에 들어가 헤엄치는 것은?
편지①	부치고 오라고 했는데 넣고 오는 것은?
편지②	찢거나, 뜯어야만 볼 수 있는 것은?
편지봉투①	세상에 나와 꼭 한 번 먹고 입을 봉해 버리는 것은?
편지봉투②	얼굴에 딱지를 붙이고 세상을 돌아다니는 것은?
편지봉투③	일생에 딱 한 번 여행하는 것은?
편지봉투④	큰 입 속으로 들어가서 얼굴에 도장 찍히고 여행하는 것은?

Answers	Questions
편지봉투⑤	한 번 만 먹으면 망가지는 입은?
평행선	아무리 가도 서로 절대 만나지 못하는 것은?
포도	동그란 아이들이 옹기종기 모여 거꾸로 매달려 있는 것은?
포장마차	서민들이 좋아하는 차는?
폭포①	내려가기만 하고 올라오지 못하는 것은?
폭포②	돌 벽에 하얀 비단을 늘어뜨린 것은?
폭포③	돌 벽에다 명주실을 늘어놓는 것은?
푯말	매를 맞으면 제자리에 서 있고 안 맞으면 누워있는 것은?
풀	자기는 괜찮은데 남의 몸에 묻으면 달라붙어 떨어지지 않게 하는 것은?
풋고추	녹색주머니에 은돈을 넣고 있는 것은?
풍문	[소문] 참고
풍비박산①	비바람에 몽땅 날아가 버린 산은?
풍비박산②	태풍에 날아가 버린 산의 이름은?
풍선①	공기를 마시고도 살찌는 것은?
풍선②	공기만 먹어도 살이 뒤룩뒤룩 찌는 것은?
풍선③	날개도 없이 날아가는 것은?
풍선④	높이 올라가면 갈수록 작아지는 것은?
풍선⑤	둥근 얼굴에 꼬리만 달린 것이, 놓으면 하늘로 도망치는 것은?

Answers	Questions
풍선⑥	많이 먹을수록 가벼워지는 것은?
풍선⑦	바람 따라 살다가 바람 따라 죽는 것은?
풍선⑧	배가 부르면 가벼워지고 둥실둥실 뜨는 것은?
풍선⑨	불면 불수록 커지고, 커지면 커질수록 가벼워지는 것은?
풍선 부는 사람의 배	불면 불수록 홀쭉해 지는 것은?
프랑스 파리①	파리 중에서 제일 큰 파리는?
프랑스 파리②	파리는 파리인데, 날개가 없고 날지 못하는 파리는?
프린터(흑백)	하얀 종이를 먹고 검은 종이를 내놓은 것은?
피구	마구 죽여도 누구 하나 화를 내지 않는 스포츠는?
피로	풀리면 풀릴수록 좋은 것은?
피뢰침①	벼락만 잡아먹고 사는 것은?
피뢰침②	벼락을 무서워하지 않는 것은?
피뢰침③	침은 침인데, 몸에 놓을 수 없는 침은?
피뢰침 장사①	벼락부자가 되려면 무슨 장사를 해야 하나?
피뢰침 장사②	진짜 벼락부자는?
피리①	목으로 소리를 내지 않고 몸통으로 소리를 내는 것은?
피리②	몸에 난 구멍은 막았다 열었다 하면서 노래하는 것은?
피리③	몸통은 하나인데, 구멍이 여러 개 있고 구멍마다 다른 소리를 내는 것은?

Answers	Questions
피리④	속 빈 기둥에 들창코 구멍이 아홉 개 뚫린 것은?
피아노①	88, 흑백, 의자와 관계있는 것은?(88개의 건반, 검은 건반과 흰 건반, 그리고 피아노 의자)
피아노②	넓적한 입을 열고 희고 검은 이를 누를 때마다 소리를 내는 것은?
피아노③	윗니보다 아랫니가 더 많은 것은?
피아노④	하얀 이와 까만 이가 가지런히 있는데, 손가락으로 누르면 소리를 내는 것은?
피아노⑤	하얀 형제와 까만 형제들이 사이좋게 나란히 누워 있는 것은?
피자	처음에는 원모양이었다가 부채꼴 모양으로 변하는 것은?
필기도구	낫 놓고 기역자도 모르면서 어떤 글이라도 다 쓰는 것은?
필름①	뱃속에 물건을 넣고 다니다가 공부할 때만 열어 주는 것은?
필름②	빛만 보면 못 쓰게 되는 것은?
필름③	흰 것은 검게 보이고, 검은 것은 희게 보이는 것은?
하나님	이 세상에 하나밖에 없는 님은?
하늘①	가도 가도 끝이 없는 것은?
하늘②	막을수록 새는 것은?(구름으로 막을수록 비가 샘)
하늘③	푸르기도 하고 붉기도 하고 뿌옇기도 하면서 가끔 눈물을 흘리는 것은?
하늘과 땅 새(사이)	새 중에서 제일 큰 새는?
하늘소	소는 소인데, 날아다니는 소는?
하루살이①	단 하루를 살기 위해 세상에 태어나는 것은?

Answers	Questions
하루살이②	생일이 곧 제삿날인 것은?
하루살이③	**우리에게 내일은 없다**!는 누가 한말인가?
하루살이④	이 세상에서 제일 명이 짧은 동물은?
하룻강아지	호랑이에게 덤벼드는 아주 용감한 개는?
하모니카①	기다란 얼굴에 이빨을 드러내고 사람이 물면 아프다고 소리치는 것은?
하모니카②	한 집에 창문이 이층으로 길게 늘어져 있는데 입술이 닿으면 모두가 노래를 부르는 것은?
하품(下品)①	아무리 정성들이여 잘 해도 꼴찌밖에 못하는 것은?
하품②	슬프지도 않은데 커다란 입을 벌리고 눈물 흘리는 것은?
학문(學問)	깊이 들어가면 들어갈수록 더욱더 깊어만 지는 것은?
학예회	아이들이 어른들에게 구경시켜 주는 것은?
학자	자는 자인데, 공부하는 자는?
한가위①	우리나라 사람 모두가 같은 날 함께 쓰는 가위는?
한가위②	가위 하나로 사람 모두가 다 쓰는 가위는?
한가위③	가위는 가위인데, 자를 수 없는 가위는?
한 그루①	백두산 꼭대기에서 제일 큰 나무는 몇 그루?
한 그루②	우리나라에서 제일 작은 나무는 몇 그루?
한 다발	다섯 다발의 짚과 일곱 다발의 짚을 한데 묶으면 몇 다발이 될까?
한 명①	사람 한 명이 지나가면 30분씩 짖는 개가 있다. 그 개를 하루 종일 짖게 하려면 최소 몇 명이 필요할까?

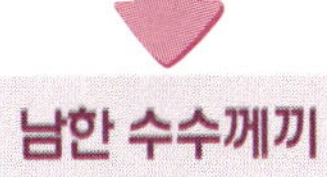

Answers	Questions
한 명②	우리나라에서 키가 제일 큰 사람은 몇 명일까?
한 사람에겐 쟁반 채 준다	열 사람에게 쟁반 위에 담긴 열 개의 귤을 한 개씩 주고도 쟁반에 한 개를 남게 하려면?
한숨①	아무리 많이 해도 하나밖에 안 되는 것은?
한숨②	열 번을 하나, 백 번을 하나 언제나 하나밖에 안 되는 것은?
한의사①	다섯이 있어도, 열 명이 있어도 한 사람이라고 하는 것은?
한의사②	손님이 뜸하면 돈을 버는 사람은?
할미꽃①	늙었을 때나 젊었을 때나 구부리고 있는 것은?
할미꽃②	어려서부터 늙은이 대접을 받는 것은?
할미꽃③	젊었어도 늙었다고 하는 것은?
할미꽃④	태어날 때부터 할머니 소리를 듣는 것은?
할미새	태어날 때부터 할머니 소리를 듣는 새는?
할아버지(막가는 인생이니까)	소방수와 할아버지가 싸우면 누가 이길까?
할아버지, 할머니	두드리면 좋아하는 사람은?
항복	복은 복인데, 전쟁 중 가장 받고 싶어 하는 복은?
항아리①	뚱뚱한 배 하나에 입이 하나있는데, 배고파서 입을 벌리고 있는 것은?
항아리②	먹으나 안 먹으나 항상 배가 불러 있는 것은?
항아리③	먹지 않아도 배부르고, 아무리 많이 먹어도 더이상 배부르지 않는 것은?
항아리④	멋진 모자를 쓰고, 입으로 먹고 입으로 내놓은 것은?

Answers	Questions
항아리⑤	아무리 못 먹어도 재가 부른 것은?
항아리⑥	하늘 향해 입을 벌리고 있으며 항상 배가 부른 것은?
해	[태양] 참고
해골바가지①	바가지는 바가지인데, 무서운 바가지는?
해골바가지②	바가지는 바가지인데, 못쓰는 바가지는?
해골바가지③	바가지는 바가지인데, 죽고 나서 생기는 바가지는?
해바라기	해를 보고 수줍어서 고개 숙이는 것은?
해수욕①	바닷가에서는 마음대로 해도 되는 욕은?
해수욕②	바닷가에서만 할 수 있는 욕은?
해시계	시계는 시계인데, 낮에만 가는 시계는?
해오라기(비)	해의 오빠는?
해와 달①	높은 하늘에 있는 등불 두 개는?
해와 달②	한 눈은 낮에 보고, 한 눈은 밤에 보는 것은?
해파리, 돌파리, 프랑스 파리	날개가 없는 파리 세 마리는?
해파리①	파리 중에서 가장 무겁고 날지 못하는 파리는?
해파리②	파리는 파리인데, 물 속에서 사는 파리는?
행복	눈에는 보이지도 않는데 모든 사람이 갖고 싶어 하는 것은?
행주①	아침, 점심, 저녁, 하루에 세 번 주리를 트는 것은?

Answers	Questions
행주②	훔치면 훔칠수록 더러워지는 것은?
허공①	공은 공인데, 찰 수 없는 공은?
허공②	아무리 발로 차도 사방으로 튀지 않는 공은?
허깨비	비는 비인데, 사람을 홀리는 비는?
허니문	문은 문인데, 신혼부부가 좋아하는 문은?
허리띠①	불경기 때 가장 잘 팔리는 물건은?
허리띠②	자기 꼬리를 꽉 물고 남의 허리를 꽁꽁 휘감는 것은?
허수	허수아비 아들의 이름은?
허수아비①	넓은 벌판에 밤낮 없이 팔을 벌리고 서 있는 것은?
허수아비②	논밭에 헌 모자를 쓰고 한 발로 서 있는 것은?
허수아비③	다리는 하나인데, 목발 없이 잘 서 있는 것은?
허수아비④	밤낮 남의 논밭만 지켜주고 얻어먹지 못하는 것은?
허수아비⑤	비는 비인데, 참새들이 무서워하고 싫어하는 비는?
허수아비⑥	아들도 딸도 없이 논을 지키는 홀아비는?
허수아비⑦	팔 벌리고 논 한가운데 서서 새를 쫓고 있는 것은?
허수아비⑧	한 번도 새 옷을 입어보지 못하는 사람은?
허수어미	허수아비의 부인은 이름은?
허탕	끓이나 마나한 탕은 무엇일까?

Answers	Questions
헌법	아무리 뜯어 고쳐도 새로운 법이 안 되는 법은?
헌병	병은 병인데, 만질 수는 있으나 물을 못 담그는 병은?
헌혈	침대 위에 누워서 하는 사랑의 행위를 무엇이라고 할까?
헐레벌떡①	가장 급하게 만들어 먹는 떡은?
헐레벌떡②	가장 급하게 먹는 떡은?
헐레벌떡③	떡 중에서 가장 빨리 먹는 떡은?
헐레벌떡④	떡은 떡인데, 먹을 수 없는 떡은?
헛다리	다리는 다리인데, 아무도 건너보지 못한 다리는?
헛된 꿈	깨뜨려야 좋은 것은?
헝가리	세계에서 굶는 사람이 제일 많은 나라는?
헬리콥터	활주로가 필요 없는 비행기는?
혀①	수십 개의 하얀 돌 사이에 숨어있는 빨간 괴물은?
혀②	돌 많은 언덕에 붉은 날개 하나인 것은?
현관	관은 관인데, 살아있는 사람만이 들어갈 수 있는 관은?
현금	금은 금인데, 돈 없는 사람이 좋아하는 금은?
현미경	작은 것은 잘 보이는데, 큰 것은 보이지 않는 것은?
형광등	등잔 위가 어두운 등잔은?
호두①	둥근 뼛속에 살이 들어있고 나무에 매달려 자라는 것은?

Answers	Questions
호두②	딱딱한 공 속에 살이 들어있는 것은?
호랑이	최초로 금연에 성공한 동물은?
호랑이 눈	깜깜한 건너편 산에서 깜박이는 초롱불 두 개는?
호롱불	[등잔불] 참고
호박말림	뚱뚱한 여인의 일광욕은?
호박서리	못생긴 여자를 납치한 납치범을 네 글자로 줄이면?
호박전	뚱뚱한 여인이 계란 마사지하는 장면은?
호신술	술은 술인데, 자신을 보호하기 위해 배우는 술은?
혹	때릴수록 커지는 것은?
혼식	쌀밥에 보리차를 말아서 먹으면?
홀아비	가장 불쌍한 비는?
홍당무①	땅 속에 살면서 얼굴이 벌겋게 되어 있는 것은?
홍당무②	무는 무인데, 항상 술이 취해 있는 무는?
홍당무③	수줍음이 많은 사람이 좋아하는 무는?
홍두깨①	옷 입고 누워서 매 맞는 것은?
홍두깨②	일어서면 매를 맞지 않고 누우면 맞는 것은?
홍두깨③	일할 때는 드러눕는 것은?
홍차(茶)①	차는 차인데, 바퀴가 없는 차는?

Answers	Questions
홍차(茶)②	차는 차인데, 타지 못하는 차는?
홍콩①	콩 중에서 제일 큰 콩은?
홍콩②	콩은 콩인데, 먹지 못하는 콩은?
화끈화끈	활활 타오르는 장작불 옆에 있는 끈은?
화산	산은 산인데, 불을 좋아하는 산은?
화살①	나가면 다시는 돌아오지 못하는 것은?
화살②	살은 살인데, 뼈처럼 단단하고 날아다니는 살은?
화술	말 잘하는 사람들이 좋아하는 술은?
화약	약은 약인데, 못 먹는 약은?
화염병	병은 병인데, 뜨겁고 열나는 병은?
화요일	달과 물 사이에 불을 피워 놓는 날(요일)은?
화장술①	못생긴 여자들이 좋아하는 술은?
화장술②	여자를 아름답게 하는 술은?
화장지	열 놈이 만들고 다섯 놈이 버리는 것은?
화장실①	매일같이 찾아가서 문을 두드려도, 사람은 있는데 열어주지 않는 곳은?
화장실②	사람이 있는 것이 분명한데도 단 한번도 '들어오세요!' 라는 말을 들을 수 없는 곳은?
화장실③	소(小)와 대(大)는 있어도 중(中)은 없는 것은?
화장실④	한 사람으로 만원 되는 곳은?

Answers	Questions
화장실⑤	한 사람이 정원(定員)인 것은?
화장실 문	아무리 애원하고 위협해도 여간해서 열리지 않는 문은?
화장지	맛만 보고 밑으로 떨어지는 것은?
확대경	몸 전체가 눈이고 다리는 하나인데, 작은 것을 크게 만드는 것은?
활①	새끼는 가는데 어미는 가지 못하는 것은?
활②	저는 걷지도 못하면서 남을 날려 보내는 것은?
활엽수	여름에는 옷을 입고 겨울에는 옷을 벗는 것은?
황새	새 중에서 자기 몸이 가장 누렇다고 자랑하는 새는?
횃대①	아침에는 짐을 내리고, 저녁에는 짐을 지는 것은?
횃대②	여윈 말에 못을 잔뜩 실은 것은?
횃불	죽은 나무에 빨간 꽃이 핀 것은?
회복	복은 복인데, 환자들이 가장 받고 싶어 하는 복은?
회충	맛있는 것을 공짜로 얻어먹는 얌체 녀석은?
횡단보도	앞으로 나가면 옆에서 못 지나가고, 옆에서 지나가면 앞으로 못 나가는 것은?
휴전선	그대로 있으면 둘인데, 없어지면 하나가 되는 것은?
휴지통	내방에도 있고, 화장실에도, 부엌에도, 거리에도, 컴퓨터 안에도 있는 것은?
흐르는 물①	[강물] 참고
흐르는 물②	천하장사도 한줌밖에 안 되는 것을 손으로 못 붙잡는 것은?

Answers	Questions
흐물흐물	이빨이 나쁜 사람들이 좋아하는 물은?
흙색	지구상에서 가장 많이 볼 수 있는 색은?
흠집(물건)①	집은 집인데, 크면 클수록 값이 싸지는 것은?
흠집(물건)②	집은 집인데, 많으면 많을수록 값이 싸지는 집은?
흥부①	새 발의 피 때문에 팔자를 고친 사람은?
흥부②	우리나라 최초의 수의사는?
흰머리	줄어들면서 늘어나는 것은?

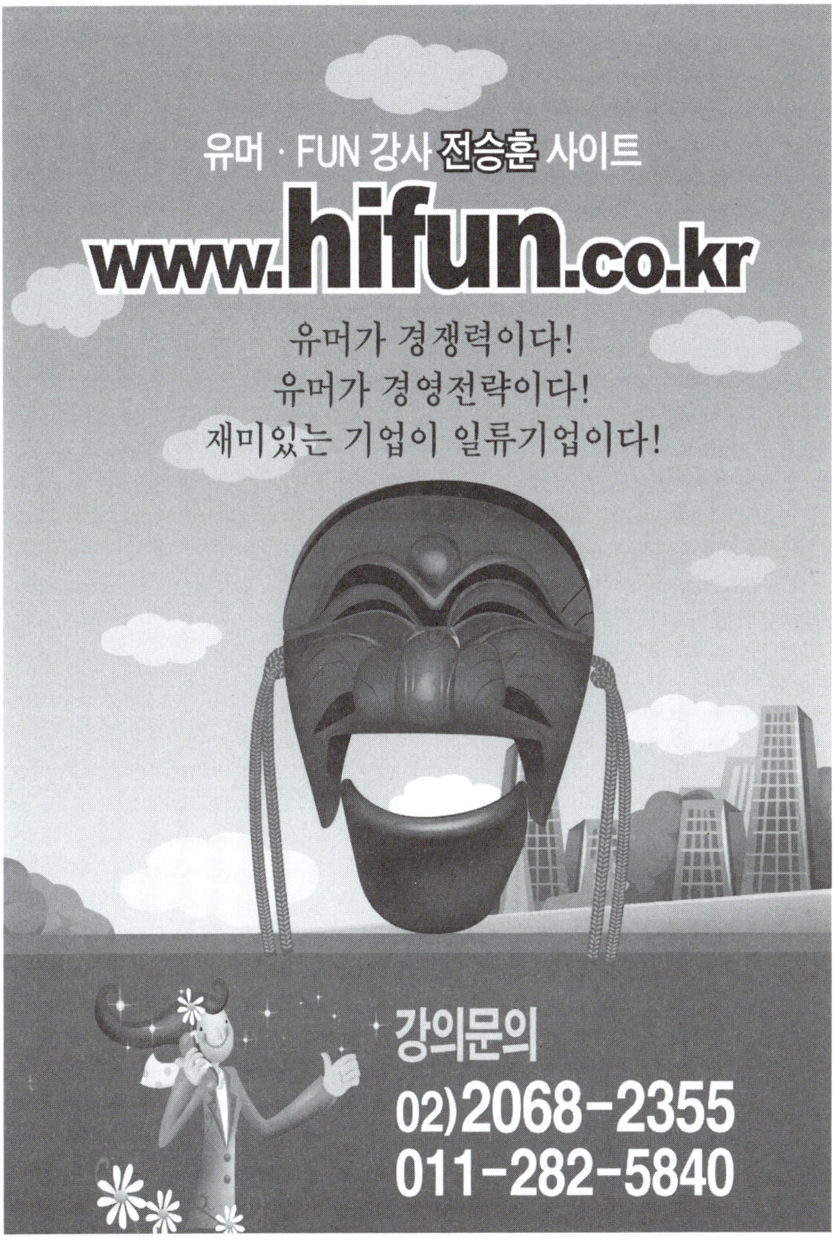

퀴즈대백과

*

개정판1쇄-2012년 7월 15일

*

엮은이-전승훈
펴낸이-채주희
펴낸곳-해피&북스
*

서울시 마포구 신수동 448-6
출판등록-제10-1562호(1985.10.29.)
*

TEL-(02)323-4060,6401-7004
FAX-(02)323-6416
e-mail-elman1985@hanmail.net
*

잘못된 책은 바꾸어 드립니다.
*

값15,000원

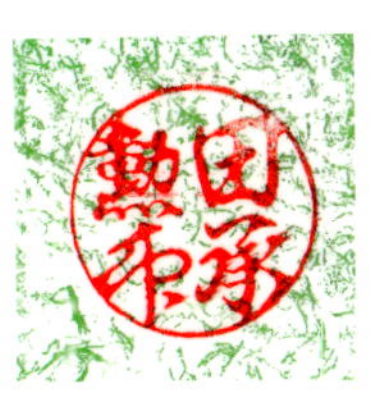

놀이와 행사

(상담 및 게임도구 랜탈, 구입시 연락처)
우150-805
서울시 영등포구 양평동1가 163번지 3층
TEL(02)2068-2088, 010-5282-5840
WWW.hifun.co.kr   www.saifevnt.com